FACULTÉ DE DROIT DE PARIS

THÈSE POUR LE DOCTORAT

ESSAI SUR L'HISTOIRE DU DROIT D'APPEL EN DROIT ROMAIN ET EN DROIT FRANÇAIS

PAR

PIERRE-JOSEPH-MARCEL FOURNIER
AVOCAT A LA COUR D'APPEL DE PARIS
ARCHIVISTE-PALÉOGRAPHE
ANCIEN ÉLÈVE DE L'ÉCOLE DES HAUTES-ÉTUDES.

VERSAILLES
IMPRIMERIE DE E. AUBERT, 6, AVENUE DE SCEAUX
1881

ESSAI SUR L'HISTOIRE

DU

DROIT D'APPEL

FACULTÉ DE DROIT DE PARIS

THÈSE POUR LE DOCTORAT

ESSAI SUR L'HISTOIRE

DU

DROIT D'APPEL

EN DROIT ROMAIN

ET EN DROIT FRANÇAIS

PAR

PIERRE-JOSEPH-MARCEL FOURNIER

AVOCAT A LA COUR D'APPEL DE PARIS
ARCHIVISTE-PALÉOGRAPHE
ANCIEN ÉLÈVE DE L'ÉCOLE DES HAUTES-ÉTUDES.

SOUTENUE LE JEUDI 30 JUIN 1881, A MIDI.

Président : **M. GLASSON**, *professeur*.

Suffragants :	MM. BEUDANT,	*Professeur-doyen.*
	GARSONNET,	*Professeur.*
	LEFÈVRE,	*Agrégés.*
	RIPERT,	

VERSAILLES

IMPRIMERIE DE E. AUBERT, 6, AVENUE DE SCEAUX

1881

A MON PÈRE

A MA MÈRE

A MA TANTE ÉNOLE

AVANT-PROPOS

Ce sont quelquefois les institutions les moins contestées et les plus usuelles qui ont excité à l'origine le plus de passion et fait naître le plus de conflits ; et ce sont souvent celles qui nous paraissent les plus naturelles qui ont été les plus difficiles à s'établir et à se développer.

Il en a été ainsi de l'appel.

Nous avons cru intéressant, au moment où on discute chaque jour autour de nous des institutions judiciaires et de leur réforme, où on a contesté et mis en doute le principe comme l'utilité de l'appel, d'étudier l'histoire de cette institution, de rechercher les causes qui ont contribué à la développer, telle que nous la connaissons aujourd'hui, et de dégager, s'il était possible, les principes et les lois qui l'ont toujours gouvernée dans son évolution historique. Ce travail prenait ainsi un côté utile et ne se bornait plus seulement à des recherches de pure érudition, destinées à satisfaire la curiosité des savants. Il avait un intérêt présent et actuel, celui de savoir si les critiques et les doutes étaient fondés, celui de connaître, en étudiant les origines et les lois du développement de l'appel, quelles étaient les bases essentielles de cette institution, quelles devraient être, d'après les conditions et les besoins présents, les réformes qu'on pourrait sagement y apporter.

Nous ne nous sommes pas dissimulé combien cette

tâche était délicate, et les personnes qui ont bien voulu nous conseiller pour ce travail nous ont fait remarquer combien cette étude était vaste et par suite difficile à bien saisir. Néanmoins, l'attrait réel que présentait un sujet juridique aussi important, l'intérêt d'apprécier au point de vue historique quel avait été le rôle exact de l'appel, qu'on nous représente toujours comme un des instruments les plus précieux employés par la royauté pour s'établir, enfin le fait que trois fois dans le cours de cette étude nous pouvons voir l'appel se développer, puis disparaître, nous ont rattaché à ce travail.

Nous n'ignorons pas que ce sujet, pour quelques parties au moins, a été traité par nos plus grands jurisconsultes ; mais nous ne connaissons aucun auteur qui ait embrassé la question dans son ensemble. Ces circonstances rendent la tâche plus difficile, car on trouve toujours dans ses devanciers des observations judicieuses et des aperçus, que soi-même on n'a pu avoir, mais elles laissent à la question plus de nouveauté et d'intérêt. Quoi qu'il en soit, nous ne livrons ce travail qu'en comptant sur l'entière bienveillance de nos juges, soit pour les erreurs de détail, soit pour les incorrections de méthode, soit pour les fautes de jeunesse que, dans une première étude d'érudition, il est toujours difficile d'éviter.

INDEX

DEUXIÈME PARTIE. — DROIT FRANÇAIS.

LIVRE PREMIER. — Période franque.

Section 1re. — *Origines.*

Section 2e. — *Mérovingiens.*

Section 3e. — *Le droit royal, les Capitulaires et les Carlovingiens.*

LIVRE DEUXIÈME. — Période féodale. — 950-1200

LIVRE TROISIÈME. — PÉRIODE ROYALE. — 1200-1280.

Transformation du faussement en appel.

LIVRE QUATRIÈME. — PÉRIODE ROYALE. — 1300-1450.

Organisation de la hiérarchie judiciaire et d'appel.

LIVRE CINQUIÈME. — PÉRIODE ROYALE. — 1450-1550.

Constitution des parlements provinciaux.

LIVRE SIXIÈME. — PÉRIODE ROYALE. — 1550-1789.

Dernier état de l'ancien droit.

TROISIÈME PARTIE. — DROIT MODERNE.

QUATRIÈME PARTIE. — LÉGISLATION.

CONCLUSIONS.

INTRODUCTION GÉNÉRALE

En étudiant l'histoire du droit des différents peuples, dont la législation est assez connue pour pouvoir être appréciée, nous avons été frappé de ce fait, que toujours l'institution de l'appel ne s'est montrée qu'aux époques où un certain ordre régnait dans l'organisation politique de ces peuples, où une administration, déjà assez perfectionnée, fonctionnait, et où une tendance certaine se manifestait vers une centralisation dont nous n'avons pas à approfondir les causes.

En effet, chez les Hébreux, en Grèce, à Rome, dans le Christianisme, dans la Gaule franque, enfin dans la France même, l'organisation sérieuse et efficace d'un appel a toujours correspondu à ces temps qu'on est habitué à considérer comme les grandes époques de l'histoire de chacun de ces peuples. Cela est assez prouvé par cette circonstance qu'on attribue à Auguste, chez les Romains, à Charlemagne et à saint Louis, chez les Français, la création et l'organisation de semblables institutions.

Pourquoi donc ce rapport entre les époques d'organisation, de grandeur et la formation des appels, institution que nous considérons comme un rouage nécessaire de notre organisation judiciaire? Est-ce qu'auparavant de semblables voies de recours n'existaient pas ?

L'appel n'a-t-il donc pas été une institution de tous les temps, un recours ouvert toujours et à tous contre l'injustice et l'arbitraire? Mais, s'il en était ainsi, pourquoi l'appel n'existait-il pas? Comment, par suite de quelles circonstances, en vertu de quels principes, cette institution s'est elle créée? Telles sont les premières questions que font naître les faits que nous avons étudiés.

Il n'est pas besoin d'insister sur la délicatesse et la difficulté qu'il y a à toucher de tels problèmes et à présenter une solution quelconque; aussi nous avons pensé que ce travail manquerait à la fois de solidité et de base si, avant de montrer quels ont été en réalité les faits particuliers et les détails, nous n'essayions d'exposer les lois et les causes qui les ont produits.

L'appel est une institution qui permet à une partie, qui se croit lésée par un jugement, de s'adresser à une juridiction supérieure pour faire réformer la sentence du premier juge.

Il ne faut point tout d'abord songer à attribuer la formation d'une institution aussi importante à la volonté d'un législateur ou d'un souverain. C'est là cependant un des procédés les plus usuels pour expliquer comment les réformes s'opèrent et comment les institutions se modifient; nous n'en voulons d'autres preuves que ces quelques mots tirés d'un auteur moderne : « Louis IX, prince politique, aussi profond qu'il était habile législateur, avait parfaitement compris toute la puissance de l'appel et il avait organisé un tribunal supérieur auquel chacun pouvait toujours recourir. »

Montesquieu, dans sa profonde définition de la loi : « Les lois sont les rapports nécessaires qui résultent de la nature des choses, » fait déjà justice d'une semblable manière d'interpréter les faits; et cela a été le propre de l'école historique moderne de montrer que les institutions répondent à des besoins, que ces besoins résultent eux-mêmes de la situation économique et sociale de l'époque qu'on étudie ; par suite qu'un législateur ou un prince, en édictant une loi, en faisant une réforme, ne fait que traduire en pratique et consacrer un changement que les faits avaient déjà accompli (1).

Nous en arrivons donc logiquement à considérer les institutions d'un peuple et parmi elles l'appel, quand il existe, comme un organisme qui obéit à certaines lois, se modifie suivant les besoins, se développe à mesure que la civilisation et la culture augmentent, ou s'altère et se déforme, quand ces conditions disparaissent. Si cette méthode est juste, et elle s'appuie sur la définition de Montesquieu, sur les opinions de Keller, de Bethman-Hollweg, de Pardessus et de Beugnot, qui ont reconnu pour l'appel cette tendance forcée qu'il suivait dans son organisation, il en résulte que nous devons, pour bien le comprendre, l'étudier d'après les règles qui sont celles des organismes en général.

M. Thévenin, dans l'introduction de son étude sur la forme dans le droit germanique, a montré que cette méthode était celle des historiens du droit en Allemagne et reconnu « qu'elle était la seule légitime (2) ».

Nous allons procéder de même et appliquer cette méthode aux institutions des trois peuples qui sont compris

(1) M. Guizot disait : « Il faut bien dater les révolutions du jour où elles éclatent, c'est la seule époque qu'on puisse leur assigner; mais ce n'est pas celle où elles s'opèrent. Les secousses qu'on appelle des révolutions sont bien moins le symptôme de ce qui commence que la déclaration de ce qui est passé. » *Essai sur l'histoire de France.*

(2) Thévenin, *Contributions à l'histoire du droit germanique*, Paris, 1879. Je suis heureux de pouvoir témoigner ici toute ma reconnaissance à mon savant maître, M. Thévenin, qui a bien voulu me guider au milieu des textes si obscurs du droit franc, et m'initier à la méthode sûre et solide qui est le cachet de ses travaux.

dans ce travail, les Romains, les Germains, les Français ; nous espérons ainsi, par l'emploi de ce procédé, montrer dans l'histoire de l'appel une nouvelle application de cette loi : que toujours, dans les mêmes conditions, des faits analogues se reproduisent.

Les peuples, à leur origine, nous le savons par la *Germania* de Tacite, par les vieilles traditions romaines et par les auteurs anciens, qui ont écrit sur les Gaulois, ne possèdent point une organisation compliquée, qui ne répondrait à aucun besoin. L'appel n'y fonctionne pas et la justice est rendue sommairement par les camarades et les compagnons des parties. L'idée d'un recours n'existe pas, parce que tous sont égaux et qu'une hiérarchie est inconnue. C'est l'époque où la chose jugée avait toute sa puissance et où des peines sévères défendaient de remettre en question ce qui avait été décidé par la tribu. Ces faits sont tellement confirmés par les traditions primitives, que nous rapportons dans le cours de cette étude, que nous ne voulons pas y insister ; mais il en découle cette conséquence fort importante, que l'appel n'est pas une institution originaire, une institution judiciaire proprement dite, puisqu'il est possible de trouver un état social où il ne fonctionne pas et où cependant la justice est rendue.

L'état social d'un peuple ou d'une peuplade ne reste pas toujours le même ; et, en vertu de cette loi, qui pousse tout organisme à se développer ou à disparaître, il arrive de deux choses l'une : ou bien cette peuplade reste dans le même état primitif et elle disparaît, bientôt conquise par une autre qui lui est supérieure ; ou bien elle tend à se perfectionner, elle devient elle-même la plus forte et entre alors dans une nouvelle phase qu'il nous faut préciser.

Chez les trois peuples qu'embrasse notre cadre, nous voyons succéder à cet état purement primitif, qu'on a qualifié de barbare, une situation plus définie; c'est le moment où la royauté se développe, généralement par suite de la nécessité d'avoir un chef pour lutter contre les tribus voisines. A Rome, chez les Gaulois, chez les Francs, et avec quelques modifications de circonstances chez les Français du XIIe siècle, il y eut un moment où la royauté se constitua. Ce fut également l'époque où apparut l'appel. Il n'y eut peut-être tout d'abord qu'un recours en grâce devant le chef; mais nous n'avons pas encore assez de renseignements positifs pour rien affirmer de certain.

En suivant cette évolution des peuples romains, germains et français, nous arrivons à un moment qui pour les trois se produisit. C'est celui où le peuple, vainqueur avec son roi de ses voisins et de ses rivaux, s'établit sur un plus grand territoire et où le roi fut obligé de nommer parmi ses officiers des gouverneurs pour maintenir les populations soumises, quelquefois des magistrats pour leur rendre la justice. On peut croire que c'est là l'époque des grandes conquêtes romaines, de l'établissement des Francs dans la Gaule et des premiers développements de notre royauté française. Dès lors deux principes concoururent à créer les appels et à les développer : 1° cette circonstance que, du jour où un roi nomma des délégués pour le remplacer, il commença à créer une administration et une hiérarchie. Or, qui dit hiérarchie admet l'existence d'un supérieur et d'un inférieur, donc possibilité d'un appel; 2° cette règle toujours reconnue, que d'un délégué on peut recourir au déléguant; or le seul moyen pour le faire c'était l'appel.

Tel est donc à son origine le véritable caractère de

l'appel. C'est une institution qui ne peut fonctionner que chez les peuples en possession d'une organisation assez avancée, et qui a essentiellement pour but de relier entre eux les différents membres d'une administration quelconque.

La distinction que nous venons de faire dans l'évolution de l'appel est si vraie qu'elle correspond à un changement profond dans les législations. Il est en effet très intéressant d'observer que l'appel ne put s'introduire chez ces trois peuples qu'après des modifications sérieuses dans les lois, modifications nécessitées à la fois par la constitution du pouvoir royal, par la création d'une administration et par l'état peu avancé de la civilisation et de la culture. Ainsi, chez les Romains, l'appel n'existe pas dans le vieux *jus civile*, mais il est reconnu par le droit prétorien, le *jus honorarium*; ainsi dans la Gaule franque les *leges* ne l'admettent point, mais les Capitulaires l'introduisent; ainsi en France le droit féodal lui fait obstacle, mais le nouveau droit royal et le droit coutumier en proclament la nécessité. Rien ne peut mieux montrer que l'appel n'est pas une institution primitive, mais qu'il correspond au contraire à un état plus avancé de civilisation et à une organisation plus parfaite dont il est un des rouages.

Nous connaissons l'origine des appels, nous savons que chez ces trois peuples ils proviennent des mêmes causes : reste à savoir si, dans les suites, les mêmes analogies se retrouvent. Et, en effet, au moment de cette première apparition de l'appel, on l'adressait directement au chef, au roi, à l'empereur; c'est ce qui avait lieu à Rome sous Auguste ; dans la Gaule franque au commencement des Carlovingiens ; en France sous Philippe-Auguste.

A cette première étape en succède une seconde, dans

laquelle nous voyons l'administration se compliquer et le chef se dégager de la charge de juger en personne, en déléguant la connaissance des appels à des officiers de son choix. A Rome, les premiers successeurs d'Auguste déléguaient les appels à des consuls, aux *præfecti urbis*, ou à des commissaires spéciaux ; dans la Gaule franque, deux textes très intéressants nous montreront plus tard qu'au IXe siècle les empereurs carlovingiens confiaient les appels qu'on leur adressait à la décision des *missi* ; en France, saint Louis et son frère, Alphonse de Poitiers, Philippe le Bel et le Parlement de Paris usaient fréquemment de ce procédé. Cela provenait de ce qu'il n'y avait pas encore une assez grande séparation dans les pouvoirs pour que des corps spéciaux fussent chargés de juger les appels, d'autres de trancher les questions de finance ou d'Etat, et de ce fait que les rois n'étaient pas encore assez sûrs des provinces pour confier le pouvoir judiciaire absolu à des corps souverains ou à des magistrats indépendants.

Cela vint cependant, et c'est ce qui permet de distinguer nettement une troisième étape. C'est l'époque où l'administration étant complète, la hiérarchie administrative mieux fixée, et en même temps l'état du pays plus stable et plus sûr, on institua des corps spéciaux, chargés de juger les appels sans que le roi eût à s'en occuper. A Rome, ce mouvement eut pour résultat d'attribuer aux *præfecti prætorio* et au *consistorium principis* la connaissance des appels à l'exclusion des commissaires de l'époque antérieure et avec une hiérarchie au-dessous d'eux composée des gouverneurs de province, des *vicarii*, etc. ; en France, c'est le moment où les Parlements s'organisent définitivement à Paris, puis en province avec les baillis, les prévôts et les juridictions seigneuriales au dessous d'eux (1). Quant à la Gaule franque, elle ne connut pas cette période de développement, car le système administratif de Charlemagne s'étant dissous au lieu de se perfectionner, il ne put franchir la deuxième étape.

Enfin, faut-il pousser plus loin ces assimilations et montrer que chez les Romains et les Français, qui parvinrent à une administration très perfectionnée, après le grand mouvement d'extension et de développement qui eut pour but de centraliser tous les pouvoirs, il se forma une réaction en sens contraire? Aussi au lieu de continuer à créer des échelons, des degrés hiérarchiques, que les appelants auraient dû franchir, on commença à en supprimer. Ne peut-on pas dire que c'est le moment où à Rome les *præfecti prætorio* et beaucoup d'autres jugent *vice sacra*, et où en France, au lieu de cette quantité innombrable de juridictions qu'il fallait franchir au XIVe, XVe et XVIe siècle, nous voyons les tribunaux présidiaux juger souverainement jusqu'à une certaine somme, puis ces tribunaux supprimés pour simplifier davantage, et enfin toute cette hiérarchie réduite par la Révolution à deux degrés, qu'aujourd'hui on demande encore à restreindre?

Ce sont là des aperçus qu'on pourra, peut-être avec raison, considérer comme trop systématiques. Mais n'est-il pas permis d'y voir une application de cette grande loi, qui oblige tout être vivant perfectionné, tout corps social avancé à posséder un organisme en rapport avec son état, et en outre qui ne permet à un organisme quel-

(1) Ici, il est intéressant de noter qu'en France, comme à Rome, la nouvelle hiérarchie d'officiers créée par l'empire et la royauté eut à lutter longtemps contre l'ancien état des choses et que l'uniformité ne fut complète et le fonctionnement des appels partout le même que lorsqu'à Rome il n'y eut plus vestige des institutions républicaines, en France des institutions féodales.

conque de se perfectionner que par une localisation chaque jour plus grande de ses diverses fonctions (1)?

Telles sont les observations que nous voulions présenter. Nous avons cru qu'elles serviraient à faire saisir la manière dont nous avions conçu ce travail, et qu'il était nécessaire de les placer en tête, avant que nous commencions l'étude détaillée de l'institution en elle-même, étude qui doit uniquement reposer sur les renseignements fournis par les textes. Pour le moment, on ne peut apercevoir toutes les conséquences que nous avons pu tirer des principes posés; elles résulteront en effet de tout l'ensemble de ce travail, et, au point de vue de notre organisation judiciaire, nous en ferons seulement ressortir l'importance dans nos conclusions.

(1) Nous croyons pouvoir dire que, sous une autre forme, la loi qu'en administration on formule par les mots de séparation des pouvoirs, et en économie politique par ceux de division du travail, est exactement la même que celle à laquelle nous faisons allusion.

PREMIÈRE PARTIE

DROIT ROMAIN (1)

INTRODUCTION

L'histoire du droit d'appel dans la législation romaine présente toutes les phases et les développements que nous avons indiqués dans notre introduction générale. Mal défini, peu précis à l'origine, représenté par la *provocatio ad populum* et l'*intercessio collegæ*, on pourrait presque croire que l'appel n'existait point réellement dans l'ancien droit romain, si nous ne retrouvions dans les deux institutions que nous venons de mentionner la plupart des caractères distinctifs de l'*appellatio*. D'ail-

(1) Nous n'indiquerons pas ici les sources auxquelles nous avons puisé, On les trouvera fort bien résumées dans Bethmann-Hollweg au commencement de chaque livre. Voici maintenant les principaux ouvrages que nous avons consultés :
Bethman-Hollweg : *Der römisch Civilprocess.*, Bonn, 1864-66, 3 v. — Geib : *Geschichte des römisch. Crimin. Process.*, Leipsig, 1842. — Giraud : *Histoire du droit romain*, Paris, 1847. — Giraud : *Les Tables de Salpensa et Malaga*, Paris 1856. — F. Hélie : *Traité d'instruction criminelle*, t. I, Histoire, Paris, 1845. — Laboulaye : *Essai sur les lois criminelles des Romains*, 1845. — Jehring : *L'esprit du droit romain*, trad. Meulœnaer, 1876.— Keller : *De la procédure civile et des actions chez les Romains*, trad. Capmas, 1870. — Huschke : *Auctor de Magistratibus.* — Mommsen : *Römisches Staatsrecht*, Leipsig, 1871-75. —Mommsen, *Römische Geschichte*, Berlin, 1856, 3 v. — Serrigny : *Droit public et administratif romain*, 1862, 2 v. — Wœlter : *Histoire de la procéd. civile chez les Romains*, trad. Laboulaye. — Zimmern : *Traité des actions*, trad. Etienne. — Niebuhr : *Römische Geschichte*, Berlin, 1827, etc., etc., et les manuels ou précis de Accarias, Demangeat, Mainz, Puchta, van Wetter, etc.

leurs, il ne faut point oublier que les institutions répondent aux besoins des temps pour lesquels elles sont faites. Il n'est donc point possible de demander à la république romaine les institutions plus perfectionnées de l'empire ; on peut seulement y trouver les principes qui, sous des conditions différentes, se développeront et produiront l'organisme impérial. Telle est l'idée capitale qui nous a guidé dans ces recherches et dont on verra mieux les conséquences par la suite. Nous n'espérons point ici donner des conclusions plus nouvelles et plus originales que celles de nos devanciers, nous serons heureux, si la méthode que nous avons employée nous permet de jeter quelque lumière sur l'institution de l'appel et sur les causes de son développement.

Nous examinerons successivement quatre périodes, aussi distinctes au point de vue historique que juridique : 1° période royale ; 2° période républicaine jusqu'au VIIe siècle de Rome ; 3° période intermédiaire, qui embrasse les années comprises entre le VIIe siècle de Rome et l'organisation définitive de l'empire au IVe siècle de notre ère ; 4° période impériale qui s'étend jusqu'à Justinien.

Dans chacune de ces périodes, nous rechercherons quels étaient les principes en matière d'appel, aussi bien en droit pénal qu'en droit civil. Qu'on ne pense point, en effet, que le travail soit ainsi beaucoup augmenté et que ce soit trop embrasser. Ces deux branches du droit privé étaient à notre égard régies par les mêmes principes, on peut même dire qu'elles étaient connexes, car elles suivirent une évolution semblable. S'il y avait entre elles une différence à établir, elle consisterait dans cette considération purement historique, qu'à l'origine, l'appel fut en usage seulement en matière pénale, car cette institution servait avant tout à garantir la vie et la liberté des citoyens, mais ce caractère s'affaiblit à mesure que la société romaine se fixa et ce fut alors l'appel au civil, né de l'appel au criminel, qui influença sur ce dernier et parvint à en régir les principes. Cette différence dans l'évolution de l'appel sera mieux comprise dans la suite de ce travail ; on peut la considérer comme un peu absolue ; elle a toutefois l'avantage de faire saisir d'un seul trait la marche générale de l'appel en droit romain.

Nous n'avons plus dans ces préliminaires qu'une remarque à noter ; elle a, il est vrai, son importance. Des auteurs de mérite ont considéré comme superflu d'entrer dans les longs détails des modifications successives que l'institution de l'appel subit en droit romain et particulièrement sous l'empire, on a dit « qu'une pareille statistique ne présente aucune utilité pour le jurisconsulte » (1). Telle n'est point notre opinion. Si dans un travail qui doit faire connaître une institution juridique on néglige les faits et les détails comme superflus, les considérations plus générales comme trop vagues, on peut avec raison, je crois, se demander ce qu'il restera dans une telle étude pour « le jurisconsulte » et s'il n'y trouvera autre chose qu'un enregistrement de faits sans suite, sans liaison, sans enchaînement, aussi utile à son esprit que le serait pour un travailleur une échelle qui serait privée d'un nombre plus ou moins grand de ses échelons. Nous n'avons pas suivi cette méthode. Nous avons déjà dit dans notre introduction générale que nous voulions surtout rechercher les causes et les lois qui ont dominé l'appel dans son développement, parce que c'est une vérité qui ne souffre point de conteste que les faits

(1) Bonjean, *Traité des actions en droit romain*, L. V, § 379.

particuliers, ceux même qui paraissent souvent des exceptions, se comprennent mieux, s'expliquent plus facilement quand on possède les lois générales qui les ont produits. Mais on tomberait dans une grande erreur si on bornait son étude à des considérations de ce genre et si on négligeait de faire connaître tous ces petits faits, tous ces détails qui servent de base aux généralisations et permettent seuls de les faire. On trouvera donc dans cette étude un grand nombre de faits, que nous avons pris, nous ne le cachons point, aussi bien dans les textes eux-mêmes, que dans les historiens qui nous ont précédé, nous aurions voulu pouvoir en enregistrer un plus grand nombre, car nous n'avons point la prétention ni d'être complet, ni d'épuiser la matière ; mais le temps aussi bien que la longueur du travail nous ont fait renoncer à cette satisfaction, qui est le fruit et la récompense d'une longue vie de recherches et de patientes lectures.

LIVRE PREMIER

Période royale.

A Rome, le pouvoir royal était un pouvoir militaire. C'est d'ailleurs une loi pour les sociétés de passer par des phases diverses, qui correspondent à leur condition sociale et économique et le pouvoir prépondérant d'un chef est une des étapes de ce développement.

Nous n'avons pas à rechercher ici les origines du pouvoir royal pour en déterminer la nature ; il suffit de savoir que cette autorité était absolue. Le roi nommait les juges, comme il choisissait les officiers de son armée ; et les tribunaux rendaient la justice en son nom. L'autorité judiciaire, telle qu'elle existait alors, était tout entière dans sa main ; il n'y avait et il ne devait y avoir aucun recours, aucun contrôle de ses décisions.

Ce caractère de la royauté n'est point contesté (1). On se demande toutefois comment il est possible d'accorder ces principes avec l'existence d'une *provocatio ad populum*, d'un recours au peuple contre les décisions du roi souverain. On a beaucoup discuté sur la question de savoir si la *provocatio* existait au temps des rois (2). La découverte du *De republica* de Cicéron a levé tous les doutes, en confirmant les données qu'on possédait déjà. Cicéron : « *Provocationem etiam a regibus fuisse declarant pontificii libri, significant nostri etiam augurales* (3) » ; Sénèque : « *Æque notat Cicero provocationem etiam a regibus fuisse* » (4) sont très formels et le texte de Pomponius (5), qui semble contraire, est trop général pour combattre notre opinion.

Comment se développa cette institution, quelle était sa dénomination légale, dans quelles causes pouvait-elle avoir lieu, devant quels tribunaux et sous quelles conditions pouvait-on *provocare ad populum*, telles sont les questions auxquelles nous devrions répondre, si la brièveté et la concision de nos sources ne nous empêchaient par cela même de parvenir à des résultats satisfaisants.

Dans cette période du droit romain, la *provocatio* n'existait qu'en matière criminelle ; c'est au moins ce

(1) Geib, 156 ; Rubino, I, 440.
(2) Conradi, *Jus provocationis*, § 9-10.
(3) Cicéron, *De Repub.*, II, 31.
(4) Sénèque, *Epistola*, 108.
(5) L. 2, § 16, *De orig. Juris* : « *Exacto deinde regibus consules constituti sunt duo... qui tamen ne per omnia regiam protestatem sibi vindicarent, lege lata factum est, ut ab eis provocatio esset, non possent in caput civis romani animadvertere injussu populi.* »

qu'on peut conclure du célèbre procès d'Horace, le seul exemple que nous connaissions d'une semblable procédure au temps des rois (1). Et cela se conçoit, si l'on remarque que dans la lutte successive que les Romains entreprirent contre l'aristocratie et la royauté, les premiers des droits qu'ils devaient revendiquer étaient assurément des garanties pour leur existence et leur liberté.

On a voulu voir dans ce droit de *provocatio* un privilège réservé aux seuls patriciens. Cette opinion de Niebuhr (2), déduite d'un système général sur les institutions romaines, ne nous semble pas devoir être acceptée. Le texte de Cicéron admettant « *provocationem omnium rerum* » (3) paraît signifier que la *provocatio* ne fut point accordée *ratione personarum*, mais *ratione rerum* (4). L'opinion de Niebuhr ne peut être considérée que comme une simple conjecture.

Plus délicate est la question de savoir de quels tribunaux on pouvait alors *provocare*. La puissance royale y était-elle aussi soumise? ou n'étaient-ce seulement que les juges institués par elle? La première opinion semble bien contraire aux principes que nous avons formulés sur le caractère de la royauté romaine, elle a été soutenue néanmoins par des auteurs, qui ont fait remarquer

(1) Tite-Live, I, 26. Jhering, pour déterminer le cercle d'action de la *provocatio*, distingue entre les délits militaires et civils. Pour ces derniers seuls la *provocatio* aurait été admise. Il explique ainsi pourquoi la *provocatio* fut si extraordinaire dans l'affaire d'Horace, qui était un délit militaire commis sous les armes. C'était pour cela que Fabius aurait invoqué dans un cas analogue ce célèbre précédent. Tite-Live, VIII, 33. *Esprit du droit romain*, trad. I, 216. Cette opinion nous semble très juste et confirmée par ce que nous dirons plus loin du dictateur.

(2) Niebuhr, *Römische Geschishte*, I, 357.

(3) Cicéron, *De Republica*, I, 40. «*Vides, Tarquinio exacto mira quadam exsultasse populum insolentia libertatis... tum annui consules, tum demissi populo fasces, tum provocatione omnium rerum.* »

(4) Geib, 155.

les expressions de Valère-Maxime sur le procès d'Horace : « *M. Horatius a Tullo rege damnatus ad populum provocato judicio absolutus est* » (1). La seconde est ingénieuse et s'appuie sur l'autorité de Tite-Live, d'après lequel la *provocatio*, dans notre cas, n'aurait pas eu lieu « *a Tullo rege* » mais « *a duumviris* » qui avaient été institués par lui (2).

Il serait difficile de prononcer entre deux affirmations contraires, que nous ne pouvons contrôler, quelle est la meilleure et la plus véridique. Mais peut-être est-il permis de concilier ce désaccord apparent. C'est une loi, nous l'avons déjà dit, que les institutions suivent une évolution réglée par les conditions économiques et sociales. Ce principe est fécond en conséquences pour qui veut bien les tirer et dans notre difficulté nous ne pensons pas être trop hardi de soutenir que la *provocatio ad populum*, en passant par ces phases diverses, subit les modifications qui suivent.

A l'origine, la *provocatio* ne dut être que le simple recours en grâce du citoyen venant implorer la bienveillance et la clémence du chef tout-puissant (3). Lorsque la société romaine se fixa davantage, et qu'à côté de la vie militaire les intérêts civils se développèrent en même temps que se fit sentir le besoin d'une plus grande sécurité, il s'organisa à côté du pouvoir militaire du chef des pouvoirs rivaux, le sénat, les comices, qui firent naître l'idée d'une force opposable à la royauté.

Ce fut sans doute une des premières concessions des

(1) Val.-Maxim., VIII, I, 1.

(2) Tite-Live, I, 26 ; Geib, 156; Mommsen, *Röm. Staatsrecht*, II, 9.

(3) La *provocatio* conserva longtemps quelque chose de ce caractère, ce qu'on peut voir dans un exemple de Tite-Live, VIII, 33, où un dictateur déclare qu'il verra, s'il admettra ou non un semblable appel.

rois, de permettre d'invoquer le jugement de cette assemblée. Mais il est facile de comprendre qu'ils durent tout d'abord autoriser qu'on appelât des simples juges, avant qu'il leur fût imposé qu'on pourrait également *provocare a regibus* (1). Ainsi se trouve expliquée notre difficulté. Dans ces révolutions peu connues où les nouveaux rois cherchaient à gagner la faveur populaire, ils durent accorder aux Romains le droit d'appeler des décisions du roi aux comices. Il ne faut donc point considérer les opinions, que nous avons mentionnées, comme inconciliables et les données sur lesquelles elles reposent comme fort diverses ; elles représentent chacune une époque différente d'un même développement. Les auteurs, on peut le dire, ont été mis en erreur en s'appuyant sur des textes fort brefs, qui, résumant une période de deux ou trois siècles, ne pouvaient donner les modifications et les changements que l'institution de la *provocatio* subit dans cet intervalle.

De la procédure, des conditions d'admission nous ne dirons rien ; car nous ne pouvons avancer rien de certain. Il est probable que dans ces affaires on suivait les règles adoptées pour les discussions des questions portées ordinairement aux assemblées du peuple. D'ailleurs la *provocatio* ne fut point très usitée pendant notre période et nous avons déjà dit que nous n'en possédions qu'un seul exemple. Ce n'est point là cependant un motif suffisant pour considérer cette institution comme « une singularité historique » (2). On pourrait en dire autant

(1) Sur les *duumviri* Cf. Mommsen, *Röm. Staatsrecht*, I, 122, qui les considère comme ayant été créés justement pour permettre la *provocatio*, qui aurait trop atteint le principe de l'autorité royale. Sous la République le changement consista en ce que ces magistrats furent nommés par les comices et non par le roi ou les consuls qui les avaient remplacés.

(2) Geib, 155. « *Eine historische Merkwürdigkeit.* »

des origines de chaque institution. Il convient mieux d'y voir les commencements obscurs et non encore réglés d'une institution judiciaire, qui répondait cependant aux besoins de notre époque et qui ne devait et pouvait se développer que sous l'influence de nouvelles conditions sociales.

LIVRE II

Période républicaine.

L'établissement de la République, sans amener dans l'organisation apparente de l'État romain des modifications absolument contraires à l'ordre antérieur (1), fut cependant le point de départ et la cause d'institutions nouvelles qui eurent une grande influence sur la *provocatio ad populum* et l'organisation générale de la justice.

La possibilité d'une *intercessio* qui avait pour résultat de faire casser la décision d'un magistrat, le droit de *veto*, qui, sous certaines conditions, arrêtait l'effet des actes d'un inférieur, enfin le développement de la *provocatio*; tels sont les faits les plus caractéristiques de la période républicaine. On ne peut dissimuler que l'appel véritable n'existait point (2), tel qu'il fut organisé sous l'Empire ; mais on sait déjà qu'il ne pouvait pas exister, puisqu'il fut le produit et le résultat du développement

(1) Il a été maintes fois répété qu'à l'origine le pouvoir des consuls ne différait pas de celui des rois. Cf. Cicéron, *De Republica :* « *Tenuit hoc in statu senatus rem publicam... uti consules potestatem haberent tempore duntaxat annuam, genere ipso ac jure regiam.* » Cicéron, *De Legibus* III, 3; Tite-Live, II, 1; Denys d'Halic., X, 1; Laboulaye, 85; Geib, 22; Mommsen, *R. Staatsrecht*, II, 88.

(2) Si l'institution n'existait pas, le mot était usité, ainsi Cicéron, *de Republica*, I, 40 : « *Sic noster populus in pace et domi imperat, et ipsis magistratibus minatur, recusat, appellat, provocat.* »

des institutions romaines. Cette vérité sera plus tard mieux sentie ; il nous suffit ici de montrer qu'il ne serait point d'une bonne méthode scientifique de se demander si l'appel existait sous la République ; ce qu'on doit rechercher, ce qu'il faut connaître et trouver ce sont les institutions qui servirent d'origines à cet appel et arrivèrent à le constituer.

La *provocatio*, le droit de *veto*, l'*intercessio* peuvent être regardés comme tels ; nous les étudierons avec quelques détails.

Section première

De la provocatio ad populum.

Nous avons expliqué, en partie, pourquoi l'organisation des voies de recours n'avait été introduite à Rome, qu'en matière criminelle et politique. L'établissement de la République ayant modifié la constitution romaine, voyons quel était le fonctionnement de cette *provocatio* et comment s'élargit et se transforma son cercle d'action.

Chapitre Ier. — Historique et dénomination de la *provocatio*.

L'organisation du régime républicain eut pour conséquence de faire passer aux deux consuls la juridiction criminelle qui appartenait jadis au roi. Cette modification ne répondait pas entièrement aux désirs du peuple romain. On avait voulu, il est vrai, créer à côté du pouvoir d'un seul, une autorité rivale avec les mêmes attributions et les mêmes droits et organiser un contrôle des actes du gouvernement ; mais on voulait aussi acquérir des garanties contre les actes des deux consuls, auxquels l'accord et l'entente donnaient la plénitude des pouvoirs qu'avait eus le roi (1).

Telle fut l'origine et la vraie cause de la première loi *Valeria* (2) *de provocatione*, rendue en 245, de Rome. Elle accordait à tous le droit de *provocare ad populum* et donnait au peuple romain, réuni dans ses comices, la pleine compétence criminelle qui appartenait auparavant aux consuls. Nul doute que cette réforme judiciaire n'ait été considérée comme de la plus haute importance. Longtemps après, on regardait les décisions de la loi *Valeria* et les droits qu'elle avait accordés comme la garantie la plus efficace de la liberté du citoyen : « *Unicum præsidium libertatis* » (3), « *tanquam civitatis patronam et vindicem libertatis* » (4). La loi *Valeria* fut suivie de deux autres lois *Valeriæ* et de trois lois *Porciæ* relatives aux mêmes questions (5). Elles confirmaient les mêmes principes et réglementaient sans doute les idées qu'on avait tout d'abord songé à consacrer, sans s'occuper des difficultés que la pratique dut faire découvrir dans la suite (6). La loi des XII Tables consacra également la règle de la *provocatio* : « *De capite civis nisi per maximum comitiatum ne ferunto.* »

Ces lois successives permettent de croire que ce ne

(1) La juridiction criminelle fut si réellement enlevée aux consuls qu'ils firent retirer les haches de leurs faisceaux, Tite-Live, III, 26.

(2) Sur cette loi on peut voir Denys d'Halic., V, 19; Tite-Live, II, 8, X, 9; Cicéron, *De Republica*, II, 31; Val.-Maxim., IV, 1; Florus, I, 9; Plutarque, *Publicola*, 11.

(3) Tite-Live, III, 55.

(4) Cicéron, *De Oratore*, II, 48.

(5) Nous n'entrerons pas dans la discussion de savoir à quelle époque furent portées toutes ces lois, nous renverrons à cet égard à Laboulaye, 91; Geib, 157; Hélie, 42.

(6) Cicéron, *De Republica*, II, 31 ; *De Legibus*, III, 3; Tite-Live, X, 9.

fut point sans lutte que les consuls abandonnèrent la juridiction capitale ; et les confirmations successives, que nous avons mentionnées, ne doivent être que la marque des différentes étapes faites par le peuple romain vers un régime où les garanties du citoyen à l'égard de l'aristocratie étaient mieux définies, mieux établies et plus assurées.

La nature de cette *provocatio* était fort différente de ce que nous nommons un appel. On pourrait, à cet égard, faire quelque confusion, car les Romains usaient aussi bien des mots *appellare*, *appellatio*, que *provocare*, *provocatio*. Il n'y a là rien de surprenant, si on veut remarquer que c'est précisément à l'origine des institutions que manque cette précision dans les termes, qui se rencontre seulement dans les organisations plus perfectionnées.

La *provocatio* ou *appellatio* était une supplique, un recours, un appel adressé au peuple pour qu'il connût d'une affaire et tranchât un débat (1). Son but n'était pas de soumettre à l'assemblée le jugement des magistrats pour le réviser ou le casser, mais d'attribuer à cette assemblée la pleine compétence d'une affaire sans égard ni considération à toute procédure antérieure. Son résultat ne consistait pas à donner une meilleure sentence contre un jugement mal rendu, elle arrêtait uniquement le cours de la procédure et l'effet du jugement s'il avait été rendu. Son caractère capital en faisait une institution de droit public, destinée à donner aux citoyens des garanties politiques, et à permettre aux Romains d'être jugés par leurs concitoyens, par leurs pairs assemblés, au lieu d'être obligés de subir comme auparavant la

(1) Sur la nature de la *provocatio* Cf. Laboulaye, 88, 429.

juridiction du roi ou des consuls, qui était contraire à leurs intérêts sociaux.

Chapitre II. — Qui pouvait *provocare?*

Il résulte du caractère de la *provocatio*, qu'elle était accordée à tous les citoyens. On a discuté le point de savoir si la première loi *Valeria* eut ou non pour but d'accorder aux plébéiens seuls le droit de *provocare*, car les patriciens l'auraient eu déjà ; mais cette opinion de Niebuhr, que nous avons déjà rencontrée, a été rejetée avec raison et il n'est pas douteux que les lois *Valeriæ* s'appliquèrent toujours aux patriciens comme aux plébéiens (1). Elles furent faites pour le *populus romanus* et les *cives* mais uniquement pour eux (2). Les étrangers, les esclaves, les fils de famille, les militaires ne jouissaient pas de ce privilège, car ils n'étaient pas *cives*, ou se trouvaient dans une situation de fait, qui les empêchait de jouir des privilèges attachés à cette qualité.

Ces principes découlent des textes formels qui font de la *provocatio* une institution parallèle aux comices, dont la compétence était restreinte à la cité, des sources qui déclarent la *provocatio* non admissible au-delà d'un mille de Rome (3) et aussi des conceptions romaines sur la cité et les droits du citoyen dans la cité (4).

Il y avait cependant des cas où le *civis romanus in urbe* ne pouvait pas *provocare*. Ainsi, il est probable que le jour du triomphe ce droit cessait à l'égard des déci-

(1) Neibuhr, I, 557; Geib, 157, et les auteurs qu'il cite.

(2) La loi des XII Tables dit : « *De capite civis nisi per maximum comitiatum...* » Cf. Conradi, *Jus provocationis*, 24; Walter, *Rech. Gesch.*, 115.

(3) Tite-Live, III, 20 : « *Neque enim provocationem esse longius ab urbe mille passuum.* » L. 154 et *De Verbor. signific.*

(4) Fustel de Coulanges, *La cité antique*. La cité.

sions du triomphateur (1), et dans certains cas, qui pouvaient être réglés par une loi, nous savons que les consuls recouvraient une compétence souveraine et sans recours (2).

Chapitre III. — Dans quels cas pouvait-on *provocare?*

Nous devons examiner sous ce titre deux questions : 1° Pouvait-on *provocare* en toutes matières, même criminelles ? 2° Était-il permis de *provocare* de tout tribunal quel qu'il fût ?

§ Ier. *Pouvait-on* provocare *en toutes matières ?* — « *Ne quis magistratus civem romanum adversus provocationem necaret, nec verberaret* » (3) : « *De capite non modo ferri, sed ne judicari quidem posse nisi comitiis centuriatis* » (4) ; « *Valeria lex, quum eum qui provocasset, virgis cædi, scenisque necari vetuisset* » (5). Ces textes semblent admettre, qu'après la première loi *Valeria* on ne pouvait *provocare* que lorsqu'il s'agissait d'une peine capitale ou corporelle (6). Denys d'Halicarnasse déclare néanmoins que ce recours était dès lors possible contre les jugements prononçant de simples amendes (7). Cette opinion unique ne saurait l'emporter et il est probable que Denys donne l'état du droit après les autres *leges Valeriæ* ou *Porciæ :* il n'a pas tenu compte des époques !

(1) Mommsen, *R. Staatsrecht*, I, 124, note 1.
(2) Mommsen, *R. Staatsrecht*, I, 125.
(3) Cicéron, *De Republica*, II, 31.
(4) Cicéron, *Pro Secto*, c. 34.
(5) Tite-Live, X, 9.
(6) La question de savoir si ce recours s'établit tout d'abord pour les condamnations à mort seules est discutée. On n'a pas de sources pour trancher ce débat. Cf. Mommsen, *R. Staatsrecht*, I, 123, note 2.
(7) Denys d'Halicarnasse, V, 19.

Il n'est pas douteux d'ailleurs que ce recours eût lieu contre les condamnations à l'amende ; mais, comme le fait remarquer judicieusement Geib, cela ne vint que plus tard, lorsque la *provocatio* n'avait plus grande raison d'être en matière capitale et corporelle, puisqu'on avait enlevé aux magistrats patriciens, pour la porter aux comices, la compétence de ces affaires (1). La *provocatio* commença dès lors à se détourner de son but primitif. Créée pour donner aux citoyens des garanties d'ordre politique, elle devait ou tomber en désuétude quand ces garanties furent acquises, ou se transformer, et c'est ce qu'elle fit. Désormais elle fut employée à l'égard des sentences qui prononçaient des amendes ou des peines qui ne rentraient pas dans celles réservées aux comices. Elle devint de plus en plus une institution de droit privé et entra dans la voie qui devait la conduire en se confondant avec l'*intercessio* à constituer l'appel véritable.

Quelle fut la loi qui introduisit le principe de la *provocatio* contre les amendes? Nous ne saurions le dire. Ce fut sans doute une des dernières lois *Valeriæ,* et cela eut lieu d'assez bonne heure, ce qui permit à Cicéron de considérer cette institution comme une garantie en toute matière : « *Magistratus nec obedientem et nocium civem multa, vinclis, verberibus coerceto, ni populus prohibessit ad quem provocatio est* » (2).

Le principe de la *provocatio* était si général qu'il était permis d'user de ce recours même à l'égard des amendes prononcées par les pontifes, tandis que nous verrons soustraits à cette règle les jugements qu'ils prononçaient en matière criminelle.

(1) Geib, 156, et les nombreuses autorités qu'il cite.
(2) Cicéron, *De Republica,* II, 31.

Ce recours resta tel jusqu'à l'époque intermédiaire. « Le peuple fut considéré comme le seul pouvoir judiciaire dans les questions capitales et comme le dernier ressort dans les condamnations pécuniaires » (1). Ces paroles résument ce que nous avons dit, mais elles ont le tort, selon nous, de ne pas faire assez ressortir l'évolution de l'institution et de ne point montrer comment la *provocatio*, née de la nécessité de donner aux citoyens des garanties politiques, se transforma quand le peuple, devenu souverain, n'eut point à revendiquer de droits semblables.

§ II. *De quels tribunaux pouvait-on* provocare ? — Tous les magistrats en principe étaient soumis à la *provocatio*. « *Ab omni judicio pœnaque provocari licere, indicant XII Tabulæ compluris legibus* » (2).

Il y avait cependant des exceptions assez nombreuses que nous devons passer en revue. La règle qui dominait la matière était celle-ci : le champ d'action de la *provocatio* était égal à l'étendue de la compétence des comices et réciproquement ; quand cessait cette dernière, la première ne pouvait avoir lieu. Des exceptions à ce principe, quelques-unes sont certaines, d'autres discutées, nous indiquerons d'abord les premières :

1° La *provocatio* n'avait pas lieu à l'égard des décisions du dictateur et des décemvirs nommés pour rédiger la loi des XII Tables (3). La règle est certaine ; mais on a soulevé quelques difficultés. Niebuhr a reproduit ici la même idée, d'après laquelle il aurait été permis aux patriciens de *provocare* dans ces deux cas et non aux

(1) Laboulaye, 89.
(2) Cicéron, *De Republica*, II, 31 ; *De Legibus*, III, 3.
(3) L. 2, c. 18. D. *De Origin. jur.*; Cicéron, *De Republica*, II, 31 : « *X viros, qui leges scripserint, sine provocatione creatos.* »

plébéiens. Mais il n'apporte, quant aux décemvirs, aucune preuve, et l'argument tiré de la crainte qu'auraient eue les plébéiens de la nomination d'un dictateur n'est pas admissible (1).

Plus délicate est l'explication de la contradiction qui se présente entre la généralité des auteurs latins et Festus, les uns affirmant que, jusqu'au dernier des dictateurs, leurs décisions furent improvocables, l'autre déclarant sans hésitation qu'à l'origine il en était bien ainsi, mais que cette règle disparut dans la décadence de cette magistrature (2). On a proposé plusieurs solutions. 1° Le texte de Festus renfermerait une erreur. 2° La loi *Duilia* de 305 aurait été le point de départ d'une nouvelle organisation de la *provocatio*, qui, auparavant, n'aurait pas été admissible à l'égard des décisions du dictateur, mais le serait ainsi devenue (3). Cette opinion, quoique fort claire, n'est point satisfaisante, car des textes formels nous montrent les sentences d'un dictateur improvocables bien après la loi *Duilia* (4). 3° La loi *Duilia* ne se rapporterait en rien à la dictature, mais alors le texte de Festus ne serait point expliqué (5). 4° Ce ne serait pas la loi *Duilia* de 305, mais la troisième loi *Valeria* de 454,

(1) Niebuhr, I, 590-592; II, 883. Cf. Geib, 152 et la note.

(2) Deux textes jouent un rôle important dans la question : 1° celui de Festus : « *Optima lex... in magistrato populi faciendo, qui vulgo dictator appellatur, quam plenissimum posset jus ejus esse, significabatur ut fuit Mani Valerii, qui primus magister a populo creatus est, propter quam vero provocatio ab eo magistratu ad populum dicta est, quæ ante non erat, desitum est adici : ut optima lege, utpote imminuto jure priorum magistrorum*; » 2° Tite-Live, III, 55, sur la loi Duilia : « *M. Duilius deinde tribunus plebis plebem rogavit, plebesque scivit; qui plebem sine tribunis reliquisset, quisque magistratum sine provocatione creasset, tergo ac capite puniretur.* »

(3) Augustinus et Dacerius, *ad Festum, optima lex.* Conradi, *Jus provocat.*, § 16.

(4) Tite-Live, IV, 13.

(5) Wachsmuth, 366; Huschke: *Comment. in auctor. de magistr.* 26-32.

qui aurait édicté ce principe (1). 5° La loi *Duilia* aurait, en effet, soumis la dictature à la *provocatio*, mais, portée à une époque de réaction plébéienne, elle aurait été plus tard, non pas abrogée, mais oubliée, et on aurait rétabli la dictature avec tous ses anciens pouvoirs (2). Ainsi se trouve expliqué le texte de Festus, qui avait devant les yeux le droit écrit, et non la coutume modifiée, ce qui légitimait une distinction entre l'époque avant et après la loi *Duilia* (3).

Bien d'autres solutions ont été proposées ; nous avons seulement cité les principales. Il règne sur cette question une si grande incertitude que nous ne saurions prendre parti. Toutefois, nous ferons remarquer que, si la dernière opinion n'est pas absolument satisfaisante et peut encourir le reproche d'être un peu cherchée, c'est celle qui explique le plus des difficultés à résoudre et de la façon la plus naturelle. Quoi qu'il en soit, il est certain que les dictateurs *militiæ* furent toujours exempts de la *provocatio* (4), et que, longtemps après la loi *Duilia*, il en était de même, ce qui est prouvé par une série de textes de 315, 369, 391, 429, 440, qui ne laissent aucun doute (5).

Quant aux motifs qui expliquent cette puissance particulière du dictateur, nous les trouvons dans ce fait que la nomination de ce magistrat ayant pour but de parer aux plus grands dangers de l'Etat et entraînant la

(1) Mommsen, *R. Staatsrecht*, II, 147, il se base sur ce que cette loi (Tite-Live, X, 9) édicta des décisions plus précises.

(2) « Dans l'histoire romaine, on voit toutes les institutions s'établir et se détruire par le seul empire de la coutume. » Laboulaye, 89.

(3) Geib, 165.

(4) Mommsen, *R. Staatsrecht*, II, 147, compare très justement l'état de la république avec un dictateur à notre état de siège.

(5) Tite-Live, IV, 13, VI, 16, VII, 4, VIII, 32, 35, IX, 26. Ces textes sont cités par Mommsen, *R. Staatsrecht*, II, 145.

suspension de tous les autres pouvoirs de la république, il n'était pas étonnant que les décisions d'une telle autorité fussent considérées comme irrévocables et comme ayant un caractère sacré (1).

2° Les pontifes jugeaient souverainement et en dernier ressort les questions criminelles de leur compétence. Nous avons déjà vu qu'il n'en était pas de même pour les amendes qu'ils infligeaient (2). Les idées religieuses et superstitieuses des Romains entouraient la religion d'un caractère sacré qui la plaçait au-dessus du contrôle des hommes ; ce fut le motif qui fit affranchir les pontifes de la *provocatio* (3).

Ils jugeaient les débats qui se rattachaient au culte, les crimes religieux, et, dans des procès qui étaient plutôt une *religionis explanatio* qu'un *judicium capitis*, on comprend que le jugement de ce tribunal ait été souverain (4).

3° On ne pouvait *provocare* de la décision des comices. Permettre un recours dans ce cas aurait été consacrer un cercle vicieux, puisque c'étaient les comices qui jugeaient les provocations. D'ailleurs, les décisions prises dans ces assemblées n'avaient pas seulement le caractère d'une sentence judiciaire qui terminait un grand débat, c'étaient des lois et comme telles elles s'imposaient à tous, sans contrôle et sans recours (5).

4° Les décisions du tribunal domestique étaient à ce point respectées que la *provocatio* ne pouvait rien contre

(1) Tite-Live, VIII, 34 : « *Dictatoris edictum pro numine observatum esset.* »
(2) Tite-Live, XXXVII, 51 ; Cicéron, *Phil.*, XI, 8 ; Tite-Live XL, 42.
(3) Geib, 159 et la note.
(4) Cicéron, *De Harusp.*, c. 7.
(5) Laboulaye, 105, 157; Geib, 152. On connaît la formule du testament considéré comme une loi : *Uti legasset super pecunia tutelæve, ita jus esto.*

elles (1). Ce n'est pas un des caractères les moins saillants de cette puissance paternelle romaine, que ses décisions, les condamnations même à mort qui pouvaient en provenir, n'étaient paralysées par aucun pouvoir, ne subissaient le contrôle d'aucune autorité, tandis que les plus hauts magistrats étaient perpétuellement exposés à voir cassées leurs sentences et brisés leurs vœux les plus chers.

5° Le pouvoir militaire conserva à Rome, pendant longtemps, une autorité sans bornes. Le citoyen, en devenant soldat, perdait une partie de ses droits et tombait sous la juridiction absolue du consul ou du proconsul. On ne verra là rien d'étonnant si on se rappelle que les sociétés antiques reposaient sur l'organisation de la cité. Le citoyen soldat, en franchissant les murs de la ville, perdait ainsi les privilèges de la cité, et, par suite, celui de *provocare*, qui aurait été inconciliable avec les pouvoirs et les fonctions de l'autorité militaire.

6° C'était un principe souvent répété que les décisions des tribuns n'étaient pas soumises à la *provocatio*. Magistrats d'un caractère tout spécial et presque irresponsables, on comprend qu'on attribuât une telle force à leurs décisions (2).

7° Lorsque nous avons traité de la juridiction criminelle des rois, nous avons vu qu'elle pouvait être déléguée à des *duumviri* ou à des *quæstores* (3). Cette organisation cessa avec la royauté. Le peuple exerça lui-même la juridiction criminelle, quand il l'eût enlevée aux consuls. Mais lorsque le nombre de procès augmenta en proportion de l'importance que Rome elle-même acqué-

(1) Geib, 160; Mommsen, *R. Staatsrecht*, I, 134.
(2) Mommsen, *R. Staatsrecht*, I, 135.
(3) Niebuhr, I, 522; Geib, 82-96, 160.

rait, il devint nécessaire d'organiser, à côté des comices devenus insuffisants et trop surchargés, une institution pour les aider. On délégua donc la connaissance de certaines affaires soit au Sénat, soit aux consuls, soit à des commissaires spéciaux, *quæstores* (1). Cela ne se fit d'abord que rarement, mais le procédé était commode, on en usa plus fréquemment jusqu'au jour où il se transforma en une institution régulière. Ce développement est fort intéressant à suivre, car en même temps qu'il nous montre comment des nécessités et des besoins naissent les institutions nouvelles, il nous fait assister à l'origine de ces fameuses *quæstiones perpetuæ*, qui furent pendant longtemps la base de l'organisation criminelle des Romains. La question qui se pose ici, pour nous, est de savoir s'il était permis d'appeler de la décision de ces *quæstores*, d'*appellare* au pouvoir déléguant du jugement des magistrats délégués. La plupart des auteurs qui ont abordé cette question sont d'avis que la *provocatio* n'était pas admise. Les raisons qu'ils donnent ne sont pas tout à fait concluantes et sont même contredites par un texte formel de Tite-Live (2). On dit en effet que la délégation investissait de tous les droits du déléguant le magistrat à qui elle était donnée (3). Mais c'est précisément la question qu'il n'est pas permis de trancher par une simple affirmation. Nous croyons plutôt qu'il faut, ici comme dans tous les cas où il s'agit d'observer un développement d'institution, distinguer les époques. A la fin du VIe siècle de Rome et au commencement du VIIe, nul doute que les décisions des *quæstores* fussent souveraines ; mais, à l'origine, il est probable qu'on pouvait

(1) L. 2, § 23, D. *De Origin. juris.* Cf. Hélie, 56 ; Laboulaye, 126.
(2) Tite-Live, XXIX, 21-22.
(3) Hélie, 57 ; Geib, 160.

appeler de la décision de ces délégués (1) et que le principe de la *provocatio unicum præsidium libertatis* ne fléchissait point devant toute autre considération. Plus tard, les principes changèrent quand les droits des citoyens furent mieux garantis, et quand on s'aperçut qu'il n'y avait aucune utilité à faire rejuger par les comices ce qui avait été tranché par les commissaires qu'ils déléguaient. On voulut éviter l'encombrement de ces comices et on déclara la sentence des délégués souveraine. Mais on peut croire que ce principe fut proclamé quelque temps seulement avant l'organisation des *quæstiones perpetuæ*, réforme qui ne fut que le contre-coup et la suite de la précédente (2).

Chapitre IV. — Devant quel tribunal était portée la *provocatio?*

La loi des XII Tables dit formellement qu'elle était portée devant les comices : « *De capite civis Romani nisi per maximum comitiatum ne ferunto* » (3), mais ne fait aucune distinction. S'agit-il des comices par curies ou par centuries? Y avait-il une compétence particulière pour chacun d'eux? Ce sont là autant de questions obscures et qui prêtent aisément à la controverse. L'opinion de Niebuhr qu'il faudrait ici distinguer entre patriciens et plébéiens, que la *provocatio* des premiers aurait été portée aux curies, celle des seconds aux centuries ou aux tribus, ne peut pas plus être admise que les autres applications de son système sur la distinction des classes (4). D'autres ont considéré que les comices

(1) De même qu'autrefois on pouvait *appellare* du magistrat nommé par le roi. C'était la tradition.
(2) M. Laboulaye, 157.
(3) Cicéron, *De Republica*, II, 36 ; *De Legibus*, III, 3 ; *Pro Milone*, 3.
(4) Niebuhr, I, 557 ; Walter, *R. G.*, 83, 854.

par centuries exerçaient la juridiction capitale et les tribus tranchaient les débats pécuniaires (1). Enfin on a soutenu qu'il n'y avait aucune distinction et que les comices par tribus, comme ceux par centuries, étaient compétents en matière capitale comme pour les questions d'amendes (2).

On est seulement d'accord pour admettre que les délits communs, les crimes ordinaires étaient jugés par les centuries, tandis que les autres comices tranchaient les délits et crimes politiques (3). Quoi qu'il en soit, on ne peut nier qu'à l'origine la compétence des *provocationes* était exclusivement réservée aux comices par curies, puisqu'ils étaient les seuls (4).

Lors de l'établissement de la république, les centuries furent investies de l'autorité criminelle supérieure, mais ils eurent bientôt à la partager avec les comices par tribus. Dans quelle proportion eut lieu ce partage? quelles règles existaient à cet égard? ce sont là des points fort douteux, sur lesquels nous nous bornerons aux opinions que nous avons mentionnées, car les textes ne permettent pas d'avancer de conjecture sérieuse.

Chapitre V. — Conditions et procédure de la *provocatio*.

Nous savons à cet égard si peu de choses que c'est presque inutile de le mentionner. L'appelant s'écriait à haute voix : *provoco* (5), quand il se croyait lésé par une sentence ; et, il avait, pour faire cette déclaration, vrai-

(1) Hélie, 44-52; Laboulaye, 98-103. C'est aussi l'opinion que Mommsen a adoptée et confirmée, *loc. cit.*, I, 145.
(2) Geib, 35, 168.
(3) Cicéron, *Pro Secto*, c. 34.
(4) Wachsmuth, 251; Laboulaye, 97; Geib, 167.
(5) Brisson, *De Formulis*, V, 177.

semblablement jusqu'au moment de l'exécution du jugement (1). Les conditions qu'il devait réunir pour que son appel fût admis sont déjà connues. Il devait être citoyen, se trouver à Rome ou dans un mille de la ville et ne pas être dans un des cas où cette institution ne s'appliquait point. Quant à la procédure, les auteurs ne nous ont rien laissé à cet égard. Il est permis de croire que les magistrats dont la sentence était attaquée venaient la soutenir et la défendre devant l'assemblée; mais c'est là une conjecture peut-être hasardée (2). La seule supposition permise est d'admettre que la même procédure, dont on usait pour les affaires ordinaires et courantes des comices, était aussi usitée en matière de *provocatio*.

Chapitre IV. — Effets de la *provocatio*.

L'effet de la *provocatio* était fort simple. Elle arrêtait toute procédure et paralysait le jugement s'il avait été rendu. On voit par là que cette institution avait ceci de commun avec l'*appellatio*, qu'elle remplaçait un jugement par un autre, mais cette différence les séparait que la *provocatio* ne tendait point à la réformation d'une sentence comme l'appel, elle changeait le tribunal compétent, ce qui permettait de rendre un nouveau jugement, qui n'avait aucun rapport avec le premier.

(1) Conradi, *Jus provocat.*, § 26.
(2) Tite-Live, I, 26; Geib, 168.

Section II

*De l'*intercessio *et du droit de* veto.

Le principe essentiel de la constitution romaine sous la royauté était de reconnaître à une seule personne toute l'autorité et tous les pouvoirs. Au-dessous du roi, s'échelonnaient les différentes magistratures selon leur importance, mais toutes elles dérivaient du pouvoir royal et en dépendaient. La constitution républicaine était différente, et la création de deux consuls à la place d'un roi, dont ils avaient les pouvoirs, l'emploi du système de la dualité, et même de la pluralité des magistrats fut l'origine, dans la question qui nous occupe, de modifications importantes, qui amenèrent l'organisation de l'*intercessio*.

Chapitre Ier. — Du droit de *veto* (1).

C'était un principe de droit public romain, que tout magistrat revêtu de l'*imperium* (2) avait, à l'égard de ceux qui ne jouissaient pas de cette prérogative, un droit de contrôle et de surveillance. Tel était l'effet de la *major potestas*, et tel en était aussi le but. Ce droit de *veto* pouvait être réuni à celui d'*intercessio*, mais il y avait entre eux ces différences : 1° que l'*intercessio* ne

(1) Les termes n'étaient pas très fixés et on employait *vetare*, *intercedere* souvent sans distinction, Tite-Live, X, 37; Suétone, *Tiber.*, 2; Tite-Live, XXXI, 20. Quant au mot *veto* comme expression technique, il est tiré de Tite-Live VI, 35 ; *faxo ne juvet vox ista, veto, qua nunc, concinentes collegas nostros tam læti auditis.* Mais cet exemple est unique et le mot a pu être interpolé. Cf. Mommsen, *R. Staatsrecht,* II, 265.

(2) Ce principe ne se forma d'ailleurs que peu à peu. Cf. Mommsen, *loc. cit.*, 266.

s'appliquait que dans certains cas déterminés, tandis que le *veto* ne souffrait pas de limites ; 2° que l'*intercessio* pouvait être exercée par les magistrats qui avaient la *major* ou la *par potestas*, le *veto* ne pouvait l'être que par les premiers.

On peut voir, de ces prémisses, que le champ d'application de l'*intercessio* devait être en un sens beaucoup plus étendu que celui du droit de *veto*, et c'est, en effet, ce qui avait lieu.

Le *veto* ne se restreignait pas au droit criminel; comme la *provocatio*, il s'appliquait à des matières fort diverses, que nous devons passer en revue. Les magistrats, qui possédaient cette prérogative, pouvaient : 1° interdire à leurs inférieurs tout acte de leur compétence ; 2° refuser le droit d'agir devant le peuple (1); 3° refuser l'autorisation pour prendre les auspices, ce qui était nécessaire dans un grand nombre de cas (2); 4° refuser à un magistrat la permission de triompher (3); 5° suspendre de ses fonctions un magistrat inférieur « *vetari quisquam agere pro magistratu* », et nous trouvons de semblables décisions d'un dictateur à l'égard d'un consul, d'un consul à l'égard d'un préteur, d'un tribun du peuple à l'égard d'un censeur, etc. (4).

Le droit de *veto*, tel que nous venons de le représenter, aurait attribué aux magistrats les plus élevés, et en fait aux tribuns, le droit de paralyser toutes les fonctions administratives de l'Etat. Ce pouvoir trop absolu ne manquait cependant pas de borne. C'est, d'ailleurs, un des caractères les plus remarquables de la constitution

(1) Aulu-Gelle, XIII, 16.
(2) Aulu-Gelle, XIII, 15.
(3) Tite-Live, X, 37 ; XXI, 20 et les autorités citées par Mommsen, *loc. cit.*, I, 211, note 1.
(4) Tite-Live, III, 29 ; IX, 34.

romaine, qu'à côté des magistrats, auxquels elle attribuait les plus grands pouvoirs, elle savait ménager et développer des institutions rivales, qui corrigeaient ce que les premières avaient de trop arbitraire. Ainsi, le tribun pouvait prononcer son *veto*, mais si cette défense était violée, si on passait outre, la punition de cette désobéissance n'était pas une accusation capitale, comme dans le cas d'une *intercessio*, mais simplement une peine administrative pour ne pas avoir écouté les ordres du supérieur (1). Quant à l'acte, il était et restait valable malgré l'opposition du magistrat. Veut-on même supposer le cas où le tribun désobéi faisait saisir le magistrat rebelle ; il était toujours possible à ce dernier d'*intercedere* auprès des autres tribuns et il suffisait de la voix d'un seul pour faire tomber les menaces et paralyser l'action des premiers (2).

Mais nous ne voulons pas nous étendre sur ce droit de *veto*, qui ne touche qu'en partie à notre sujet et dont nous n'avons parlé que pour donner une idée complète du rôle des tribuns dans l'administration supérieure de la justice.

Chapitre II. — De l'*intercessio* ou *auxilii latio* (3).

§ I. *Définition et historique de l'*intercessio. — L'*intercessio* était le droit, pour un magistrat *major vel par*, de casser ou de paralyser les actes de son inférieur ou de

(1) Mommsen, *loc. cit.*, I, 127, 215.

(2) Tite-Live, X, 37 : « *Auxilio tribunorum plebis trium adversus intercessionem septem tribunorum;* » Livius, IX, 34 : « *Prendi censorem et in vincula duci jussit : approbantibus sex tribunis actionem collegæ, tres appellanti Appio auxilio fuerunt.* »

(3) Cf. Giraud, *Tables de Salpensa*, § 27 : « *Qui duoviri aut ædiles aut quæstores ejus municipi erunt, his duoviris inter se, et cum aliquis alterutrum eorum. aut utrumque ab ædile ædilibus aut quæstore quæstoribus*

son collègue. Par rapport aux citoyens, c'était la faculté d'implorer l'*auxilium tribuni* quand on se croyait lésé (1).

Tite-Live, en expliquant l'origine de l'*intercessio*, s'exprime ainsi : « *Intercessionem cessesione quondam plebis partam* », ce qui donnerait à entendre que l'*intercessio* serait née avec le tribunat et à l'époque de l'organisation républicaine. Mommsen a justement remarqué que Tite-Live se laisse ici dominer par le fait que ce furent les tribuns qui usèrent le plus de l'*intercessio* et donnèrent à cette institution son plus grand développement. En effet, sous la royauté, on avait toujours reconnu que les autorités civiles ou militaires instituées par le roi, lorsqu'elles rendaient une décision ou faisaient un acte contraire à l'intérêt des citoyens, seraient soumises au recours devant l'autorité souveraine. Avec la république, cela seul fut changé, qu'on put désormais, par suite de l'introduction du principe de la collégialité, avoir recours à l'*intercessio* d'un magistrat supérieur ou même d'un collègue. Il est vrai que cette institution se lia de plus en plus au tribunat et que l'ancienne *intercessio* des consuls devint chaque jour plus rare (2); mais ce fait qui s'explique par la position toute spéciale faite aux tribuns ne contredit en rien ce que nous avons avancé.

§ II. *Qui peut et contre qui peut-on* intercedere ? —

appellabit; item ædilibus inter se; item quæstoribus inter se, intercedendi, in triduo proxumo quam appellatio facta erit poteritque intercedi, quod ejus adversus hanc legem non fiat, et dum ne amplius quam semel quisque eorum in eadem re appelletur, jus potestasque esto, neve quis adversus ea quid, quum intercessum erit facito. »

(1) Ce droit appartenait aux plébéiens comme aux patriciens, Tite-Live, III, 13; VIII, 33; IX, 25.

(2) On a discuté la question de savoir si les consuls n'avaient pas un pouvoir égal à celui des tribuns. Le fait que les consuls ne pouvaient pas *intercedere* contre les tribuns est décisif. Cf. Mommsen, *R. Staatsrecht*, I, 58, note 2.

Nous avons répondu à cette question, quand nous avons dit que tout magistrat investi de la *par majorve potestas* avait ce droit à l'égard de son inférieur ou de son collègue. Ainsi le tribun du peuple pouvait *intercedere* contre tout magistrat, consul, censeur, édile, questeur, préteur (1), etc..., sauf le dictateur.

§ III. *Dans quels cas peut-on* intercedere ? — L'*intercessio* n'était pas, comme le *veto*, un droit dont on pût user en toute matière. Cette procédure n'était usitée que dans trois cas : 1° lorsqu'on appelait à un magistrat du décret d'un autre magistrat ; 2° lorsqu'on intercédait contre une loi ; 3° ou contre une décision du Sénat. Ces deux dernières hypothèses ont pu avoir un rôle important au point de vue politique ; la première, seule, exerça une influence incontestable sur la marche de l'institution que nous étudions.

On avait l'habitude d'intituler les décisions du Sénat : *Senatus auctoritas* et non *Senatus consultum* pour prévenir et éviter une *intercessio* intempestive. Cela n'empêchait pas les magistrats *pares majoresve* à celui qui avait fait rendre la décision de l'attaquer et de la paralyser au moyen d'une *intercessio* (2). Nous avons de nombreux exemples d'*intercessio* de tribuns contre la proposition d'un consul ou d'un préteur, et ce qui montre combien était fréquent l'emploi de ce recours, c'est que des formules particulières s'introduisirent rapidement pour la proposition et la rédaction des sénatus-consultes (3), qui avaient pour but, non point d'empêcher toute *intercessio*, mais de les éviter le plus possible. Si ces moyens pré-

(1) *Lex Salpensa*, c. 27, et les nombreuses sources données par Mommsen, *loc. cit.*, I, 217, notes 1-8.

(2) Cf. nombreux textes donnés par Mommsen, *loc. cit.*, I, 228, II, 269. « *Non passurum quicquam agi,* » dit un consul, Tite-Live, XXVI, 36.

(3) Cicéron, *ad Fam.*, VIII, 8.

ventifs ne réussissaient pas, il ne restait au magistrat attaqué qu'à *remittere intercessionem* (1).

Les propositions de loi, *rogationes*, étaient aussi sujettes à *intercessio* et en formaient peut-être le plus ancien cas (2). Les *provocationes* (3) en matière criminelle, les lois, l'élection des magistrats, les plébiscites, tous les actes qui se passaient devant les comices étaient soumis à cette institution restrictive, mais protectrice. Les règles n'étaient point les mêmes que pour l'*intercessio* des décisions du Sénat. Il fallait ici *intercedere* avant que la décision eût été prise et probablement jusqu'au moment où on finissait de voter. Mais nous ne voulons point nous étendre ici, ni traiter des causes qui firent de bonne heure restreindre ce droit aux seuls tribuns (4). Nous n'avons pas à parler de l'histoire de la constitution politique des Romains ; il nous suffit de connaître tous les cas d'application de notre institution pour pouvoir mieux embrasser et suivre les lois de son développement.

L'*intercessio* pouvait enfin avoir lieu sur la plainte d'un citoyen lésé, qui s'adressait à un magistrat pour faire casser l'acte d'un inférieur ou d'un collègue. Cette *intercessio* restreinte au droit privé est aussi celle qui nous intéresse le plus, car nous y voyons un recours qu'on ne peut encore qualifier d'appel à un tribunal supérieur (5), mais qui, par cela même qu'il aboutit à paralyser l'acte attaqué, peut être considéré comme une origine de l'*appellatio* (6).

(1) Tite-Live, XXVI, 40, XXXI, 20.
(2) Mommsen, *loc. cit.*, II, 268-69.
(3) Sur tous ces cas Cf. textes donnés par Mommsen, *loc. cit.*, I, 230.
(4) Mommsen, *loc. cit.*, I, 232.
(5) Sur différences entre *intercessio* et *appellatio* Cf. Cujas, Observations, 21, 33.
(6) Cf. Giraud, *Tables de Salpensa*, p. 72.

Ce recours, qu'on appelle quelquefois *intercessio* sur *appellatio*, avait lieu pour les procès criminels, comme en matière administrative ou civile ; nous verrons seulement que ses effets variaient suivant chacun de ces cas. Ainsi nous avons des exemples d'*intercessio* contre la rédaction d'une formule (1), contre la marche de la procédure criminelle, contre l'*addictio* d'un débiteur (2), en matière de *bonorum possessio* (3), à propos d'arrestation et même contre une *provocatio ad populum*. Mais ce qu'il faut ici faire surtout ressortir, c'est que cette procédure n'était mise en mouvement que sur la demande, l'*appellatio* du plaignant et que le magistrat, qui jouait le rôle d'*auxilium*, n'aurait pas à intervenir et ne le faisait point, s'il n'avait pas été appelé (4).

Ce sont là des caractères précieux pour suivre la transformation des idées sur l'appel et que nous retrouverons dans la suite. Les quelques détails, qui vont suivre ne s'appliquent en principe qu'à notre dernier cas d'*intercessio*.

§ IV. *Conditions de* l'intercessio. — Pour être admise, l'*intercessio* devait réunir plusieurs conditions : 1° Elle devait être motivée, c'est-à-dire reposer sur une raison grave et sérieuse. Il n'aurait pas suffi pour en user d'attaquer un acte comme injuste et immoral ; il fallait, ou du moins on peut le supposer, que cet acte violât les principes du droit ou fût contraire à l'ordre public (5) ; 2° elle devait être faite par un citoyen romain ; 3° elle

(1) Cicéron, *Pro Tull.*, 38.
(2) Tite-Live, VI, 27.
(3) Val.-Maxim., VII, 76.
(4) Mommsen, *R. Staatsrecht*, I, 225.
(5) Ainsi quand Pison casse les décrets de Verrès, Cicéron exprime clairement que ces décrets étaient contraires à l'édit que Verrès avait rendu. *Verrin.*, I, 46. « *Lucius Piso codices implevit earum rerum in quibus ita intercessit, quod iste aliter atque ut edixerat, decrevisset.* »

devait avoir lieu à Rome, ou dans un mille de Rome (1); 4° il est vraisemblable de penser qu'elle était soumise à certaines formes; 5° elle devait avoir lieu dans un délai fixé (2).

Mais il n'était pas nécessaire pour qu'une *intercessio* fût valable, qu'elle s'adressât à un magistrat qui eût à régler des affaires du même genre et avec la même compétence que le pouvoir intercédant. Cette idée a paru séduisante et, en réalité, on pourrait citer quelques exemples qui pouvaient faire illusion (3); mais le fait, que le consul intercédait contre le préteur urbain dans des questions d'hérédité (4), dont il n'avait jamais à s'occuper, montre que cette prétendue règle n'existait point.

§ V. *Formes de* l'intercessio. — Les tribuns, créés en partie pour recevoir les appels à leur *auxilium*, étaient tenus d'entendre les personnes qui voulaient y avoir recours. Ils devaient même laisser leur porte ouverte pendant la nuit (5) et ne jamais quitter Rome (6). Peut-être fallait-il que le tribun adressât directement la parole au magistrat contre lequel il intercédait, mais nous ne pouvons affirmer rien de certain (7). Une fois l'*appellatio*

(1) Elle n'était admise que *domi* et non *militiæ*, mais c'est une question de savoir, si les limites de l'*intercessio* et de la *provocatio* étaient les mêmes que celles de la juridiction civile, c'est-à-dire à un mille de Rome (Gaius, IV, 104), ou si elles étaient restreintes à la ville elle-même. Cf. Mommsen, *loc. cit.*, I, 76, 98.

(2) C'est encore là un point douteux. M. Giraud est affirmatif avec la loi de Salpensa. Cf. Giraud, *Tables de Salpensa et Malaga* p. 82; Mommsen, *R. Staatsrecht*, I, 222, note 1.

(3) Le texte de Cicéron, cité à la page précédente, note 5, montre que l'*intercessio* ne vint pas du consul, mais du prêteur.

(4) Cicéron, *ad Herenn.*, II, 13; Val.-Maxim., VII, 7.

(5) Plutarque, Q.-R., 81.

(6) Aulu-Gelle, XIII, 12; Mommsen, *loc. cit.*, II, 267.

(7) M. Giraud donne comme formule d'*intercessio* : *non patiar agi non referam, non rogabo* pour les consuls; *veto, auxilio erim, auxilium feram, non patiar* pour les tribuns, *loc. cit.*, p. 72. Cf. Mommsen, *loc. cit.*, I, 220, note 3.

faite, les tribuns se réunissaient en tribunal sur leur *subsellium* (1) et entendaient les motifs de la plainte, comme la défense du magistrat accusé. On a fait remarquer avec raison, qu'il n'y avait pas là une instance véritable, que la publicité n'était pas exigée comme pour un jugement, que le droit de citation n'appartenait pas aux tribuns (2), nous ne le nions pas. Mais qui oserait prétendre que cette instance irrégulière, ce procès de fait, ne constitue pas l'origine de l'appel en matière civile ? Qui oserait ne pas admettre, que, sans penser à de grands changements judiciaires, sans faire intervenir de combinaisons savantes d'un politique, s'il y eut une transformation en cette matière (3), et elle exista, elle dut évidemment consister à donner à ce tribunal irrégulier, à cette procédure créée par la nécessité et la coutume, l'institution régulière et la consécration légale (4).

§ VI. *Effets de l'*intercessio. — La procédure dont nous venons de parler pouvait avoir plusieurs suites : 1° si tous les tribuns reconnaissaient cette *appellatio* comme sans valeur ou comme mal fondée, ils passaient outre et l'acte attaqué était maintenu à tout jamais, puisque c'était une règle qu'on ne pouvait *intercedere* qu'une fois en chaque affaire (5) ; 2° si tous les tribuns approuvaient

(1) Tite-Live, XLII, 33.

(2) Aulu-Gelle, VIII, 12.

(3) Ce qui montre bien l'influence de l'*intercessio* et la place qu'elle avait déjà, c'est que Sylla, qui enleva aux tribuns presque toutes leurs attributions, la respecta. Cæsar, *Bell. civ.* : *Syllam nudata omnibus rebus tribunitia potestate, tamen intercessionem liberam reliquisse.* Cicero, *De legibus*, III, 9.

(4) V. Giraud, *loc. cit.*, p. 81 : « Les décisions des tribuns avaient un effet civil, et ce qui prouve que l'*intercessio* fût changée au VIIe siècle en une institution très utile, c'est que Sylla la respecta... Voilà qui explique les *edicta tribunitia*, dont parlent les auteurs anciens. Voilà comment il se fait qu'on a pu attribuer au tribunat une sorte de juridiction anomale qui a suffi pour faire comprendre la jurisprudence tribunitienne parmi les sources du droit. »

(5) Lex Salpensa, c. 27, et Giraud. *loc. cit.*, p. 84.

l'*appellatio*, ils intercédaient et, dès lors, l'effet suspensif de la simple *appellatio* devenait définitif ; 3° un autre cas pouvait se présenter, dans lequel nous trouvons une différence entre notre institution et un jugement. Si les tribuns se partageaient et que la majorité fût d'avis de repousser l'*appellatio*, cette dernière n'était point encore sans effet, car il suffisait de l'*intercessio* d'un seul des tribuns pour paralyser un acte malgré l'opposition des autres (1).

Tels étaient les effets de l'*intercessio*. Nous noterons, à cet égard, deux points importants : 1° tout d'abord il est aisé de voir que l'*intercessio* produisait l'effet désiré, quand elle frappait un projet de loi ou une décision du Sénat ; le projet et la décision tombaient, c'était tout ce qu'on voulait. Il n'en était pas de même dans le troisième cas. En matière civile, quand un plaignant avait été lésé, en matière criminelle, quand un citoyen avait été arrêté, l'*intercessio* des tribuns pouvait bien paralyser la sentence rendue, mais ne pouvait réparer les dommages et les pertes éprouvés ; 2° si le magistrat contre lequel on avait intercédé n'obéissait pas à l'ordre des tribuns, il encourait une accusation capitale. Cette différence de peine dans les mêmes hypothèses entre le *veto* et l'*intercessio* n'est pas sans intérêt à relever et s'explique, selon nous, par la nature même des deux institutions. Il y avait à craindre dans le droit de *veto*, que l'obstination ou l'ambition d'un magistrat arrêtât le cours ordinaire de la constitution ou boulversa l'ordre établi : aussi on ne se montrait point trop sévère contre la violation de ce droit. Au contraire, dans l'*intercessio*, il fallait faire respecter la volonté d'un seul magistrat contre l'entraînement ou

(1) Tite-Live, III, 56, IX, 34 ; Val.-Maxim. IX, 1.

les illusions de ses collègues et, voulant entourer sa décision de toutes les garanties possibles, on devait appliquer les peines les plus sévères à celui qui la violerait.

§ VII. *Des cas où* l'intercessio *ne pouvait avoir lieu.* — En dehors des hypothèses toutes spéciales, le principe qui dominait ici était que, là où il n'y avait pas de *par majorve potestas* il n'y avait pas d'*intercessio*. Nous énumérons tous ces cas sans commentaire. Ainsi l'*intercessio* n'avait pas lieu : 1° du consul à l'égard du censeur ; 2° des édiles à l'égard des questeurs ; 3° des décisions du juge civil (1) ; 4° des actes du dictateur (2) ; 5° des décisions du Sénat, relativement aux provinces consulaires (3) ; 6° du jugement des *quæstiones pærpetuæ* (4) ; 7° des décisions du tribunal centumviral (5) ; 8° des actes des généraux au-delà d'un mille de Rome (6) ; 9° des élections des tribuns du peuple ; 10° des décisions du Sénat, quand une loi spéciale les avait affranchies de ce recours (7) ; 11° de tous les actes des magistrats, qui ne rentraient point dans les trois catégories indiquées plus haut, par exemple de l'entrée en fonction, de la prise des auspices, etc., etc. (8) ; 12° si on n'avait déjà intercédé une première fois (9) ; 13° si on n'avait point intercédé dans les délais voulus, du moins dans l'opinion

(1) Mommsen, *loc. cit.*, I, 220, note 2.

(2) La nomination, comme les actes du dictateur, n'y étaient pas soumis, Tite-Live, IV, 57. Cela tenait au caractère militaire de la dictature.

(3) Mommsen, *loc. cit.*, I, 229, et les sources citées.

(4) Mommsen, *loc. cit.*, I, 222.

(5) Mommsen, *Römische Geschichte*, trad. Alexandre VIII, 89, V, 376.

(6) Puisque c'était une condition de l'*intercessio* d'être exercée *domi* et non *militiæ*.

(7) Mommsen, *R. Staatsrecht*, I, 229.

(8) Mommsen, *loc. cit.*, I, 233.

(9) Giraud, *loc. cit.*, p. 84.

de ceux qui, comme M. Giraud, admettent l'existence de ces délais (1) ; 14° enfin dans tous les cas où des clauses formelles avaient rejeté l'application de l'*intercessio* (2).

Tel était l'état du droit romain au moment où va commencer la période intermédiaire. On a pu voir l'importance des institutions que nous venons de décrire et particulièrement de l'*intercessio*. Nulle part nous n'avons vu mieux résumé et apprécié ce rôle et cet état de l'*intercessio*, comme dans ces quelques lignes de M. Giraud (3) : « Toutefois, quoiqu'un pas immense eût été fait, puisqu'on n'attendait plus la *vis lata* pour *intercedere*, puisque l'*appellatio* était réglée par une *vocatio*, par une *cognitio*, et même par une *dictio* ou *decretum*, on ne pouvait pas dire que la *potestas tribunitia* fût un *imperium* dans le sens exact du mot et encore moins une *jurisdictio* ; c'était toujours un *auxilium*. Elle ne perdit jamais ce caractère, quelles qu'en fussent l'organisation et l'application ; mais dans cette mesure, sa compétence devint universelle. L'*intercessio* des tribuns devint le tempérament de toutes les parties de l'administration absolue des magistrats et spécialement de la juridiction des préteurs. »

LIVRE III

Période intermédiaire.

Chapitre Ier. — Formation des appels.

Les limites de cette période ne sont point faciles à déterminer. Nous avons cru pouvoir en fixer les débuts au VIIe siècle de Rome, au moment où s'établissent les

(1) Giraud, *loc. cit.*, p. 82.
(2) Giraud, *loc. cit.*, p. 84.
(3) Giraud, *loc. cit.*, p. 77.

quæstiones perpetuæ et où l'*intercessio*, s'appliquant de plus en plus aux questions d'intérêt privé, allait aboutir, en empruntant quelques-uns des principes de la *provocatio*, à constituer la théorie de l'appel. Nous en avons marqué la fin vers le ɪᴠ[e] siècle de notre ère, c'est-à-dire à cette époque où l'empire est définitivement fondé, où les institutions romaines ont perdu tout vestige de l'organisation républicaine et où la hiérarchie impériale, entièrement établie, permettait à l'appel de fonctionner non point à titre d'exception, mais comme une institution régulière ayant sa place et son rôle dans l'organisation judiciaire de l'empire.

La marche fut lente pendant ces quatre ou cinq siècles et nous ne pouvons espérer ici ni en marquer toutes les étapes, ni donner toutes les formes diverses, toutes les hésitations qui précédèrent la constitution définitive. Nous ne chercherons dans ce chapitre qu'à présenter un sommaire des modifications successives de cette procédure, heureux si nous pouvons atteindre le but d'indiquer les lois, les circonstances et les faits qui influencèrent sur la formation de l'appel.

On n'a point oublié ces deux remarques que nous faisions au chapitre précédent : 1° que la *provocatio ad populum* ne pouvait plus, au ᴠɪ[e] siècle de Rome, exister dans les mêmes conditions qu'à l'origine, parce que les mêmes besoins n'existaient plus, qu'elle avait perdu toute raison d'être en matière criminelle et capitale (1) ; que, par suite, elle se trouvait dans la nécessité de se transformer ; 2° que l'*intercessio collegæ*, renfermée dans les

(1) Cela résultait de l'établissement des *Quæstiones perpetuæ*. Il est vrai qu'on a discuté la question de savoir si on pouvait ou non *provocare* de ces *quæstiones*. Nous répondrons négativement, mais nous renvoyons pour toutes ces discussions trop longues pour figurer ici à Geib, *loc. cit.*, p. 387.

mains des tribuns, trouvait une application de plus en plus fréquente en matière de droit privé. Ces deux institutions n'étaient plus seulement considérées comme un moyen de se protéger contre la *vis illata*, on arrivait à les regarder comme une voie de recours régulière contre toute sentence qui semblait injuste.

Il n'y avait donc qu'un pas à faire pour que l'appel fût constitué, et c'est ce qu'a si bien compris M. Giraud dans son étude sur la *lex Salpensa*, lorsqu'il s'exprime ainsi à propos de l'*intercessio* : « J'y ai vu un monument curieux et inédit de la tranformation de l'ancienne *intercessio* de la république en *appellatio* du régime impérial (1). »

Un seul élément faisait défaut pour que nous puissions parler d'appel véritable. C'était une hiérarchie administrative et le régime républicain ne pouvait la donner. Il est vrai qu'en fait les tribuns tenaient un tribunal, jugeaient, avaient même une jurisprudence, mais on ne doit point oublier que l'*intercessio* des tribuns ne parvenait jamais à remplacer un jugement par un autre ; il arrêtait seulement l'effet de la sentence.

Tel était le droit au moment où Auguste réunit dans sa main tous les pouvoirs de la république. Nous ne voulons pas parler de constitution de l'empire, parce qu'on pourrait croire que ce prince, en prenant le pouvoir, aurait décrété telle ou telle loi et établi une nouvelle organisation judiciaire (2). Ce serait là une erreur historique, puisque c'est un fait hors de conteste qu'Auguste ne changea rien aux institutions existantes. La vé-

(1) Giraud, *Lex Salpensa*, p. 68.

(2) Sans croire qu'Auguste boulversa tout d'un coup l'organisation judiciaire de la République, il est probable que dans une loi il réglementa ces appels. Cf. L. 2, D., XLIX, 2 ; L. 7, D., XLIX, 5.

rité est que ce prince, par les magistratures dont il s'empara ou qu'il sut plutôt se faire attribuer, rendit possible l'établissement d'une hiérarchie administrative.

Cette observation est capitale. Le régime républicain, en mettant à côté de tous magistrats un ou plusieurs collègues et en déclarant les magistratures indépendantes les unes des autres, empêchait à jamais l'établissement d'une hiérarchie véritable ; mais du jour où ces magistratures purent être réunies sur la tête d'un seul (1) et où le principe de la collégialité (2) ne fut point appliqué, il était évident que celui sur lequel se cumulaient toutes les charges serait considéré comme le centre du gouvernement et le sommet d'une hiérarchie administrative.

L'établissement d'une hiérarchie dans les pouvoirs de l'Etat fit naître l'idée et la réalité d'un recours des autorités les plus faibles aux autorités supérieures et c'est en effet ce que nous pouvons observer dans les nombreuses affaires qui furent peu à peu portées au tribunal du prince. L'appel était donc possible ; il existait ; mais il n'était pas encore organisé.

En effet, la loi qui domine toute cette matière et tout ce travail est celle-ci : l'appel suivit une voie parallèle au développement de la hiérarchie administrative.

A l'origine, à l'époque où il ne fallait point trop choquer les anciennes idées romaines, cette hiérarchie ne comptait qu'un degré, le prince, aussi les appels étaient-ils adressés à l'empereur seul. Plus tard, cette hiérarchie se compléta, les magistratures républicaines, qui sem-

(1) Mommsen, *R. Staatsrecht*, II, 820.
(2) L'empereur n'avait de collègues que Mécène et Tibère à titre de corégents. Suétone, *August.*, 26, *Monum. Ancyr.*, III, 21. Cf. Mommsen, *loc. cit.*, II, 814.

blaient au début les égales de l'empereur, s'effacèrent pour lui faire place (1) et des degrés commencèrent à s'établir dans l'administration ; l'appel put dès lors, lui aussi, parcourir plusieurs degrés. Plus tard encore, et, par suite de cette loi qui pousse tout pouvoir mal défini à disparaître ou à s'affirmer, on vit s'organiser, à côté des magistratures républicaines subsistantes, des officiers qui émanaient du prince seul, dont les fonctions étaient clairement délimitées et la hiérarchie réglée sans conteste. Les appels suivirent ce mouvement et ils furent portés exclusivement aux tribunaux de ces officiers au détriment des anciens magistrats. Enfin, les institutions républicaines disparurent ou n'existèrent plus que de nom, tout pouvoir émana de l'empereur, désormais la hiérarchie administrative fut bien établie entre les *præfecti urbis*, *præfecti prætorio*, *vicarii*, etc., et alors l'appel, lui aussi, se constitua définitivement sur les mêmes bases que la hiérarchie administrative de l'empire.

Telle fut l'évolution progressive que suivit l'institution de l'appel sous l'empire. Elle nous montre jusqu'à l'évidence qu'en droit romain il ne faut point voir dans l'appel une institution judiciaire proprement dite, mais plutôt une institution administrative (2), comme nous avons essayé de le prouver d'une façon plus générale dans notre introduction.

Avant de passer à la démonstration par les faits de la généralisation que nous venons de présenter, nous ferons encore une remarque. La loi (3), dont nous avons ici ap-

(1) Mais nous savons que ce ne fut pas sans lutte. Les vieux jurisconsultes romains étaient en effet contraires à l'appel, institution toute monarchique. Cf. Giraud, *loc. cit.*, p. 87, et Ulpien, *De Appellationibus*.

(2) V. Laboulaye, 330 : « Ce fut par l'administration qu'Auguste mena les Romains à l'obéissance monarchique. »

(3) On peut lire à ce propos les pages remarquables de M. Herbert

pliqué les conséquences, est celle qui porte tout organisme à dépérir et disparaître ou à se développer. Mais ce principe est suivi d'un autre qui en forme le corrollaire : tout organisme qui se développe tend toujours à se localiser dans ses fonctions. Et les conséquences n'en sont pas pour nous moins fructueuses que dans le premier cas. En effet, si on observe la manière dont se forma la machine administrative de l'empire, et, en particulier, la théorie des appels, on ne pourra se refuser à voir qu'à l'origine, sous Auguste, l'empereur seul était compétent pour recevoir les appels. A mesure que son pouvoir augmente, qu'il est mieux reconnu et non contesté, nous voyons se partager, entre plusieurs officiers impériaux, des fonctions autrefois réunies en ses seules mains : alors apparaissent les délégations des appels au Sénat et aux consuls, puis aux *præfecti urbis* et *prætorio*, alors commence à s'organiser ce *consistorium principis* qui devint le centre administratif et législatif de l'empire. Enfin, cet organisme administratif se développant davantage, les fonctions se localisent elles-mêmes dans la même proportion, et c'est le moment où des officiers impériaux, que nous indiquerons plus loin, jugent les appels *vice sacra* et sans recours.

Ainsi se trouve vérifiée cette affirmation peut-être un peu hardie que toute institution suit dans sa marche des lois qui sont celles qui président à la constitution de tout organisme. Nous pourrions aller plus loin et, poussant jusqu'au bout les conséquences de notre principe posé, donner une explication assez nouvelle de la chute de ces institutions impériales et de l'empire lui-même. En un

Spencer dans sa *Science sociale*, p. 63-72. D'ailleurs cette tendance forcée de l'appel dans son développement est reconnue par les historiens du droit : ainsi Keller, *Des actions*, p. 387, et Bethmann-Hollweg, II, 6.

mot, nous pourrions essayer de prouver que, si l'empire succomba en partie sous le poids de son administration poussée à l'excès, c'est que les fonctions administratives, dont nous avons parlé, étant justement trop localisées, ne pouvaient plus se prêter aux besoins nouveaux, aux exigences de temps différents. Mais ces considérations, dont il n'est pas déplacé de donner un aperçu dans un travail historique sur une institution détachée, ne doivent point trop longtemps nous retenir, car leur place véritable serait plutôt dans une étude d'ensemble sur les institutions romaines de l'empire.

Il ne suffit pas de poser des principes et des conclusions, il faut aussi les vérifier. C'est ce que nous allons essayer de faire, en suivant les différentes périodes du développement de la hiérarchie impériale telles que nous les avons indiquées.

Chapitre II. — Etat de l'appel à l'établissement de l'empire.

Il n'est pas important pour nous de discuter sur le point de savoir par suite de quelles circonstances l'empire s'établit (1) ; nous prenons le fait comme acquis. Il en résulta que l'empereur devint le chef suprême de la justice et que tous les appels lui furent adressés (2). Mais il faut distinguer.

En matière criminelle, ces appels furent rares à l'origine, parce que les tribunaux criminels jugeaient souverainement et sans *provocatio* possible, ce qui nous est prouvé par des textes qui déclarent sans recours les jugements des *quæstiones perpetuæ*, des consuls et du

(1) V. à cet égard Duruy, *Hist. des Romains*, V, 233 ; Mommsen, *loc. cit.*, II, 707 720 ; Keller, *Actions*, 388 ; Serrigny, *Droit administr. rom.*, I, 29 ; Laboulaye, 397 ; Geib, 420-23 ; Bethm.-Holl., II, 42 et s.

(2) V. Bethm.-Holl., II, 45 ; Laboulaye, 430.

Sénat (1). Au contraire, en matière civile, le prince hérita des pouvoirs des tribuns (2), et, comme nous savons que, déjà sous la république, les tribuns avaient une sorte de tribunal où ils jugeaient les *appellationes* qu'on adressait à leur *auxilium*, il n'est pas étonnant de voir l'empereur en possession immédiate de ce droit. Une seule différence est à noter entre les époques, c'est que l'empereur ne se contente pas d'arrêter l'effet de la sentence d'un inférieur. Juge suprême, il tranchait les appels qu'on lui portait comme les causes qu'il jugeait en première instance, c'est-à-dire qu'il cassait les jugements, les réformait, les remplaçait par d'autres sentences (3).

Chapitre III. — Etat de l'appel au moment de la formation de l'administration impériale.

La possibilité de voir réformer une sentence porte en général la personne, qui perd un procès, à s'adresser à l'autorité compétente pour remettre en question ce qui a été jugé. Ce sentiment si naturel eut pour effet, dans la pratique, d'apporter au tribunal impérial un nombre considérable de causes que le prince ne pouvait juger lui-même, quelque zèle qu'il apportât à ces fonctions (4). Il se trouva donc dans la nécessité de nommer des personnes pour connaître de ces appels ; et, quant à ceux qu'il se réservait, comme leur nombre et leur difficulté

(1) Dion-Cass., § 9, 13; § 2, 33.

(2) « Il y avait cette différence entre la puissance tribunitienne du prince et celle des tribuns que la première ne connaissait aucune limite de durée ni de lieu. Le prince ne recevait pas son pouvoir pour un an mais pour la vie. Il l'exerçait non seulement dans la ville, mais dans tout l'empire. » Mommsen, *R. Staatsrecht*, II, 820.

(3) On a soutenu qu'à l'origine il n'avait le droit que de casser les sentences. Cf. Giraud, *loc. cit.*, 89.

(4) Suétone, *Domitian.*, 8.

étaient encore trop fatigants, il institua pour les juger une commission qui devait plus tard se constituer sous le nom de *consistorium principis* et former le Conseil d'Etat comme le tribunal suprême de l'empire. On nomma donc des délégués pour connaître des appels. Mais il faut ici remarquer que, tout d'abord, le prince se vit forcé de tenir compte des anciennes institutions républicaines; aussi il délégua la connaissance des appels aux consuls, au Sénat, au moins pour les provinces que ces derniers administraient (1). Plus tard, seulement, il confia le jugement de ces mêmes causes à des personnes plus dépendantes de lui, à des officiers qui le touchaient de plus près, mais cela, on le comprend, ne devint possible que lorsque la distinction entre les provinces du Sénat et celles de l'empereur eut disparu, lorsque le régime impérial eut enlevé toute trace des institutions républicaines et que la même administration se fut étendue d'une manière complètement uniforme sur tout l'empire.

Les conséquences de ces faits sont fort notables, aussi bien pour le droit criminel que pour le droit civil. En effet, du moment qu'on attribuait aux délégués de l'empereur une compétence criminelle, il en résultait qu'il pouvait y avoir appel à l'empereur, par suite du principe qu'on pouvait toujours appeler du délégué au déléguant. On comprend dès lors pourquoi la compétence de ces délégués augmenta de jour en jour, pourquoi ces délégués arrivèrent à remplacer l'ancienne organisation criminelle de la république, enfin pourquoi ils eurent une si grande part dans la formation de la théorie des appels. D'un côté, les citoyens voyaient avec faveur, à côté des tribunaux souverains, s'établir des magistrats dont on

(1) Mommsen, *loc. cit.*, II, 97-101, 918, note 1.

pouvait appeler ; de l'autre, le prince obéissait facilement à un courant d'opinion (1), qui tendait à mieux asseoir son autorité en augmentant la compétence de ses officiers. Le résultat de tout cela fut que ces délégués impériaux devinrent à la fois la cause de la décadence des institutions judiciaires de la république, et le moyen qui permit aux appels de fonctionner. Ils formaient tout d'abord le tribunal de première instance, d'où l'appel allait au prince, et leur rôle fut de substituer aux anciens magistrats indépendants une magistrature, au sens moderne du mot, émanant du pouvoir, contrôlée par lui et soumise à la hiérarchie administrative. C'est maintenant que l'on peut seulement comprendre la portée pratique et l'intérêt historique de cette règle, qui se développa surtout pendant cette période, que l'appel est toujours permis du délégué au déléguant (2).

En matière civile, les faits furent les mêmes avec cette différence que le prince eut toujours le droit de casser les décrets des magistrats, dont on ne pouvait appeler, car cela dérivait de sa puissance tribunitienne.

Chapitre IV. — Etat de l'appel au IVe siècle, au moment de l'établissement de délégués sans appel.

La troisième époque, que nous avons indiquée, est caractérisée par ce fait, qu'une plus grande localisation dans les fonctions administratives et judiciaires amena la constitution des tribunaux souverains et sans appel. C'est en effet ce que nous pouvons observer, aussi bien au civil qu'au criminel, à propos des *præfecti prætorio* et des *præfecti urbis* qui jugèrent *vice sacra*. Ce ne fut pas

(1) Mommsen, *loc. cit.*, II, 908-910.
(2) L. 1, § 1, D., XLIX, 3 ; L. 32, § 3, C., VII, 62.

sans contestation que ces officiers purent atteindre cette haute situation judiciaire; mais le fait lui-même qu'une controverse existait sur le point de savoir si leurs décisions étaient ou non sans appel (1), montre que la pratique tendait déjà à leur attribuer ce caractère vers le IIIe siècle, ce qui devint définitif au IVe.

La conclusion qui se dégage de toute cette partie de notre travail est fort simple, mais elle vaut la peine d'être notée. On a pu voir que les institutions ne naissent point sans raison, ne se créent pas tout d'une pièce, mais qu'elles arrivent à leur constitution définitive par une série de retouches et de modifications successives comme la statue dans la main de l'artiste. Voilà qui explique comment et pourquoi nous retrouvons sous l'empire des vestiges et des traces de l'ancienne *intercessio* et de la vieille *provocatio ad populum*, comment et pourquoi on a pu soutenir qu'à l'origine l'empereur lui-même n'avait le pouvoir que de casser les jugements sans avoir celui de les réformer (2). Nous ne voulons pas insister plus longtemps sur cette période intermédiaire qui était bien celle où nous devions présenter ces considérations, car, si je ne me trompe, quand pourrait-on être mieux placé, pour observer les causes qui transforment les institutions et le droit, qu'à l'instant où ces transformations s'accomplissent? Dans notre cas, il ne suffit pas de dire que la cause des transformations, aussi bien de l'appel que des autres institutions, ce fut l'établissement de l'empire; car on pourrait demander pourquoi l'empire s'établit. Ce qui est, nous le croyons, plus exact, c'est que ces modifications devinrent nécessaires parce que les institutions faites pour une cité ne pouvaient, par la force des choses, s'ap-

(1) Mommsen, *loc. cit.*, II, 912, notes 1 et 2, et les textes cités.
(2) Giraud, *loc. cit.*, 89.

pliquer à un grand empire. Et si l'empire s'établit, si la hiérarchie et l'appel s'organisèrent, là où autrefois régnait une indépendance dont on était fier, c'est qu'un territoire aussi vaste que l'empire, attaqué de tant de côtés à la fois, ne pouvait subsister dans les mêmes limites, qu'en se reliant par des degrés successifs à un centre unique, où résidait une autorité souveraine.

LIVRE IV

Période impériale.

Nous rentrons ici dans une matière plus technique et plus juridique si on peut le dire ; car nous nous proposons de montrer l'appel tel qu'il était, tel qu'il fonctionnait au moment où il fut constitué définitivement. Nous verrons ensuite les modifications d'ailleurs assez peu importantes que les princes chrétiens y apportèrent.

L'appel, au moment où nous le prenons, n'avait plus de désignation technique. On se servait pour le désigner d'*appellatio*, *provocatio*, termes qui étaient devenus synonymes.

Chapitre Ier. — Qui pouvait appeler?

Les parties pouvaient toujours appeler d'un jugement qu'elles considéraient comme leur portant préjudice. Elles n'étaient même pas les seules, car cette voie de recours était ouverte à tous ceux qui avaient intérêt à s'en servir.

(1) Nous n'avons pas à distinguer entre le droit criminel et civil car les principes étaient les mêmes. V. Geib, 695.

(2) Keller, *Actions*, p. 389, note 996; Bethm.-Holl., p. 33; Mommsen, *loc. cit.*, II, 918, note 1.

De plus, le maître appelait pour l'esclave (1), le père pour le fils (2), le tuteur pour le pupille (3), et en matière criminelle même, si le condamné ne s'y opposait, l'appel était ouvert à tous les citoyens (4). Le caractère large qui dominait dans la procédure d'appel permettait de s'y faire représenter, de changer les mandataires au cours du procès, ce qui n'était pas possible dans la procédure formulaire, d'introduire en appel d'autres personnes que celles qui avaient figuré en première instance, enfin autorisait les successeurs à continuer l'appel de leur auteur (5).

Sur ce premier point, le droit romain était, on le voit, fort large ; aussi il pouvait arriver qu'il y eût appel des deux parties à la fois, auquel cas l'appelant, qu'il importait de fixer, était celui qui, le premier, avait fait appel : « *qui appellat prior, agit* » (6).

Chapitre II. — Dans quels cas pouvait-on appeler?

« *Et in majoribus, et in minoribus negotiis appellandi facultas est* » (7). La règle était très générale et l'appel admis presque en toutes matières. Nous verrons plus loin les cas dans lesquels on ne pouvait appeler, auparavant nous avons voulu donner un aperçu de l'étendue et du cercle d'action de l'*appellatio*.

L'appel n'était point restreint aux affaires civiles. Et pouvait avoir lieu, en matière fiscale (8), contre les

(1) L. 15, D., XLIX, 1.
(2) L. 23, § 2, *h. t.*
(3) L. 27, *h. t.*
(4) L. 6, *h. t.*
(5) L. 1, D., XLIX, 13.
(6) L. 29, D., V, 1.
(7) L. 20, C., VII, 62.
(8) L. 7 pr., D., XLIX, 5; L. 47, 48, 50, D., XLIX, 14. Cf. Beth.-Holl., III, 327.

amendes prononcées contre les magistrats (1), en matière criminelle (2), à l'égard des décrets qui nommaient tuteur (3), fonctionnaire (4), contre le refus d'action ou d'exception, car ce droit était sous la république reconnu aux tribuns (5). On pouvait même appeler contre un rescrit de l'empereur, si l'exposé en était faux (6), et contre un jugement dont le juge avait été choisi de plein gré par les deux parties.

Nous ne pouvons donner plus de détails. Connaître beaucoup d'espèces ne servirait à rien, quand on possède le principe ; aussi nous renvoyons pour les cas particuliers au titre *De appellationibus* au Digeste et au Code (7).

CHAPITRE III. — Quand l'appel n'est-il pas admissible?

Nous ne voulons entrer dans aucun commentaire, aussi nous nous bornerons à énumérer les différents cas où l'appel était nul ou non recevable sans distinguer. On ne pouvait appeler : 1° si on renonçait à l'appel (8) ; 2° si on était contumax (9) ; 3° si on avait remis sa cause au serment (10) ; 4° quand il s'agissait d'une simple mesure d'exécution ou préparatoire (11) ; 5° d'un décret rendu *ex edicto*, qui n'a de force que d'après les conditions fixées par l'édit (12) ; 6° s'il s'agissait d'un décret qui ne pouvait pré-

(1) L. 2, D., XLIX, 3 ; L. 244, D., L. 16.
(2) L. 6, 16, D., XLIX, 1.
(3) L. 13 pr., D., XXVII, 1 ; L. 1, § 1, D., XLIX, 4.
(4) L. 7, C., VII, 62,
(5) Cf. Bethm.-Holl., II, 392, 702.
(6) L. 1, § 1, D., XLIX, 1.
(7) Au Digeste, XLIX, t. 1-14 ; au Code, VII, t. 62-70.
(8) L. 5, § 6, C., VII, 63.
(9) L. 73, § 3, D., V, I ; L. 1, C., VII, 65.
(10) Paul, V, 32, § 1.
(11) L. 4 pr., § 1, D., XLIX, 1.
(12) L. 7, § 1, D., XLIX, 5 ; Cicéron, *Pro Quint.*, 19.

judicier (1); 7° s'il s'agissait d'un acte qui ne souffre aucun retard dans son exécution (2); 8° de l'exécution d'une affaire déjà jugée (3); 9° si on était arrivé à l'instance la plus élevée (4); 10° des décisions des commissaires institués inappelables par l'empereur (5); 11° des décisions des magistrats qui jugeaient *vice sacra* (6); 12° en cas d'arbitrage (7); 13° des décisions du tribunal centumviral tant qu'il subsista (8); 14° des interdits *quorum bonorum* et *unde vi*; mais cela fut aboli par Justinien (9); 15° si on avait déjà appelé deux fois, mais cette réglementation fut assez tardive (10); 16° contre les exigences certaines du fisc (11); 17° pour s'opposer à la vente d'un gage; 18° si le procès n'atteignait pas la *summa appellabilis* quand il y en avait une fixée (12); 19° *ante sententiam latam*, sauf si une question de droit a été définitivement établie pendant le procès, ou s'il s'agissait d'appliquer la torture (13); 20° *per saltum*, c'est-à-dire sans passer par les degrés de juridiction réglementaires (14); 21° si le jugement dont appel est nul (15); 22° si le jugement dont appel est contraire aux constitutions impériales; 23° s'il n'y a pas chose jugée; 24° si le jugement a été rendu contre quelqu'un qui n'est pas encore né; 25° si on a été condamné comme voleur mani-

(1) L. 1, § 2, D., XLIX, 1.
(2) L. 7 pr., D., XLIX, 5.
(3) Paul, V, 35, § 2; L. 4 pr., D., XLIX, 1.
(4) L. 1, § 1, D., XLIX, 2.
(5) L. 1, § 4, D., XLIX, 2; Suétone, *Caligul.*, 16.
(6) Cf. Bethm.-Holl., II, 47, et III, 57 et les nombreux textes cités.
(7) Cf. Bethm-Holl., II, 702; Accarias, *Droit romain*, II, 804, note 1.
(8) Keller, *Actions*, p. 388.
(9) L. 22, C. Théod., XI, 36.
(10) Nov. 82, C., 5.
(11) L. 18, 19, 21, 27, 30, 32, C. Théod., XI, 36.
(12) L. 10, § 1, D., XLIX, 1; Tacite, *Annales*, XIV, 18.
(13) L. 20, D., XLVIII, 18,; L. 2 D., XLIX, 5.
(14) L. 21 pr., § 1, D., XLIX, 1.
(15) Titre, *Quæ sentent. sine appellat. rescind.*, XLIX, 8, D.

feste ; 26° si on a été condamné comme faux-monnayeur (1) ; 27° si on a été condamné pour crime (2) ; 28° si on avait été condamné pour rapt (3) ; 29° enfin s'il y avait des preuves de culpabilité telles que l'erreur n'était pas possible (4), etc., etc.

Chapitre IV. — Quels étaient les tribunaux compétents ?

Cette matière pourra paraître un peu confuse, par suite des nombreuses modifications que nous aurons à enregistrer et à cause du manque d'unité qu'il sera facile d'y observer. Cela tient, il est vrai, à la constitution même de l'empire. Les institutions républicaines, faites pour une cité, ne conservèrent plus, lorsqu'on les appliqua à un empire considérable, leur relation, leur unité et leurs points de rapprochement. Aussi, pour parer aux nécessités de la pratique, on se contentait de déléguer à un magistrat la compétence de telles affaires, sans créer réellement une hiérarchie réglée, qui s'étendît uniformément sur tout l'empire. La hiérarchie existait bien, car, sans elle, l'appel aurait été impossible ; mais ce que nous voulons faire saisir, c'est que l'organisation judiciaire de l'appel pouvait varier d'une province à l'autre. Ce ne fut qu'assez tard, et encore jamais entièrement, que l'uniformité fut complète.

Le juge souverain et suprême était l'empereur. Mais, avant d'arriver jusqu'à lui, on devait franchir des degrés qui varièrent beaucoup. Nous n'exposerons pas cette question d'après l'ordre historique et chronologique,

(1) L. 2, § 2, C. Théod., *De fals. monet.*; L. 1, C. J., IX, 24.
(2) L. 6, C., IX, 12.
(3) L. 1 pr., C., IX, 13.
(4) L. 1, 4, 7, 18, 31, 33, C. Théod., *Quorum appell. non recipit.*; L. 2, C. J., VII, 65.

qui serait le véritable à suivre ; pour plus de clarté, nous énumérerons à part chaque tribunal qui eut une compétence en appel et en essayant de conserver l'ordre chronologique dans lequel ils furent organisés.

L'appel devait toujours être fait au juge compétent, sinon il n'était pas reçu (1). Il pouvait être adressé à un tribunal du même rang, mais non à un tribunal inférieur (2). Ces différents tribunaux pouvaient être les suivants :

§ I. *Le Sénat.* — Mommsen fait observer qu'il règne une très grande obscurité sur la compétence du Sénat en matière d'appel (3). On ne peut, en effet, admettre que cette compétence eût été entièrement illusoire, et laissée aux sénateurs pour leur faire croire à la réalité d'une puissance qu'ils n'avaient plus ; car un texte formel d'Ulpien nous montre les sentences prononcées par le Sénat comme définitives et non soumises à l'appel, même devant le prince (4). Il est plus probable qu'il y eut une sorte de partage tacite entre le Sénat et le prince, et que, pendant un certain temps, au moins, le Sénat fut l'autorité judiciaire suprême pour les provinces sénatoriales, comme le prince l'était de son côté pour les provinces de César. Nous n'avons pas fait les recherches nécessaires pour approfondir cette supposition ; mais elle nous semble, non pas prouvée, mais appuyée par ces faits : 1° que nous verrons les appels des consuls adressés au Sénat ; 2° que c'était pour l'empereur le meilleur moyen de se rendre le Sénat favorable et de ne pas amener un trop brusque changement d'administration. Il résulte de ce

(1) L. 122, § 5, D., XLV, 1.
(2) L. 1, § 3, 21, D., XLIX, 1. C'était un souvenir de l'*intercessio*.
(3) Mommsen, *loc. cit.*, II, 918, note 1.
(4) L. 1, § 1, D., XLIX, 2. — V. aussi Suétone, *Nero*, 17 ; Tacite, *Ann.*, XIV, 28.

que nous venons de dire que le Sénat perdit toute compétence quand disparut la distinction des provinces.

§ II. *Consuls.* — Cette nouvelle juridiction des consuls ne se rapportait en rien aux fonctions judiciaires qu'ils avaient exercées sous la république. Pour comprendre leur rôle, il faut les rattacher au Sénat. Ainsi, dans chaque province sénatoriale, on avait placé au sommet un consul, qui en recevait les appels. Une fois tranchées, ces affaires pouvaient encore être portées au Sénat, comme nous l'avons déjà expliqué (1). Il y avait ici cette différence avec les provinces de César, que, dans les dernières, l'appel n'allait jamais au Sénat, mais toujours au prince, tandis que dans les premières, il pouvait y être porté, mais sans que la compétence de l'empereur fût exclue.

§ III. *Præfectus urbis.* — On a souvent dit qu'ils eurent les premiers la connaissance des appels de Rome, qui leur aurait été déléguée par Auguste. Bien que cette affirmation, répétée successivement par des historiens qui n'ont pas contrôlé leurs textes, soit inexacte, puisque Suétone dit formellement *prætor urbanus* (2), il est vrai néanmoins que le *præfectus urbis* le remplaça bientôt. Un instant ils furent supplantés par l'influence croissante des *præfecti prætorio*, mais la faveur leur revint, l'empereur Tacite leur permit de recevoir l'appel de tout jugement rendu à Rome ou en province (3), et en 439, après la prise de Carthage, on leur donna la connaissance des appels d'Afrique.

En définitive, on peut considérer qu'avant les réformes du Bas-Empire les appels étaient divisés en deux grandes

(1) Cf. Mommsen, *loc. cit.*, II, 99-101.
(2) Suétone, *Octav.*, 33.
(3) Nov.-Valent., 18, § 12.

catégories : ceux de Rome ou de Constantinople jugés par le préfet de Rome et celui de Constantinople ; ceux de province qui rentraient dans le ressort des *præfecti prætorio*.

Les *præfecti urbis*, sans avoir une position aussi élevée que les *præfecti prætorio*, jugeaient cependant *vice sacra* et quelquefois même sans recours possible au prince ; mais c'étaient là des exceptions, car, en principe, les sentences des *præfecti urbis* restaient toujours soumises à l'appel de l'empereur (1).

§ IV. *Præfecti prætorio.* — La situation de ces magistrats ne fit que grandir dans l'empire romain. Ils commencent par juger les appels de l'Italie vers le IIIe siècle (2) ; remplacent les consuls pour les provinces et finissent par exercer la plus haute fonction judiciaire. Nous avons déjà vu que ce ne fut point sans lutte qu'ils arrivèrent à supplanter les anciennes institutions de Rome ; mais comme ils permettaient par leur position d'établir cette hiérarchie sans laquelle l'empire et l'appel ne pouvaient se constituer, ils prirent rapidement une grande importance.

Leur rôle s'accrut à mesure que les appels à l'empereur devinrent plus nombreux. Car le prince, devant cette masse d'affaires, se trouva dans la nécessité de les faire juger par quelqu'un qui lui était proche et il ne pouvait trouver mieux que le *præfectus prætorio* qui était aussi membre ou président de son conseil privé. Aussi, est-ce un fait curieux à noter que plus l'appel devient régulier, plus on l'adresse à l'empereur, plus aussi nous voyons le prince considérer son rôle comme facultatif et laisser prendre aux *præfecti prætorio* ou à d'au-

(1) Beth.-Holl., II, 47, note 28 ; L. 23, 30, C. Théod., *De Appell.*
(2) Mommsen, *loc. cit.*, II, 907.

tres magistrats les fonctions qu'il avait exercées autrefois. C'est ainsi que les *præfecti prætorio* arrivèrent à juger *vice sacra*, non point par délégation comme les *præfecti urbis*, mais parce qu'ils représentaient le prince lui-même. Ils parvinrent même à rendre leurs décisions sans appel, sans autre recours possible que la *supplicatio* (1).

Il est intéressant de remarquer qu'il s'opéra alors une division dans leurs fonctions et que le rôle d'instance intermédiaire qu'ils avaient joué autrefois à l'égard du prince, des *vice præfectorum prætorio*, *vicarii præfectorum prætoris* le jouèrent aussi à leur égard. Cette situation de juges souverains des *præfecti prætorio*, cette apparition des *vicarii*, coïncidaient elles-mêmes avec la division de l'empire et des préfectures en diocèses (2), tant il est vrai que dans un organisme social les modifications s'enchaînent les unes les autres, se tiennent et rejaillissent sur tout l'ensemble des institutions d'une époque !

§ V. *Gouverneurs de Province.* — Ils jugeaient les appels des décurions municipaux et ceux des fonctionnaires qui protestaient contre leur nomination. Ceci s'explique par ce fait, dont ce n'est pas ici le lieu d'exposer les causes, que les fonctions municipales étaient devenues si pénibles et si dures que personne ne voulait les accepter (3).

§ VI. *Vicarii.* — Ils connaissaient des appels des gouverneurs de province ou des proconsuls, quand ils portaient ce nom comme en Asie. Plus tard, l'appel des provinces d'Asie alla directement au préfet de Constantinople.

(1) Cassiodore, VI, 3, 15; L. 16, C. Theod., *De Appell.*; L. 1, C., VII, 42; L. 1, § 1, D., I, 11; Nov. 82, § 12. Cf. Mommsen, *loc. cit.*, II, 911.

(2) Mommsen, *loc. cit.*, II, 912 et note 1.

(3) Cf. Fustel, *Institutions politiques*, Chapitre sur le fardeau des fonctions municipales.

§ VII. *Comes sacrarum largitionum* et *comes rei privatæ.* — Ces deux magistrats recevaient directement des provinces les appels qui concernaient le fisc et qu'on avait cru être mieux concentrés dans les mains de juges spéciaux.

§ VIII. *Proconsuls.* — A côté de leurs fonctions administratives et financières, ces magistrats recevaient à l'origine l'appel des *legati* (1). Plus tard leur rôle s'effaça devant celui du *præfectus prætorio*, mais dans quelques provinces, comme en Afrique, où ils furent maintenus, on leur attribua une compétence plus grande et le droit de juger *vice sacra* les appels de cette province (2). C'était un moyen d'éviter aux parties des frais de voyage considérables. Néanmoins, en matière fiscale, l'appel était toujours porté devant les deux officiers que nous avons mentionnés plus haut (3).

Il y eut encore bien d'autres magistrats compétents en appel, depuis le préteur urbain à l'origine (4), les *judices sacrarum cognitionum* institués au IIe siècle, pour éviter l'encombrement des affaires à Rome (5), les délégués particuliers de l'empereur (6), les *judices spectabiles* et tous ces autres tribunaux qui apparaissent pendant le Bas-Empire, mais nous ne pouvons continuer à énumérer tous ces cas exceptionnels et nous avons hâte d'arriver au tribunal de l'empereur.

§ IX. *L'empereur.* — Le tribunal d'appel de l'empereur fut long à se constituer et il subit de nombreuses trans-

(1) L. 2, D., XLIX, 3.
(2) L. 62, C. Theod., *De Appell.* Cf. Bethm.-Holl., III, 43, et les nombreux textes, note 23.
(3) L. 68, § 21, C. Théod., *De Appell.*
(4) Suétone, *Octav.*, 33.
(5) Bethm.-Holl., III, 89.
(6) Mommsen, *loc. cit.*, II, 921.

formations. Il offre surtout cela de particulier que plus les affaires y affluèrent, moins l'empereur en prit connaissance.

Le prince n'eut peut-être tout d'abord qu'un pouvoir de cassation, reste de l'ancienne *intercessio* et de la *provocatio*. Plus tard, il jugea lui-même certaines affaires et nous savons même que plusieurs prirent plaisir à cette occupation qu'ils voulaient considérer comme un devoir (1). Cela ne dura pas longtemps. La quantité considérable d'affaires, que la centralisation administrative amenait chaque jour à Rome, nécessita l'organisation de tribunaux spéciaux uniquement occupés à trancher les procès. Longtemps le prince délégua la connaissance de ces affaires aux personnes que nous avons mentionnées plus haut; mais comme cela n'excluait pas une nouvelle décision par l'empereur lui-même et que la théorie de l'inappellabilité des *præfecti prætorio* n'était pas encore consacrée, le prince se trouva forcé d'organiser, à ses côtés, un conseil, qui jugerait les causes d'appel qu'on lui adressait. Telle fut en partie la cause de la création du *consistorium principis*. Ce conseil privé, où siégèrent nombre des grands jurisconsultes romains, devint rapidement le centre judiciaire et administratif de tout l'empire (2). Il eut le droit de juger les appels *vice sacra* et trancha désormais la plus grande partie de ces causes, mais sans exclure la compétence de l'empereur, qui devint en quelque sorte facultative. Nous avons déjà vu comment le droit accordé aux *præfecti prætorio* de juger sans appel, même à l'empereur, forma le couronnement de cette organisation, aussi

(1) Suétone, *Octav.*, 33; *Domitian.*, 8.
(2) V. sur ce conseil Haubold., *De consistorio principis;* Mommsen, *R. Staatsrecht*, II, 925.

nous n'insisterons pas à cet égard, et pour les réformes ultérieures, nous les énumérerons plus loin dans notre aperçu sur les modifications apportées à l'appel dans le Bas-Empire.

Quant à la procédure de ce tribunal impérial, du *consistorium*, aux formes qu'on y suivait, à la manière même dont il se recrutait, ce n'est point ici que nous pouvons en traiter, car ce sujet pourrait lui-même faire l'objet d'un travail spécial. Nous ferons observer en terminant qu'il fallait toujours, pour arriver à l'empereur, avoir franchi les degrés réglementaires de juridiction, car l'appel *per saltum* était formellement interdit : « *Imperatores Antonius et Verus rescripserunt appellationes quæ recto ad principem factæ sunt, omissis his ad quos debuerunt fieri ex imo ordine, ad præsides remitti* (1). »

En résumé, à l'origine, la compétence en matière d'appel appartenait au Sénat et au prince ; puis, au moyen des *præfecti urbis* et *prætorio* les anciennes magistratures républicaines disparurent et l'appel fut porté devant les officiers de l'empereur. Ce furent d'abord les deux magistrats que nous venons de nommer et l'empereur ; puis, quand la hiérarchie fut constituée, ces magistrats devinrent juges *vice sacra* avec d'autres (2), et nommèrent des délégués, comme autrefois ils l'avaient été eux-mêmes par l'empereur. Alors, sans distinguer l'administration judiciaire ordinaire, fiscale, militaire et administrative, on peut marquer avec précision quatre instances : 1° le jugement rendu par les juges *minores* dont l'appel est porté devant les *judices ordinarii;* 2° le jugement

(1) L. 21 pr., D., XLIX, 1.

(2) Nous pouvons mentionner comme juges *vice sacra* les *præfecti urbis*, *præfecti prætorio*, *vicarii urbis*, *vicarii* de diocèses, c'est-à-dire le *comes Orientis* et *præfectus augustalis*, *judices spectabiles*, *proconsul Africæ*, etc., etc.

rendu par les *judices ordinarii*, gouverneurs de province ou *legati*, dont l'appel est porté aux *judices sacri*; 3° le jugement rendu par les *judices sacri*, préfet ou vicaire, dont l'appel est porté à l'empereur; 4° le jugement rendu par l'empereur, si l'affaire n'est pas arrêtée par la souveraineté du préfet du prétoire.

Chapitre V. — De la procédure d'appel.

Nous avons consacré la première partie de ce livre à faire connaître quelle était l'organisation administrative de l'appel, quels tribunaux étaient à cet égard compétents et dans quels cas l'appel pouvait être admis. Nous nous bornerons désormais à décrire la procédure en usage en matière d'appel.

Pour bien saisir le caractère de la procédure romaine en matière d'appel il ne faut pas oublier que les formes étroites et les conditions strictes de la procédure formulaire ne lui étaient pas applicables, car l'appel fut peu à peu traité dans la forme de la *cognitio extraordinaria* (1). Il en résulta plus de facilité, plus d'aisance et plus de largeur dans la procédure, qui n'était pas enserrée dans les limites strictes de la formule. Plus loin nous montrerons quelques conséquences de cette remarque.

Pour plus de clarté, nous diviserons ce titre en deux paragraphes: le premier consacré à la procédure d'appel devant le juge de première instance, le second à la procédure devant le juge d'appel.

§ I. *Procédure devant le juge de première instance.* — En principe, l'appel ne pouvait avoir lieu que *post decisam sententiam* (2), c'est-à-dire quand le jugement de pre-

(1) Cf. Bethm.-Holl., II, 704, 762.
(2) L. 6 pr., C., VII, 62.

mière instance était devenu définitif et c'était « *ex die sententiæ latæ* » (1) que courait le délai donné aux deux parties pour appeler.

L'appel était soumis à des délais rigoureux. Il importait en effet au respect et à l'autorité de la justice que ses décisions fussent mises promptement à exécution et on ne pouvait laisser longtemps en suspens le sort d'une sentence. Telle fut la cause de ces délais (2). Avant d'entendre les parties, le magistrat supérieur devait examiner si les conditions de l'appel avaient été remplies, c'est-à-dire : 1° si les formes avaient été suivies ; 2° les délais observés ; 3° si la *pœna appellationis* avait été déposée (3) ; 4° si les cautions avaient été fournies quand il devait y en avoir (4) ; 5° si ces deux appels avaient été faits quand cela était exigé (5) ; 6° enfin si l'affaire ne rentrait pas dans un des cas où l'appel n'était pas recevable.

Dans ce délai, l'appel se faisait de deux manières : ou immédiatement après le prononcé de la sentence et verbalement en s'écriant « *appello* » ; ou par écrit au moyen de *libelli appellatorii* que l'appelant remettait au juge dont la sentence était attaquée (6). Ces *libelli* devaient contenir différentes mentions énumérées par Ulpien (7), ils étaient vraisemblablement communiqués à l'adversaire (8). Le juge inférieur déclarait alors l'appel valable ou non. Prenait-il le premier parti, la procédure continuait ; choisissait-il le second, on com-

(1) L. 1, § 5, D., XLIX, 4.
(2) Paul, V, 32, 1.
(3) L. 1, § 11, 12, 13, D., XLIX, 4.
(4) L. 1, § 5, 15, D., XLIX, 4.
(5) L. 8, D., IV, 1 ; L. 1, C., V, 44.
(6) L. 2, 5, § 4, D., XLIX, 1.
(7) L. 1, § 4, D., *h. t.*
(8) *Frag. Vatic.*, 127.

prend qu'il ne lui fût point permis d'empêcher ainsi tout appel (1), aussi l'appelant s'adressait alors directement au juge supérieur et le premier juge était tenu d'envoyer à ce tribunal les motifs de son refus (2). Dans une procédure régulière, le juge inférieur déclarait l'appel admissible, et rédigeait des *litteræ dimissoriæ* ou *apostoli*, destinées au tribunal supérieur. L'appelant devait les retirer dans les cinq jours de la décision, qui avait rendu l'appel admissible (3). Passé ce délai, l'appel n'était plus possible ; mais si la faute du juge ou une impossibilité avait été la cause de cette prescription, il était permis à l'appelant de continuer son procès au moyen d'une protestation (4).

§ II. *De la procédure devant le juge d'appel.* — Le tribunal supérieur était saisi par le dépôt des *litteræ dimissoriæ*, qui, plus tard, furent envoyées directement par le premier juge au second. Ce dépôt devait avoir lieu dans un délai fatal, qu'il est difficile de préciser, car les textes ne s'expliquent pas sur ce point. Si les lettres étaient remises après le délai sans la faute de l'appelant, on pouvait obtenir une *reparatio*, qui permettait à la procédure de suivre son cours ; sinon l'appelant perdait le procès.

Le juge d'appel était désigné par les *litteræ dimissoriæ*, mais c'était lui qui fixait le jour d'audience et le faisait savoir aux parties (5) ; c'était, en général, le premier jour de session après l'expiration du délai d'introduction de l'instance (6). Avant d'entendre les parties, le ma-

(1) L. 5, D., XLIX, 5.
(2) L. 6, D., XLIX, 5.
(3) Paul, V, 34, § 1, 2; L. 106, D., L, 16.
(4) L. 1, § 2, D., XLIX, 6.
(5) L. 6, C., VII, 43.
(6) *Frag. Vat.*, § 163.

gistrat supérieur devait examiner si les conditions de l'appel avaient été remplies, c'est-à-dire : 1° si les formes avaient été suivies ; 2° les délais observés ; 3° si la *pena appellationis* avait été déposée (1) ; 4° si les cautions avaient été fournies quand il devait y en avoir (2) ; 5° si les deux appels avaient été faits quand cela était exigé (3) ; 6° enfin si l'affaire ne rentrait pas un des cas où l'appel n'était pas recevable.

Si ces conditions n'étaient pas remplies, l'*appellatio* était *injusta* et l'appelant perdait à la fois sa cause et la somme qu'il avait déposée comme garantie de la légitimité de son appel. Si tout était régulier, la procédure en appel commençait véritablement, c'est-à-dire que le juge écoutait les parties qui avaient à *reddere causas appellationis*.

La comparution de l'appelant était obligatoire ; mais, sauf en matière criminelle, il pouvait se faire représenter par un mandataire. Négligeait-il de comparaître, il perdait sa cause. Cependant, sous certaines conditions, il pouvait, en motivant son retard, obtenir une *reparatio appellationis* qui l'empêchait de perdre son procès. S'il comparaissait, il fournissait au tribunal les moyens de son appel (4) et cherchait à prouver sa cause dans le sens qu'il entendait. D'ailleurs, il ne faudrait pas croire qu'il fût limité aux moyens mentionnés dans les *litteræ dimissoriæ* (5). C'était une conséquence du caractère large de la procédure d'appel, que les parties n'étaient point ici limitées par une formule, mais pouvaient invoquer de-

(1) Tacite, *Annales*, XIV, 28; Paul, 33-34.
(2) L. 6, C., VII, 62.
(3) L. 10 pr., 17, D., XLIX, 1.
(4) Paul, V, 35; L. 4, § 1, D., *h. t.*
(5) Mais tout appel devait être motivé, fût-ce même un motif d'affection. L. 1, § 1, 6, 3, § 3, D., *h. t.*

vant le tribunal supérieur tous moyens possibles, même ceux qu'on n'avait point fait valoir en première instance (1).

L'intimé n'était pas tenu de comparaître et il n'était point cité (2) ; mais il pouvait se présenter pour rétorquer les assertions de son adversaire (3). S'il ne venait point, le procès continuait sans procédure par défaut et le magistrat dans sa sentence devait toujours tenir compte de ses intérêts et de ses droits (4).

Après les dépositions des parties, on entendait les témoins, dont les frais de voyage, quand c'était le cas, avaient dû être déposés auparavant (5).

Enfin il ne restait plus au juge qu'à prononcer la sentence. A l'origine, il arriva quelquefois que le juge d'appel, après avoir pris connaissance de l'affaire, renvoyait les parties devant le juge de première instance, cela fut formellement interdit par Dioclétien (6).

Nous ne pouvons dire si, avant Justinien, il y avait un délai fixé dans lequel le juge d'appel devait se prononcer, car les textes manquent ; mais ce prince, pour parer aux difficultés de la pratique, obligea les magistrats à juger les causes d'appel dans le délai d'un ou deux ans (7).

Le juge prononce si l'*appellatio* est *justa* ou *injusta* (8). Mais dans les deux cas, il n'a pas à se guider sur ce qui a été fait en première instance, il doit juger la cause au

(1) L. 2, C., VII, 50 ; L. 6, § 1, 2, C., VII, 62.
(2) Bethm.-Holl., III, 330.
(3) L. 41, D., X, 2 ; L. 3, D., XXVIII, 4 ; L. 97, D., III, 32.
(4) L. 81, D., XXXVI, 1 ; L. 5, § 4, C., VII, 63 : « *Quia hoc speciale privilegium ejus est qui appellationi examinandæ præsidet posse ex una parte causam dirimere.* »
(5) L. 6, § 2, C., VII, 62.
(6) L. 6 pr., C., VII, 62.
(7) L. 5, § 4, C., VII, 63.
(8) L. 122, § 5, D., XLV, 1 ; L. 2 pr., D., XLIX, 4.

fond, d'après tous les moyens qui lui ont été présentés (1), et, en droit, d'après la loi en vigueur au moment du premier jugement (2).

Déclarait-il l'*appellatio injusta*, tout était terminé, l'appelant perdait son procès et payait une amende pour avoir appelé mal à propos. Au contraire, l'appel était-il reconnu fondé, le magistrat rendait alors un jugement nouveau, qui remplaçait et pouvait réformer en entier le premier (3).

Ce dernier jugement d'appel n'était pas envoyé de droit au tribunal inférieur, sauf quand il s'agissait d'un interlocutoire (4) ou jugement du même genre.

Chapitre VI. — Effets de l'appel.

Les effets de l'appel doivent être considérés à deux moments différents : 1° lorsque l'appel est interjeté ; 2° quand la sentence d'appel a été prononcée.

§ Ier. En droit romain, comme chez nous, l'effet capital de l'appel était d'être suspensif, d'arrêter toute exécution jusqu'à la décision nouvelle du procès. Tout doit rester en état, tel est le principe (5). Il en résulte qu'en matière criminelle, un condamné à la *relegatio* n'était trans-

(1) Paul, V, 35, 2.
(2) Nov. 115, C., 1.
(3) L. 6, § 1, D., III, 2.
(4) L. 6 pr., C., VII, 62.
(5) A côté de la procédure que nous venons de décrire il s'en introduisit une autre *per consultationem* ou *more consultationis*, qu'il ne faut point confondre avec la première. — Cette procédure était faite pour éviter aux parties des frais considérables de déplacement. Le juge inférieur rédigeait une *relatio*, *consultatio*, qu'il communiquait aux parties. Celles-là y joignaient leurs observations *libelli refutatorii*, et le tout était envoyé à un bureau spécial de l'administration impériale. Les parties ne devaient comparaître qu'au bout d'un an pour recevoir la décision de leur affaire, qui était écrite en forme de rescript. Ce mode de procédé tomba en désuétude sous Justinien. Cf. Beth.-Holl., III, 333.

porté hors d'Italie qu'après l'instance d'appel, etc., (1).

Les exceptions à cette règle étaient rares, mais il y en avait ; ainsi la déclaration d'appel n'arrêtait point l'effet de l'interdit *unde vi* (2).

Il y avait des règles spéciales qui déterminaient la condition des choses en litige pendant le cours de l'instance : généralement les fruits étaient déposés *pendente appellatione*, et on avait quelquefois à fournir satisdation à cet égard (3).

§ II. Une fois la sentence d'appel rendue, plusieurs hypothèses pouvaient se présenter sur lesquelles nous avons déjà dit quelques mots. L'appel pouvait être non avenu, comme fait dans un cas où cette procédure était interdite ; il pouvait être inutile ; il pouvait être nul, si les formes, les délais, les conditions, n'avaient pas été observées. Dans tous ces cas, le jugement de première instance conservait sa valeur primitive, l'*appellatio* était *injusta* et on en faisait part au premier juge qui poursuivait sans délai l'exécution de son arrêt. Dans d'autres cas, l'appel valablement formé tombait par suite de circonstances postérieures ; ainsi lorsque l'appelant mourait sans laisser de successeurs (4), ou n'ayant comme tels que des personnes qui ne voulaient pas continuer la procédure. Même si tout s'était accompli régulièrement, le juge pouvait, d'après les données et les preuves prononcer l'appel injuste, le rejeter et alors l'appelant perdait sa cause, payait les frais (5), et une *pœna* (6) dont nous ne connaissons pas exactement le taux.

(1) L. 6, D., XLIX, 5; L. 2, 21, § 3, D., XLIX, L. 1 pr., D. XLIX, 7.
(2) Cf. Bethm.-Holl., III, 328.
(3) Cf. Bethm.-Holl., II, 711, et les notes.
(4) L. 1 pr., D., XLIX, 1.
(5) Paul, V, 37.
(6) L. 6, § 4, C., VII, 62.

Si l'appel était admis, le juge supérieur remplaçait la première sentence par une nouvelle (1), qu'il faisait exécuter lui-même. On adjugeait donc à l'appelant ses conclusions, ce qui profitait à ses cointéressés, *correi*, s'il en avait. Mais il faut remarquer que, quand le jugement avait été rendu sur défaut de l'intimé, le juge d'appel devait prendre en considération ses intérêts, n'accorder à l'appelant toutes ses conclusions que si elles étaient justifiées (2), et scinder le profit de l'appel entre les deux parties, si cela était conforme à la justice et au droit.

Il est probable que l'exécution du jugement d'appel se faisait en accordant l'*actio judicati* (3), en tous cas par tous les moyens d'exécution de la procédure extraordinaire (4).

LIVRE V.

Période du Bas-Empire.

Nous ne ferons ici qu'énumérer une série de réformes sans les commenter. Nous n'espérons pas être complet, mais nous pensons que cette partie contribuera à donner une idée assez précise de ce que fut l'appel en droit romain. Pour plus de clarté nous classerons les réformes sous trois chefs : 1° de la compétence ; 2° des causes susceptibles d'appel ; 3° de la procédure.

CHAPITRE Ier. — Compétence en appel.

Ce fut Constantin qui créa le *præfectus urbis* de Constan-

(1) L. 11, D., XLIX, 1.
(2) L. 2, C., VII, 63 ; L. 39, C., VII, 62.
(3) L. 45, § 1, D., V, 1.
(4) Cf. Bethm-Holl., II, 657, 704.

tinople avec sa compétence semblable à celui de Rome (1). Ensuite il enleva au *præfectus urbis* de Rome les appels des provinces pour les donner au préfet du prétoire d'Italie (2), sauf cependant les régions suburbicaires. Plus tard, il lui rendit même les appels de l'Italie (3). Il fit porter les appels du fisc aux *comites rei privatæ* et *sacrarum largitionum* (4).

Constant spécifia les provinces qui rentreraient dans le ressort du préfet de Constantinople (5).

Valentinien, Théodose et Arcadius ajoutèrent la Paphlagonie aux provinces énumérées par Constant (6).

Valentinien II, Théodose II et Valentinien III réglèrent le tribunal compétent pour connaître des appels du *rationalis* (7).

Théodose II fit une réforme plus importante en déclarant que l'empereur connaîtrait seulement des appels des *judices illustres;* quant aux appels des *judices spectabiles*, ils étaient renvoyés devant une commission composée du préfet du prétoire et du *quæstor sacri palatii* (8).

Justinien proclama le principe de limitation des appels au nombre de deux (9). Il restreignit encore la faculté d'appeler, en rendant souveraines les décisions des *vicarii* dans les affaires d'un intérêt inférieur à 10 livres d'or (10) et en permettant au *comes rei privatæ* de déléguer la connaissance des appels fiscaux aux gouverneurs de pro-

(1) Cf. Zimmern, *Des Actions*, trad. de M. Etienne.
(2) L. 27, C. Théod., *De Appell.*
(3) Cassiod., VII, 4, L. 27, C. Théod., *De Appell.*
(4) L. 28, 39, 41, 46, C. Théod., *De Appell.*
(5) L. 23, C., *De Appell.*
(6) L. 10, C. Théod., *De officio prætor. urbis.*
(7) L. 28, 49, C. Théod., *De Appell.*
(8) L. 32, C., *De Appell.*; Nov. 23, C., 3, 4; Nov. 24, C., 31; Nov. 20, C., 50.
(9) L. 1, C., VII, 70; Nov. 82, C., 5.
(10) L. 37, 39, C., VII, 62; Nov. 23, 3.

vince (1). Il réglementa aussi les appels des *duces* qui étaient portés devant le *magister officiorum* et le *quæstor sacri palatii* (2).

CHAPITRE II. — Des causes susceptibles d'appel.

Constantin défendit les *moratoriæ appellationes* (3), les appels de jugements interlocutoires (4) sous peine pour le juge de faire la cause sienne (5).

Valentinien, en confirmant les décisions précédentes, établit deux exceptions pour les jugements interlocutoires, en cas d'incompétence et de jugement qui rejette une exception péremptoire (6). Il permit d'appeler de l'exécution, quand elle dépassait les termes du jugement.

Gratien confirma la décision dernière en y ajoutant le séquestre de l'objet de l'exécution (7). Il interdit tout appel en matière d'ouverture de testament ou d'envoi en possession de l'héritier (8), en matière d'interdit *quorum bonorum* (9) et d'*actio momenti* (10). Mais s'il restreignit la faculté d'appeler, il veilla à ce que toutes garanties fussent données aux appelants dans les cas où cette procédure était admise, et défendit, sous peines sévères, de créer des difficultés aux appelants (11), de retarder la marche de la procédure sans motifs (12), d'intimider les parties (13), et de leur faire violence (14).

(1) L. 26, C., VII, 62.
(2) L. 18, C., XII, 36. Cf. Bethm.-Holl., III, 90.
(3) L. 1, 9, 10, C. Théod., *De Appell.*
(4) L. 1, 2, C. Théod., *h. t.*
(5) L. 5, 8, 29, C. Théod., *h. t.*
(6) L. 18, 23, 37, C. Théod., XI, 36.
(7) L. 25, C. Théod., *h. t.*
(8) L. 26, C. Théod., *h. t.*; L. 6, C., *h. t.*
(9) L. 22, C. Théod., XI, 36.
(10) L. 1, C. Théod., *Si de moment. fuerit Appell.*
(11) L. 1, C. Théod., *h. t.*
(12) L. 2, C. Théod., *h. t.*
(13) Cod. Just., VII, 67.
(14) L. 4, 15, 22, 58, C., *h. t.*

Justinien confirma les prescriptions de Constantin sur les appels d'interlocutoires (1) et autorisa l'appel de tout jugement, pourvu qu'il fût définitif. Toutefois, sa doctrine ne fut pas à cet égard sans contradictions (2).

Chapitre III. — De la procédure d'appel.

Constantin fut tout d'abord l'auteur de la nouvelle prodédure *more consultationis*, dont nous avons parlé. Il fixa à quatre mois le délai pour remplir les formalités d'appel (3) et punit ceux qui appelaient à tort de peines fort dures : deux ans de relégation et confiscation de la moitié de ses biens pour le riche, deux ans de travaux de mines pour le pauvre (4).

Valentinien Ier, dans le cas où l'appel n'était plus possible par suite de l'expiration du délai, permit d'accorder une *reparatio appellationis* dans un nouveau délai de trois mois ou trente jours, suivant qu'il s'agissait des magistrats ordinaires ou municipaux (5). Il autorisa même une seconde *reparatio*, si la faute ou maladie du juge avait empêché de profiter de la première (6), ou bien, dans le premier cas, le juge devait payer à l'appelant la valeur du litige (7). Dans les cas urgents tous les délais étaient réduits à deux mois (8).

Honorius permit à l'appelant de retirer sa déclaration d'appel dans les trois jours (9). Arcadius et Théodose II accordèrent un délai de trois mois pour appeler d'un *ju-*

(1) L. 36, C., *h. t.*
(2) Cf. Bethm.-Holl., III, 327, et les textes cités.
(3) L. 1, C., VII, 66.
(4) L. 3, C. Théod., I, 5,
(5) L. 1, 3, 4, 5, 6, C. Théod., *De Appell.*
(6) L. 2, C. Théod., *h. t.*
(7) L. 1, C. Théod., II, 32; L. 2, C. Théod., II, 6.
(8) L. 3, 10, 19, C. Théod., *De Appell.*
(9) L. 5, 6, C. Théod., *De Appell.*

dex pedaneus dans une même province, et six mois plus trois mois s'il s'agissait de provinces différentes (1). Pour une deuxième *reparatio*, le délai était de trente jours ou trois mois. On donnait avis de ces *reparationes* à l'adversaire (2).

Théodose II modifia encore tous ces délais. Le temps légal pour appeler fut de six mois, dont le dernier jour était un *dies fatalis*. Cependant, en cas de déchéance, l'appelant avait un nouveau délai jusqu'au trente-unième jour suivant, puis un troisième délai jusqu'au trente-unième suivant, enfin un quatrième délai fatal de trente-un jours (3). Ce terme était le dernier, mais l'empereur pouvait encore, pendant trois mois, relever d'une déchéance (4).

Valentinien III défendit à l'appelant de retirer son appel (5).

Justinien fit un grand nombre de modifications dans cette législation compliquée. Il permit tout d'abord à l'appelant de retirer son appel à son gré (6) ; fixa pour l'appel un délai de trois mois pour les provinces avec un supplément de neuf jours comme terme fatal (7) ; il renouvela les peines contre ceux qui intimidaient les appelants (8) et remplaça les peines exagérées, fixées par Constantin pour les appels non fondés, par une amende laissée à l'appréciation du juge (9). Enfin il édicta le premier

(1) L. 63, C. Théod., *h. t.*
(2) L. 9, C. Théod., *h. t.*
(3) Cf. C. Théod., *h. t.*
(4) L. 2, 9, C. Théod., XI, 31, *De reparationibus appellationum.*
(5) L. 48, C. Théod., *h. t.*
(6) L. 28, C. VII, 62.
(7) L. 5, C., VII, 63; Nov. 82, C., 6.
(8) L. 2, C., VII, 67.
(9) L. 6, § 4, C., VII, 62.

un délai d'un ou deux ans, dans lesquels les appels devaient être jugés (1).

Nous ne voulons point nous étendre plus longtemps dans cette énumération de réformes, qui ne peut être complète. Nous pensons d'ailleurs avoir suffisamment insisté sur ces questions pour donner une idée précise du sujet et pour faire comprendre quelle fut la marche de l'appel dans le droit romain. Pour conclure nous ne pouvons que répéter ici les conclusions que nous avons fait surtout ressortir dans le milieu de ce travail, aussi nous nous bornerons à y renvoyer.

APPENDICE

Des moyens équivalents à l'appel dans la procédure romaine.

Le titre de ce paragraphe pourrait être critiqué car ces moyens dont nous voulons parler n'étaient pas entièrement équivalents à l'appel, ce qui les aurait rendu inutiles, ils offraient seulement une assez grande analogie pour qu'on puisse les comparer.

1° A l'origine, le défendeur, auquel on opposait un jugement, pouvait en nier l'existence légale et régulière, *infitiari*, mais il s'exposait alors à une condamnation au double, au *periculum dupli* (2).

2° Il pouvait aussi, avant toute poursuite, de son adversaire, réclamer lui-même un nouveau *judicium*, *in du-*

(1) L. 5, § 4, C., VII, 63.
(2) « *Lis infitiando crescit in duplum.* » Gaius, IV, 9, 171 ; Paul, I, 19 ; L. 7, C., XLVI, 3.

plum revocare, mais s'il succombait, il était soumis aux mêmes peines (1).

3° Il pouvait obtenir une *in integrum restitutio*, s'il remplissait les conditions exigées à cet égard. Cette faculté était même accordée aux deux parties (2).

4° Enfin il pouvait adresser une *supplicatio* à l'empereur. C'était la dernière voie de recours possible, mais elle s'appliquait dans toute hypothèse, soit contre le refus d'admettre l'appel par le juge inférieur, soit contre les sentences souveraines du *præfectus prætorio* et aussi bien en matière civile que criminelle (3).

(1) Cf. Keller, *Des Actions*, p. 385, et note 983.
(2) Cf. Bethm.-Holl., II, 712, III, 340.
(3) V. Geib, 683; Bethm.-Holl., III, 338.

DEUXIÈME PARTIE

DROIT FRANÇAIS

LIVRE PREMIER

Période franque (1).

Section première

Origines.

Chapitre 1er. — Droit gaulois.

Il est assez difficile de préciser quelle était l'organisation judiciaire des Gaulois. Les textes que nous possédons sont, à cet égard, si brefs, qu'ils ne permettent pas de représenter fidèlement cette partie des institutions de la Gaule. Les hypothèses n'ont cependant pas manqué. C'est ainsi qu'on a parlé d'un parlement druidique, en appliquant à cette époque des termes qui ne furent

(1) Sources et bibliographie.

Nous donnons ici les principales sources et les ouvrages que nous avons utilisés pour la période franque. Nous ferons remarquer que nous n'avons pas toujours employé les meilleures éditions, parce que leur prix trop élevé ou leur rareté ne nous permettait pas de les avoir journellement à notre disposition.

Sources. — *Lex Salica*, de Pardessus, 1 v. in-4°, 1840. — *Lex Ripuaria*, dans Walter, *Corpus juris germanici*, I, 166. — *Lex Alamannorum*, dans Walter, I, 194. — *Lex Bajuwariorum*, dans Walter, I, 237. — *Lex Burgundionum*, dans Walter, I, 299. — *Edictum Theodorici*, dans Walter, I, 391. — *Leges Wisigothorum*, dans Walter, I, 415. — *Leges Langobardorum*, dans Walter, I, 670. — *Capitularia*, dans Walter, II et III, il reproduit l'édition Baluze. — *Formules diverses du* ve *au* xe *siècle*, dans

usités que beaucoup plus tard (1). Cette assemblée, placée au sommet des institutions de la Gaule, aurait joué le rôle d'une juridiction d'appel à tous égards.

Sans affirmer qu'il n'y ait dans cette opinion aucune part de vérité, sans nier même que, dans des cas spéciaux, cette haute assemblée religieuse pût être chargée de prendre une décision judiciaire importante, nous préférons à l'égard des origines gauloises ne rien affirmer de positif.

D'ailleurs des auteurs qui ont longtemps étudié les mœurs et les coutumes des Gaules ont nié l'existence d'une semblable juridiction chez les Gaulois (2). Et, au point de vue purement théorique, il n'est pas difficile de concevoir que l'existence de juridictions et d'instances successives n'étaient pas en rapport avec l'état de civilisation de la Gaule, pas plus qu'elles ne l'étaient avec les

Walter, III, et de Rozière. — *Recueil général des Formules*, 3 v. in-8°, 1850. — Hincmar, *de Ordine palatii*, Walter, III, 761.

Bibliographie. — Montesquieu, *Esprit des lois*, c. XXVIII. — Meyer, *Institutions judiciaires*, 6 v. in-8°, 1819. — Fedde-Hülshoff, *De appellandi facultate in causis criminalibus*, Amsterdam, 1846, in-8°. — Rogge, *Ueber das Gerichtswesen der Germanen*, Halle, 1820. — Maurer, *Geschichte des Alt-Germanischen Gerichtsverfahrens*, Heidelberg, 1824. — Eichorn, *Deutsche Staatsund Rechtsgeschichte*, Götting, 1843-44. — Savigny, *Geschichte des röm. Rechts im Mittelalter*, 7 v. in-8°, Heidelberg, 1815-60. — Bernardi, *Origine et progrès de la législation française*, Paris, 1816. — Henrion de Pansey, *De l'autorité judiciaire en France*, Paris, 1818, 2 v. in-8°. — Faustin Hélie, *Histoire de la procédure criminelle*, I, in-8°, 1845. — Lenormant, *Des voies de recours*, Paris, 1857. — Schaffner, *Geschichte der Rechtsverfassung Frankreichs*, Francfort, 4 v. in-8°, 1850. — Warkœnig und Stein, *Französische Staats-und Rechtsgeschichte*, 3 v. in-8°, Bâle, 1850. — Brewer, *Geschichte der französischen Gerichtsverfassung*, 2 v. in-8°, Düsseldorf, 1835. — Waitz, *Verfassungsgeschichte*, 2e éd., t. I-IV, Kiel, 1870. — Bethman-Hollweg, *Der Civilprozess des gemeinen Rechts in geschichtlicher Entwicklung*, t. IV-VI, Bonn, 1868-75. — Sohm, *Die fränkische Reichs- und Gerichtsverfassung*, Weimar, 1871. — Boretius, *Die Capitularien im Langobardenreich*, Halle, 1864, in-8°. — Brunner, *Zeugen und Inquisitionsbeweis der karolingischen Zeit*, Wien, 1866, etc., etc.

(1) Laferrière, *Hist. du droit franc.*, II, 166.

(2) Roget de Belloguet, *Ethnogénie gauloise*, III, 305, 416. — Cf. Valroger, *Les Celtes et la Gaule celtique*, 1879, p, 163.

mœurs des Germains de la même époque chez lesquels l'appel n'existait pas.

Chapitre II. — Droit germain.

Si le manque de sources précises nous a empêché de donner une idée complète des institutions gauloises, il n'en est pas de même à l'égard des germaines. En effet, bien que nous n'ayons pas de corps de lois proprement dits, qui remontent avant la fin du ve siècle, nous avons dans ces lois mêmes la suite et la continuation des anciennes coutumes, modifiées sous l'influence des besoins nouveaux que nous pouvons apprécier. En outre, la *Germania*, de Tacite, vient nous offrir un terme de comparaison, si on ne veut pas l'admettre comme un point de départ bien solide. Or, rien dans Tacite ne peut laisser supposer l'existence d'un tribunal d'appel. Nous y voyons une distinction entre les *principes* et l'assemblée populaire à laquelle étaient réservées les causes les plus importantes (1) ; nous y trouvons que les *principes* devaient dans leurs jugements se faire assister de *comites ;* mais toutes ces notions se rapportent aux institutions judiciaires du premier degré, qui étaient les seules.

On a fait remarquer avec raison que dans une société où les querelles et les procès se terminaient par la guerre privée ou le duel, où les crimes se punissaient par une composition, il y avait peu de place pour une juridiction d'appel. Enfin un des rares auteurs qui ait traité des institutions judiciaires de la France dans leur ensemble, formule son appréciation en ces termes : « L'introduction des appels aurait été impossible dans

(1) Tacite, *Germania*, c. II : « *De minoribus rebus principes consultant, de majoribus omnes.* »

« l'ancienne forme. En effet, tant que les jugements « émanaient du peuple, personne ne pouvait s'arroger « le droit de connaître de la cause qui venait d'être « terminée (1). »

Toutes ces remarques sont justes et il est exact que les guerres privées, les compositions, le caractère solennel et suprême des décisions de l'assemblée étaient contraires à l'existence et à l'introduction des appels. Mais il me semble que dans les opinions émises on a constaté les faits plutôt qu'on ne les a expliqués.

Pourquoi en était-il ainsi ? Pourquoi le système perfectionné des Romains, que les Germains avaient chaque jour sous les yeux, ne s'introduisit-il pas en Germanie? Pourquoi même les Germains détestaient-ils cette organisation savante de la justice romaine et ce mécanisme administratif (2) ? Telle est le problème véritable qu'il faut chercher.

Nous n'y trouvons d'autre solution que celle, qui résulte de notre opinion, que l'appel est une institution administrative et non une institution judiciaire proprement dite.

Nous avons déjà vu qu'à Rome l'appel s'organisa à mesure que les institutions administratives se formèrent et qu'il fut même un des moyens les plus efficaces pour créer cette administration et en relier entre eux tous les membres. Ce qui était possible à Rome, au premier siècle, ne l'était pas en Germanie au ve, et ce n'est là qu'une conséquence de cette grande loi économique, qui veut qu'à des besoins différents correspondent des insti-

(1) Meyer, *Instit. jud.*, I, 351, 452, 459. Cf. Maurer, *Geschichte des Alt-Germanischen Gerichtsverfahrens*, in-8°, F. Hélie, 183, *contra* Heineccius, *Elementa juris german.*, III, § 288.

(2) Florus, IV, 12; Cassiodore, IX *Varior.*, ep. 14 : « *Vos armis jura defendite, Romanos sinite legum pace litigare.* »

tutions diverses, qu'à un état de civilisation avancé ou rudimentaire correspondent des institutions plus compliquées ou plus simples.

En effet, où était en Germanie le centre nécessaire pour y faire converger les appels, lorsque les peuplades germaines, toujours mal assises, cherchaient de tous côtés où elles pourraient s'établir et se fixer? Comment pouvait-on organiser des institutions administratives, lorsque chaque tribu vivait sans lien réel avec ses voisines et souvent en guerre avec elles? Enfin comment faire accorder l'idée du recours, de l'appel au supérieur dans une société où chaque individu se considérait comme l'égal des autres et ne craignait pas de soutenir son opinion par la guerre et par les armes?

Il faut le reconnaître en terminant, l'appel n'exista pas en Gaule ni en Germanie, parce que, institution administrative compliquée, ayant besoin pour s'établir d'un milieu calme et peu troublé, il ne pouvait fonctionner dans une société où une administration proprement dite n'existait pas, j'ajouterai où elle ne pouvait pas exister, parce que l'état de civilisation et de développement des Germains n'était pas assez avancé pour leur permettre d'en établir une.

Chapitre III. — Droit romain et canonique.

A côté des éléments gaulois et germains que nous venons de résumer il faut indiquer les facteurs romains et chrétiens, qui contribuèrent aussi à former les institutions de la Gaule franque.

Là, tout était différent. La hiérarchie savante de l'empire romain s'était maintenue jusqu'au ve siècle et avec elle l'appel continuait à fonctionner. Mais nous avons déjà dit que cette organisation poussée à l'excès n'allait plus pouvoir se prêter aux besoins nouveaux, qui devaient résulter de la conquête et que ce fut là une des causes, sinon la principale, de la chute de l'organisme impérial. L'administration romaine disparut ; mais elle devait néanmoins exercer une influence considérable sur la formation de nos institutions, soit par le souvenir et les traditions qu'elle laissa dans les populations, soit parce qu'elle communiqua ses principes et ses règles à l'Eglise, qui était alors le plus fort pouvoir et qui devint la continuatrice de la civilisation romaine, soit enfin parce qu'elle inspira des ouvrages et des auteurs, qui, plus tard il est vrai, devaient être considérés comme des modèles où se trouvait renfermée la raison écrite.

A côté de l'empire nous trouvons le christianisme. Ses progrès rapides, à partir du IVe siècle, l'obligèrent à se constituer. Comme l'empire, dont à un certain point de vue il fut la continuation, il donna naissance à une hiérarchie compliquée, qui permettait à l'appel de fonctionner et de remplir le but que nous lui avons assigné, c'est-à-dire de relier entre eux les différents degrés d'une hiérarchie administrative.

Notre dessein n'est point de rechercher si les institutions chrétiennes étaient la suite des romaines, ou si elles renfermaient des principes distincts empruntés aux traditions de l'Orient et des Hébreux, ni d'étudier en détail l'organisation chétienne (1), ce sont là des travaux considérables dignes de tenter l'érudition et les recherches. Nous n'avons voulu, dans ce paragraphe sur les

(1) Comme nous n'avons pas l'intention de traiter de l'appel ou du droit canon, nous renvoyons aux ouvrages spéciaux sur ces matières. Cf. Les Traités de Richter, de Walter, d'Hinschius, la Discipline de Thomassin, etc.

origines, qu'indiquer quel était, au moment où commencèrent à se former nos institutions nationales, l'état des facteurs dans lesquels elles pouvaient puiser pour se constituer.

Section II

Mérovingiens.

Chapitre Ier. — Introduction.

Les historiens, pour mieux faire ressortir le caractère de chaque époque, divisent l'histoire de France en grandes périodes distinctes. C'est ainsi qu'on parle de la période franque, de la période féodale, de la période capétienne, etc. On se tromperait toutefois, si, prenant à la lettre ces divisions factices, on en tirait ces conséquences qui sautent tout d'abord aux yeux : 1° que les institutions de chaque période furent fort différentes entre elles ; 2° que ces institutions pendant une même période restèrent en général les mêmes.

Si nous faisons cette observation préliminaire, c'est que nous avons vu beaucoup de travaux d'érudition manquer cependant de critique et de sûreté, parce qu'on n'y tenait point un compte suffisant de la date des documents employés. Nous ne voulons ici citer aucun nom, mais il serait facile de montrer que souvent on a raisonné sur le VIe et le VIIe siècle avec des textes du IXe et du Xe et même du XIIIe ! Cependant, il n'est personne qui puisse nier combien dans un siècle les institutions peuvent changer de caractère et se modifier. Il nous suffit, pour être persuadé de ce fait, de jeter les yeux sur l'histoire de notre époque, pour comprendre que dans cinquante, dans vingt et même dans dix années, l'organisation d'un peuple, sans changer entièrement, peut se modifier d'une façon sensible et appréciable.

Cet avertissement sur la méthode était nécessaire, car, dans des travaux d'érudition comme celui que nous entreprenons, les conclusions n'ont de valeur que si elles sont rigoureusement déduites et solidement appuyées sur des bases certaines. Nous ferons donc en sorte de n'employer les textes que pour les périodes limitées sur lesquelles ils portent, et s'il nous arrive de baser un raisonnement sur des documents postérieurs ou antérieurs, nous aurons soin de le faire remarquer et de légitimer notre procédé.

Chapitre II. — Origine de l'appel.

L'évolution historique de nos institutions pendant la période franque peut se résumer en quelques mots. Le résultat de l'invasion germanique, ayant été de créer sur le territoire de la Gaule, à côté des institutions romaines et du droit romain, des institutions germaines et un droit germain, la tendance on peut dire forcée de tous les individus, qui vivaient sous un même régime et les efforts de ce régime devaient pousser à l'assimilation des races, comme à celle du droit et des institutions. En un mot, l'antagonisme originaire ne pouvant subsister, il se créa, par suite des nécessités de la situation, un troisième facteur qui eut pour mission et pour but d'assimiler les deux autres et de les fondre en un même tout. Ce rôle fut joué par le gouvernement, s'il est permis de parler ainsi à notre époque, ou pour mieux dire par l'administration et quand ce travail fut achevé on peut dire que la France fut réellement constituée.

La généralisation que nous venons de présenter et dont nous allons tirer les conséquences, pour l'objet particulier qui nous occupe, se trouve confirmée par cette distinction que la nouvelle école des juristes allemands a établie entre le droit populaire franc (*Volksrecht*) et le droit royal ou d'administration (*Amtsrecht*, *Reichsrecht*) (1). Ce n'est pas ici la place d'insister sur l'importance de cette distinction, ni de faire ressortir combien cette évolution a d'analogie avec la distinction romaine du *jus civile* et du *jus honorarium*. Nous renverrons, à cet égard, aux pages remarquables des auteurs cités à la note précédente, mais nous regretterons que l'école française, qui avait si brillamment débuté par les travaux de Pardessus, Guerard, Giraud, Klimrath, ait abandonné ce champ d'étude où il y avait tant à recueillir.

Il résulte de ce que nous venons de dire sur le rôle de l'administration à cette époque et aussi des considérations, que nous avons présentées au chapitre II de la section Ire sur les causes qui avaient empêché l'appel de s'établir chez les Germains, que l'appel ou des institutions analogues ne purent fonctionner dans la Gaule franque, qu'au moment où l'administration royale fut assez forte pour balancer l'influence des anciennes lois germaines. Cette époque ne peut se préciser par une date fixe, car, comme l'a dit si justement Guizot, les révolutions ne prennent date qu'au jour où elles sont déjà accomplies; mais nous pouvons considérer comme certain, et les textes nous le prouveront bientôt, que si l'appel exista dans la Gaule franque, il ne dut son

(1) V. Sohm, 102; Boretius, *Capitularien*, 14 et 1; Brunner, *Zeugen*, etc.; Waitz, II; Thevenin, *Lex et Capitula*, dans les Mélanges, publiés par 'école des Hautes-Etudes.

origine qu'à la nouvelle législation des Capitulaires et ses progrès qu'aux progrès de l'administration nouvelle.

Toutefois, nous devons ici répondre à une objection qu'on ne manquerait pas de nous faire et qui renverserait tout notre échafaudage. Etant données les prémisses, qu'en face de l'antagonisme des lois barbares et des lois romaines, l'administration joua le rôle d'intermédiaire, on ne voit pas bien pourquoi l'appel fut rétabli par le nouveau régime, puisqu'il existait déjà d'après les lois romaines. Cette objection s'appuie sur la *Constitutio Clotarii* de 560, c. 4 : « *Inter Romanos negotia causarum romanis legibus præcipimus terminari.* » Elle semble à première vue très fondée, mais elle tombe devant ce fait, aujourd'hui incontesté, que l'organisation judiciaire des Romains ne subsista point et fit place à celle des Francs. Les Romains furent donc jugés *romanis legibus*, par suite de la personnalité des lois, mais devant des tribunaux francs et en respectant l'organisation judiciaire franque qui, au moins à l'origine, n'admettait pas l'appel (1).

Avant d'étudier directement la législation des Capitulaires, nous devons revenir aux *leges* proprement dites, c'est-à-dire aux Codes germains rédigés du ve au viie siècle.

Chapitre III. — De l'appel dans les *leges*.

§ Ier. *Opinions diverses.* — On comprend que nous ne puissions remplir le cadre complet que nous nous étions tracé pour le droit romain. Lorsque l'existence même de l'appel est mise en doute, il ne peut être question de

(1) Pardessus, *Loi salique*, 514 ; Sohm, 229.

savoir qui pouvait appeler, quand et comment on devait le faire ; les efforts doivent se consacrer à élucider autant que possible la question principale. Y avait-il pendant la période de vigueur des *leges* une juridiction d'appel? Pouvait-on parcourir plusieurs instances successives, avant d'avoir un jugement définitif; telle est la question?

Avant d'aborder les textes eux-mêmes nous donnons les opinions principales qui ont été émises :

Heineccius admet l'existence des appels chez les Wisigoths, les Alamans et les Lombards (1).

Savigny admet aussi les appels chez les Wisigoths, mais nie leur existence dans les lois germaines (2).

Warkœnig (3), qui ne fait que répéter l'opinion de Mlle de Lézardière, admet le fonctionnement de l'appel dans la période franque, mais sans distinguer d'une façon précise entre les époques du ve au ixe siècle, ainsi qu'il serait si nécessaire de le faire (4).

Rogge, s'appuyant sur la loi salique LX, 4, et la loi alamane XLI, 3, reconnaît bien que des instances régulières ne fonctionnaient pas chez les Francs, mais qu'on pouvait appeler de tout jugement rendu par les rachinbourgs. L'appel se faisait devant le tribunal de Dieu par le combat (5).

Wiarda admet aussi l'appel et considère les sagibarons comme des juges d'appel. Mais cette opinion est depuis longtemps repoussée (6).

(1) *Elementa juris germanici*, III, § 289.
(2) *Gesch. des römisch. Recht.*, I, 293, 305.
(3) I, 150.
(4) Mlle de Lézardière, *Théorie des lois polit.*, II, 509; III, 145-178.
(5) I, § 15, p. 88, 93.
(6) *Gesch. und Ausleg. des Sarisch. Gesetzes*, p. 191, *contra* Pardessus, 573; Hélie, 198.

Enfin Walter (1), Eichorn (2), et Faustin Hélie (3) soutiennent la même opinion, mais avec une si grande incertitude qu'il est difficile de discuter leur opinion.

Les partisans de la négative ne sont pas moins nombreux et nous pouvons compter parmi eux Savigny, Bernardi (4), Meyer (5), Maurer (6), etc. On s'appuie principalement sur les considérations suivantes : 1° que le peuple, seul souverain, donnait le même pouvoir aux *placita majora* et *minora* ; qu'il ne pouvait y avoir d'appel au tribunal du roi parce que, le peuple étant souverain absolu, ce qu'il avait décidé l'était sans recours ; 2° que les sentences étaient toujours exécutoires sur-le-champ ; 3° que le mot *appellatio* n'apparaît pas dans les textes.

Plus tard, Schœffner a enseigné la même opinion en déclarant que les Francs connaissaient seulement le déni de justice (7).

Mais, depuis lors, Pardessus a reconnu « que le chapi-« tre VI de la *Constitutio Clotarii* complétant ou expliquant « le titre Ier de la loi salique, relatif aux juges qui refu-« sent de rendre la justice ou qui, dans leur jugement vio-« lent la loi, *contra legem judicant*, nous apprend qu'une « telle réclamation était portée devant le roi (8). » La nouvelle école allemande, représentée par Waitz, Sohm, Brunner, Boretius et autres, ne conteste plus désormais ce pouvoir du *placitum palatii*, et, dans des aperçus, qui ne sont pas toujours très précis, elle se borne à dé-

(1) Walter, *Rechtsgesch*, § 652.
(2) Eichorn, I, 454.
(3) I, 209.
(4) Bernardi, *Origine de la législ. franç.*, 51, 90.
(5) Meyer, *Institutions judiciaires*, I, 351, 452 et suiv.
(6) Maurer, p. 10.
(7) *Geschichte des Rechtsverfassung Frankreichs*, I, 350-60.
(8) *Loi salique*, 568.

clarer qu'un appel dans le sens actuel du mot n'existait pas (1).

§ II. *Lex salica.* — Au milieu d'une si grande diversité d'opinions, il est assez délicat de prendre parti. Examinons tout d'abord les textes. Dans la loi salique LX, § 1, 2, nous trouvons en vigueur la plainte de déni de justice contre les rachinbourgs, qui refusent ou retardent de rendre justice (2). Puis dans le § 3 du même titre vient un texte assez embarrassant : « *Si vero illi rachinburgii sunt et non secundum legem judicaverunt, his contra quem sententiam dederint causa sua agat et potuerit adprobare quod non secundum legem judicassent, DC dinarios qui faciunt solidos XV quisque illorum culpabilis judicetur.* »

Que faut-il entendre par les mots *contra legem judicare ?* On a prétendu qu'ils étaient synonymes de déni de justice, mais cette opinion ne peut être admise, car nous venons de voir que, dans notre titre LX, les deux premiers paragraphes réglaient ce cas. Il aurait donc été inutile d'en ajouter deux autres pour réglementer la même hypothèse (3).

L'opinion la plus simple est de prendre les mots dans leur sens naturel et de voir dans le § 3 l'existence d'un appel pour mal jugé assez semblable à notre procédure

(1) Waitz, *Verfassung*, II, 504-506 ; Sohm, 505.

(2) Pardessus, *Loi salique*, 57, Nous donnons ce § 3 d'après le premier texte de Pardessus, qui est le plus ancien de la loi salique. Il est assez important de faire remarquer que dans la *Lex emendata* de Charlemagne la rédaction est un peu modifiée, aussi bien pour le déni que pour la plainte de mal jugé. Ainsi le § 3 du même titre prévoit le cas où les juges ont mal jugé, et le § 4 ajouté règle l'hypothèse où les juges sont accusés de mal jugé, mais ont en fait jugé *secundum legem.* Le plaignant est alors condamné à une amende de 60 deniers ou 15 sous à l'égard de chacun des 7 rachinbourgs. Ce deuxième texte montre donc que la loi avait été complétée et que les questions de recours étaient mieux déterminées qu'auparavant.

(3) Schœffner, I, 359.

de cassation. La formule *contra legem judicare*, *false judicare*, n'est d'ailleurs pas isolée et nous la retrouverons dans un grand nombre de Capitulaires (1). J'ose même dire qu'à mon avis, les expressions fausser un jugement, appel de faux jugement, ne sont que la traduction des mots latins.

Reste une difficulté. Etant donnés les principes que nous avons admis, d'après lesquels l'appel n'existait point chez les Germains, on pourrait être étonné de nous voir admettre ici dans la *lex salica* une procédure d'appel au roi. Il n'y a cependant point de contradiction dans ce que nous avons dit : voici comment nous expliquons la difficulté.

Il est aujourd'hui certain que nous ne possédons pas le texte primitif de la loi salique, mais une révision entreprise sous Clovis ou le premier de ses successeurs. On peut donc marquer certaines étapes dans la rédaction de la loi : 1° la loi primitive rédigée lorsque la royauté n'existait point ou n'avait encore aucune influence ; 2° la loi révisée au moment où apparaissent les rois; 3° la loi révisée à l'époque de l'invasion et par suite des nécessités de l'établissement des Francs, c'est le texte que nous possédons ; 4° enfin, sans parler des nombreux Capitulaires, qui modifièrent cette loi, mais qui forment, comme nous l'avons dit, une législation d'un caractère particulier, la *lex emendata* révisée sous Charlemagne.

On nous accordera que chacune de ces révisions dut correspondre à des besoins nouveaux, à une situation politique ou économique nouvelle, autrement il n'y aurait pas eu nécessité de modifier. Dès lors, ceci étant ad-

(1) Capitulaire de 755, c. 29; III, de 819, c. 5; IV, de 806, c. 7; II, de 855, C. 8 ; de 869.

mis, nos textes sur l'appel s'expliquent sans difficulté et on peut dire que notre institution suivit une voie parallèle à celle de la rédaction de la loi salique.

Pendant la première époque, quand l'autorité résidait tout entière dans l'assemblée, il n'y avait ni appel, ni possibilité de recours. Le déni de justice était seul réprimé (1).

Dans la deuxième période, quand la royauté se constitua, par suite de la situation toujours sur pied de guerre de ces peuplades et de la nécessité d'avoir un chef, on put admettre la possibilité d'un recours auprès du roi, d'une demande de grâce ou révision auprès du chef. Mais comme aucun texte ne remonte à cette époque, nous ne pouvons rien affirmer de certain.

Nous arrivons ainsi à la troisième époque, qui est celle de la loi que nous possédons. Il ne faut pas oublier que cette révision donne l'état du droit après l'établissement des Francs, donc à une époque où la royauté était déjà forte, où une administration était nécessitée par suite de l'établissement et des rapports nouveaux avec les Gallo-Romains ; et, dès lors, l'appel, le recours au roi fut possible. C'est ce que nous trouvons constaté dans le § 3 du titre LVII du premier texte de la *lex salica*.

Ainsi se trouve expliqué ce texte, qui semblait détruire notre opinion et confirmer le principe capital, que nous avons proposé en tête de ce travail : que l'appel est une institution administrative, qui ne peut commencer à fonctionner qu'au moment où les sociétés sont assez avancées, pour avoir besoin d'un organisme administratif.

(1) Sohm, 101. Die ganze Gerichtsverfassung der Lex salica ergiebt sich aus dem einen Satz : Die Gerichtshoheit ist Volkshoheit, nicht Königshoheit.

Qu'on ne croie point d'ailleurs que l'évolution parallèle, d'un côté, de la loi dans ses différentes rédactions et du perfectionnement du régime administratif, et de l'autre, de l'appel, soit une hypothèse chimérique. Nous pouvons en suivre plus loin les progrès. En effet, la *Constitutio Clotarii*, de 560, § 6 : « *Si judex aliquem contra legem injuste damnaverit in nostri absentia ab episcopis castigetur, ut quod perpere judicavit melius discussione habita emendare procuret* », qui semble un texte isolé, s'explique très aisément, si on le considère comme venant réglementer le principe du recours posé dans la loi salique et fixer une matière qui ne l'était point encore, puisqu'il fallait un texte de loi pour indiquer où devaient se porter les recours pour mal jugé et comment ils seraient tranchés.

Cette explication est d'autant plus admissible : 1° que la date de cette *Constitutio* n'est pas très éloignée de la loi salique que nous possédons et où, pour la première fois, nous avons trouvé exprimé le principe du recours pour mal jugé ; 2° qu'elle est tout à fait en harmonie avec notre opinion, déjà exprimée, que ce fut par la législation des Novelles à la loi salique, des Capitulaires que les voies de recours furent constituées.

Nous connaissons maintenant la législation franque proprement dite ; nous ne dirons que quelques mots des autres lois germaines.

§ III. *Lex Alamannorum.* — Cette loi, dans les trois paragraphes du titre XLI, prévoit le cas de mauvais jugement réformé par une autorité qui n'est désignée que sous le nom de « *ille judex* » et dans laquelle on peut voir le même juge qui a prononcé la première sentence ou un autre juge qui n'est pas suffisamment dénommé (1). Toute la marche du titre indique la préoccupation du rédacteur de la loi à recommander expressément au juge de juger *secundum legem*. Ainsi, le § 1 : « *Sed causas secundum legem veraciter judicet sine acceptione personnarum et si juste iudicaverit, credat se apud Deum mercedem recipere et laudem apud homines bonam habere* (2). » Le § 2 prévoit le cas où le juge décide « *contra legem per cupiditatem aut per invidiam aut per timorem ;* » il est en rapport direct avec nombre de capitulaires. Enfin le § 3 règle l'hypothèse où une partie accuse le juge d'avoir mal jugé et ne peut le prouver, ce qui est en rapport avec le § 4 de la *lex salica emendata* et plusieurs capitulaires.

Il résulte de tout ceci que le recours pour mal jugé existait dans le droit des Alamans. Mais qu'on ne croie point que ce fut là le droit originaire. Comme pour la *lex salica*, on peut ici compter plusieurs révisions. Le *Pactus* originaire, que nous possédons, est de la moitié du VIe siècle ; la première révision, faite entre 613-633, par Clotaire II, est un remaniement franc, une deuxième révision fut faite en 730 (3). Or, il est frappant de remarquer que le *pactus* ne contient rien sur notre matière, et que les textes dans lesquels nous avons trouvé le recours pour mal jugé appartiennent à une révision franque. On appliqua donc aux Alamans les mêmes principes qu'aux Francs, comme le prouvent les rapports certains que nous avons constatés entre ces deux lois.

(1) Rogge, 77, voit dans ce *judex* un personnage spécial nommé pour juger les appels. Cette opinion ne repose sur rien. Cf. Davoud-Oghlou, I, 354.

(2) Nous ne citons pas ces textes en entier pour ne pas trop surcharger cette thèse et nous renvoyons à l'édition donnée par Walter, I, 212.

(3) V. Schulte, *Rechts und Reichs Geschichte*, § 30, sur les différentes révisions de la *lex Alamannorum*.

Ainsi pour *lex Alamannorum*, comme pour la loi salique, nous pouvons constater que l'organisation d'une voie de recours, d'un appel pour mal jugé, n'eut lieu et ne fut possible, que quand le pouvoir royal fut assez fort pour permettre à une administration de fonctionner; nous allons plus loin, lorsque cette administration fut devenue une condition même de l'existence de la royauté.

§ IV. *Lex Bajuwariorum.* — Les mêmes règles que nous venons d'énumérer pour les Francs et les Alamans s'appliquent aux Bavarois. Les § 18 et 19 du titre II donnent à peu près les solutions que nous connaissons déjà et reconnaissent formellement l'existence du recours pour mal jugé. Qu'on n'objecte pas « que ce ne soit pas « le sens véritable de la loi parce qu'on ne trouve rien « ni sur le tribunal, auquel les appels devaient être « portés, ni sur la procédure en appel (1). » Cette observation est puérile et nous savons déjà que les lois germaines ne sont pas aussi explicites qu'on le désirerait. D'ailleurs devant des textes aussi formels que le titre XIX : « *Si vero nec per gratiam, nec per cupiditatem sed per errorem injuste judicaverit, judicium ipsius, in quo errasse cognoscitur, non habeat firmitatem* (2)... » et les autres que nous avons cités précédemment, on peut s'étonner de voir le même auteur écrire quelques lignes plus haut les mots suivants : « Aucun passage ni de la « loi salique, ni d'aucune autre loi des Germains, ni des « Capitulaires, ne parle d'un appel, soit textuellement, « soit virtuellement; partout le jugement reste valide et « lors même que le comte ou l'ariman sont punis, nulle « part il n'est question de réintégrer les condamnés dans

(1) Meyer, *Institutions judiciaires*, I, 459.

(2) Nous citons ce paragraphe d'après Walter, I, 255; Cf. Schulte, 831, sur les différentes rédactions de la loi.

« leurs biens (1). Si le juge est condamné pour avoir « manqué à son devoir, son arrêt n'en demeure pas « moins inattaquable (2). »

§ V. *Leges Langobardorum.* — La loi lombarde, qui est celle où les traditions purement germaines se sont le mieux conservées, ne nous offre tout d'abord aucun exemple d'appel ou de recours, au moins dans sa plus ancienne partie, publiée par Rotharis. Nous y trouvons bien des peines contre ceux qui empêchent les *barones* de venir au roi, mais rien n'indique que ce fut spécialement pour demander justice (3). Tout au plus pouvait-on admettre un rapport entre les §§ 17 et 18 et le § 372, qui parle de causes spécialement réservées au roi : « *Omnes regales causæ quæ ad manum regis pertinent* (4). » Ce sont là toutefois des indices trop incertains pour que nous puissions raisonner avec quelque certitude.

Ici cependant, comme dans les autres lois, nous pouvons constater une nouvelle application des principes que nous avons précédemment développés. En effet, dans les lois publiées par Liutprand, de 713 à 735, près de soixante années après celles de Rotharis, et à une époque où la royauté était plus forte, nous rencontrons le recours pour mal jugé à côté de l'appel pour déni de justice.

Ainsi, les §§ 25, 26, 27, de Liutprand règlent successivement plusieurs cas de déni de justice et avec la plus

(1) A une affirmation semblable qui porte même sur les Capitulaires, nous opposerons sans commentaire le texte suivant du capitulaire de 879, § 9 : « *Qui vero dicunt se injuste proprietatem illorum perdidisse, veniant in presentiam nostram, et sicut justum est, ita illis judicetur, et sua recipiant.* » Walter, III, 224.

(2) Meyer, I, 458. A cette dernière affirmation, nous opposons le texte de notre § 19 de la loi des Bavarois : *judicium ipsius non habeat firmitatem.*

(3) Walter, I, 687.

(4) Walter, I, 749.

grande exactitude, le § 28 s'occupe au contraire du recours pour mal jugé et prévoit un cas que nous avons déjà rencontré dans les autres lois germaines (1).

Ces principes furent confirmés par la suite et même étendus par la législation de Rachis, en 740, comme on peut le voir aux §§ 10 et 11 des lois de ce prince (2), jusqu'au moment où les Lombards, conquis par les Francs, durent adopter une partie des lois franques et subir les règles de l'administration carlovingienne.

§ VI. *Lois des Goths et Wisigoths.* — Nous avons passé en revue les lois germaines les plus caractérisées, il nous reste à dire quelques mots des lois sur lesquelles le droit romain exerça une influence plus considérable.

L'édit de Théodoric, de 500, ne laisse aucun doute sur le fonctionnement des appels dans l'empire des Goths, et il nous suffira de renvoyer au § 55 de cet édit pour qu'on puisse se rendre compte que cette institution n'était ici que la suite des principes romains (3).

Le roi occupait le sommet de la hiérarchie et jugeait les appels sur *supplicatio*, sur *relatio*, sur *appellatio* qu'il faisait examiner par les *quæstores sacri palatii* ou les *referendarii*. L'appel se faisait par *libelli* ou de vive voix et il ne pouvait y en avoir qu'un pour chaque affaire (4).

Chez les Wisigoths, l'influence romaine n'est peut-être pas si manifeste, cependant beaucoup des anciens principes se sont maintenus. Ainsi, les §§ 19, 20, 21, 22 du titre Ier du livre II de la *lex Wisigothorum* règlent en détail le cas de déni de justice. Le § 23 du même titre

(1) Walter, I, 768.
(2) Walter, I, 830.
(3) Walter, I, 402.
(4) Bethman-Hollweg, *Civilprocess.*, IV, 288.

prévoit, dans sa première partie, l'hypothèse de suspicion de juge : « *Si cujuscumque honoris aut ordinis judex dicatur haberi suspectus* (1). » Les §§ 29 et 30 organisent une surveillance à l'égard des comtes : « *De data episcopis potestate distringendi judices nequiter judicantes, de data episcopis potestate admonendi judices nequiter judicantes* (2). » Enfin, le § 27 : « *Ut omne vinculum quod post datum injustum judicium a causidicis fuerit violenter exactum omnino habeatur invalidum ;* » le § 28 : « *Ut injustum judicium et definitio injusta regio metu vel jussu a judicibus ordinata non valeat* (3); » et la deuxième partie du § 23 ne permettent pas de douter que le recours pour mal jugé existât chez les Wisigoths (4).

On a objeté, il est vrai, que le § 23 se rapportait au cas de suspicion de juge. Mais cette observation nous semble provenir d'une confusion qui vient elle-même de ce qu'on n'a lu que la rubrique du titre et sans la bien comprendre : « *Si cujuscumque honoris aut ordinis judex dicatur suspectus* vel *si judex contra leges præsumat judicare.* » On traduit *vel* par ou; mais il est aujourd'hui prouvé que *vel* est pris pour *et* dans les monuments de cette époque, ce qu'on voit suffisamment dans les formules. Dès lors, l'objection ne repose sur aucun fondement.

Il nous resterait à parler de la loi burgonde, mais nous n'y avons rencontré aucun texte sur notre matière. Le titre LXXXI s'occupe seulement du déni de justice.

(1) Walter, I, 434, 435.
(2) Walter, I, 439.
(3) Walter, I, 438.
(4) Walter, I, 435.

CHAPITRE IV. — Conclusion.

Nous ne voulons point traiter ici de la procédure du déni de justice, la seule qui fut bien réglée au temps des *leges*. Tout d'abord parce que cela ne rentre pas dans notre sujet, ensuite parce que ce travail a été fait récemment par un érudit allemand, M. Cohn (1). Il nous est également impossible d'exposer les règles du recours pour mal jugé, car nous n'avons pas de textes suffisants. D'ailleurs, comme nous allons retrouver cette question dans la période carlovingienne, nous renvoyons pour les détails au chapitre suivant.

Après la revue des textes que nous avons donnés il nous est désormais permis de conclure sur cette première période. L'appel existait-il donc à l'époque mérovingienne?

Tout dépend de la manière dont on pose la question. Si on la formule comme nous venons de le faire, nous répondrons affirmativement. Au contraire demande-t-on si l'appel existait alors, tel qu'il fonctionnait plus tard au VIIIe ou au XIVe siècle, nous répondrons négativement.

Qu'on ne pense pas que cette distinction ne soit pas fondée ! Il nous suffira d'ouvrir presque tous les livres, qui traitent des institutions judiciaires de cette époque, pour y voir écrit que l'appel véritable, tel que nous le comprenons, n'existait point (2). Et cependant n'est-ce pas là un fait évident, absolument certain, presque une naïveté, puisque personne ne songe à nier que chaque

(1) Cohn, *Justizverweigerung*, Karlsruhe, 1876 ; Lenormant, *Voies de recours*, 63.

(2) Brunner, *Zeugen*, 399 ; Eine appellation in heutigen sinne hat es damals nicht gegeben.

époque a des institutions en rapport avec sa situation économique et politique.

Donc la question n'est pas de savoir si l'appel fonctionnait tel que nous le comprenons ; mais s'il y avait un appel possible, une voie de recours organisée contre les jugements définitifs ; et nous croyons avoir prouvé qu'il en était ainsi.

Ce ne serait pas une objection sérieuse, d'opposer qu'aux vi[e] et viie siècles il n'y avait point d'instances successives régulièrement déterminées (1). Tout le monde le reconnaît, nous ajouterons même qu'il ne pouvait pas y en avoir. En fait cette objection est inspirée par la même idée d'établir des comparaisons entre nos institutions et celles du vi[e] siècle ; idée qui faisait dire à Montesquieu « que transporter dans des temps reculés les idées du temps où l'on vit, c'est des sources de l'erreur celle qui est la plus féconde ».

La vérité, du moins telle que nous croyons qu'elle résulte des textes, et c'est là notre conclusion, est que, aux vi[e] et viie siècles, le principe de l'appel existait, le recours au roi pour mal jugé fonctionnait dans la Gaule franque, mais sans règles fixes, sans procédure déterminée, que le temps et les besoins devaient peu à peu créer. Pas plus au vi[e] et viie siècle, qu'à Rome sous Auguste, qu'en France sous Philippe-Auguste, des instances n'étaient parfaitement déterminées et cependant tout le monde voit l'origine de l'appel, dans l'appel à l'empereur et le recours en amendement devant le plaid particulier du roi. Elles ne fonctionnaient point, parce que l'administration politique et judiciaire, fort peu développée à ces trois époques, ne leur permettait pas d'exister et nous savons

(1) Schœffner, 1, 356 ; Sohm, 505 ; Rogge, 88, 93.

que l'appel dans son organisation suit toujours la même voie que l'administration elle-même.

Mais le principe était posé, le recours était possible, l'appel existait, précisément parce que l'administration commençait à naître. Ce sera d'ailleurs la meilleure preuve de notre théorie sur l'appel, que de montrer ce recours, peu organisé mais certain, se développant sous l'influence des Capitulaires, les instances successives tendant à se constituer, la procédure commençant à se fixer, en un mot l'appel s'organisant sur une plus large étendue et une base plus fixe, toujours en suivant le principe posé qui nous a servi de guide, que l'appel n'est pas une institution judiciaire originaire mais une institution dérivant de la formation d'une hiérarchie administrative.

Section III

Le droit royal, les Capitulaires et les Carlovingiens.

Chapitre Ier. — Développement du droit et des institutions judiciaires.

La marche du droit des Capitulaires, qui se personnifie principalement dans la législation carlovingienne peut se résumer en quelques mots. C'est l'antagonisme et l'avènement du droit impérial et administratif en face de l'ancien droit des *leges*, du droit populaire (Volksrecht) qui tombait en désuétude, parce qu'il n'était plus en rapport avec les nouvelles conditions sociales. Cette tendance se manifesta en pratique par des innovations fort importantes et qui permettent de saisir le principe général qui domine dans ce mouvement.

Le fait essentiel de cette période, fait qui avait d'ailleurs commencé avant l'avènement des Carlovingiens, fut la création d'une administration, d'une organisation politique. Telle fut l'œuvre des Capitulaires et, si on veut creuser plus au fond, on verra qu'elle eut pour cause l'assimilation des éléments germains et romains pour les fondre en un seul tout.

De là vinrent, au point de vue judiciaire, les modifications suivantes (1) : 1° le remplacement des anciens rachinbourgs, juges francs, juges du droit populaire, par les *scabini*, juges fonctionnaires nommés par le roi ; 2° la nomination des comtes par le roi, tandis qu'auparavant ils étaient indépendants et pour ainsi dire héréditaires ; 3° l'organisation des *missi*, qui fut la conséquence des deux premières réformes puisque leur rôle fut surtout de surveiller les *scabini* et les nouveaux comtes ; 4° enfin la distinction de compétence entre le comte et le centenier tandis qu'auparavant toutes les causes devaient être jugées par un tribunal unique le *mallum*.

Si on apprécie le caractère de ces modifications, on verra qu'elles provenaient toutes de cette nécessité de constituer une administration judiciaire et qu'elles tendaient à rendre possible la formation d'un centre administratif, sans lequel un organisme quelconque ne peut fonctionner avec quelque suite.

Quelle fut donc la cause qui empêcha le développement plus complet des institutions carlovingiennes? Pourquoi cette tendance fut-elle arrêtée? Ce n'est point encore le moment de le dire. Et d'ailleurs comme ce serait expliquer les causes de la chute des Carlovingiens et de leur organisation politique, on peut dire que cela n'est point

(1) Sur ces réformes judiciaires dites de Charlemagne voyez Meyer, I, 351 ; Sohm, 482 ; Bethman-Hollweg, V, 17.

de notre sujet. Nous en dirons quelques mots à la fin de cette section.

Chapitre II. — Opinions diverses des auteurs sur l'appel dans cette période.

Ce paragraphe sera nécessairement fort bref. Nous avons en effet déjà remarqué que la plupart des auteurs, qui ont traité de ces temps fort reculés, ne distinguent point entre le VIe, VIIe, VIIIe et IXe siècle. On a donc parlé des appels pendant la période franque en général et nous avons énuméré ces opinions dans la section précédente. Nous n'avons donc à présenter que ceux qui, traitant particulièrement de l'époque carlovingienne, n'ont exprimé leur opinion que sur cette période.

Mlle de Lézardière dans des termes très généraux admet l'existence d'une juridiction d'appel (1).

Brewer partage la même opinion, ainsi qu'Henrion de Pansey, qui remarque même avec beaucoup de justesse qu'on ne pouvait appeler du centenier au comte « parce que si les personnes étaient subordonnées, les juridictions ne l'étaient pas (2). »

Le même avis est soutenu avec plus ou moins de précision et de critique par Montesquieu, Faustin Hélie, Warkœnig, Lenormant, Waitz (3), etc. L'opinion contraire est représentée par Schœffner, Meyer, Brunner, Sohm (4), etc.

(1) *Théorie des lois politiques*, III, c. 8, p. 7. « De l'étendue de la juridiction du prince en appel. »

(2) Brewer, I, 6 et s.; Henrion, I, 8-10.

(3) Montesquieu, XXVIII; Hélie, 197-220; Warkœnig, I, 149; Lenormant, 70; Waitz, IV, 346, 402, et aussi Deloche, *La trustis et les antrustions*.

(4) Schœffner, I, 356; Meyer, I, 452-63; Brunner, 399; Sohm, 492, 505.

CHAPITRE III. — Des autorités judiciaires.

Le pouvoir judiciaire était partagé entre le centenier, le comte, le *missus* et le roi.

On a pensé que chacune de ces autorités exerçait à l'égard de son inférieure une juridiction d'appel. Cette opinion n'est point fondée, pas plus que celle qui tendrait à admettre que les comtes étaient soumis aux ducs, etc (1).

Le centenier et le comte avaient chacun des attributions spéciales; le premier pour les causes de peu d'importance, le second pour celles qui étaient plus considérables. Le comte exerçait à la vérité sur le centenier une surveillance et un contrôle, et nous ne doutons pas que, si l'administration carlovingienne s'était perfectionnée, il est probable que les comtes seraient devenûs les supérieurs hiérarchiques des centeniers. Mais ce mouvement ne put s'achever et nous ne pouvons y suppléer.

Ce qui ne put réussir entre les comtes et les centeniers se réalisa au contraire entre les comtes et les *missi*, dont plus loin nous préciserons mieux le caractère. Nous voulons seulement montrer ici que dans l'administration de la justice de notre époque il s'établit des degrés assez déterminés pour qu'on puisse parler de hiérarchie judiciaire.

Dans la période précédente, nous étions arrivés à ce résultat, que l'appel pour mal jugé existait, mais qu'il n'y avait d'autre autorité pour en connaître que le roi. Il n'y avait pas de tribunal intermédiaire. Dans la nôtre, au contraire, les anciens principes subsistent et l'intermédiaire apparaît, c'est le *missus*.

(1) Sohm, 471.

Qu'on ne s'étonne point de voir ces instances et cette hiérarchie se constituer par les autorités supérieures ; nous avons déjà observé le même fait à Rome, quand nous avons vu l'empereur, à l'origine, seul juge des appels, remettre le jugement de ces causes à des officiers, qui prirent peu à peu leur rang dans la hiérarchie de l'empire.

Les faits que nous avons avancés reposent sur des textes fort probants. Les Capitulaires de 779, § 21, de 797, § 4 et surtout celui de 811, § 3, montrent déjà la tendance à considérer les comtes comme les supérieurs des centeniers et le *missus* comme celui du comte. Mais nulle part notre opinion n'est plus directement prouvée, que par une formule du IXe siècle, où nous voyons un appel pour mal jugé, remis par l'empereur à un *missus*, pour qu'il en décidât (1) et par le Capitulaire de 823, c. 26, qui forme le texte le plus précis (2).

Nous reviendrons plus loin sur ces textes, pour expliquer cette délégation au *missus* et le caractère donné à son autorité par le Capitulaire précité ; nous n'insistons pour l'instant que sur ce fait, que nous pensons avoir démontré : il y avait dans la justice carlovingienne une hiérarchie et des degrés qu'il fallait franchir avant d'aller jusqu'au roi.

(1) Rozière, *Formules*, n° 476, V. le texte plus bas, p. 119.

(2) Walter, II, 364. « *Omnibus notum faciant : se esse a nobis missos constitutos ut si quislibet comes ministerium suum implere non possit ad eos recurrat et cum eorum adjutorio ministerium suum adimpleat. Et si talis causa fuerit quæ per eorum admonitionem emendari non possit per eos ad nostram notitiam deferatur. Et omnis populus sciat ad hoc esse constitutos ut quicumque per negligentiam aut incuriam, vel impossibilitatem comitis, justitiam suam adquirere non potuerit, ad eos primum querelam suam possit deferre, et per eorum auxilium justitiam adquirere ; et quando aliquis ad nos necessitatis causa reclamaverit, ad eos possimus relatorum querelas ad definiendum remittere.* » Cf. Waitz, IV, 346, 402, 411 ; Bethman-Hollweg, V, 17.

Les auteurs ne sont pas d'accord sur le caractère de ces officiers. Les uns croient qu'ils ne constituaient pas un tribunal d'appel et que, si on leur attribue ce caractère, cela vient des fonctions de surveillance, dont ils étaient chargés (1). D'autres déclarent au contraire que l'appel n'existait pas en principe chez les Francs, mais qu'il y fut organisé au moyen des *missi* (2). La question n'est point encore élucidée et les textes si formels que nous avons cités en faveur de l'opinion, qui admet l'existence des appels, embarrassent vivement nos contradicteurs. M. Sohm, qui a consacré un chapitre de son bel ouvrage à déterminer le caractère des *missi*, croit renverser l'opinion adverse en disant que les *missi* n'exerçaient point de juridiction d'appel, parce que dans la Gaule franque, il n'y avait point d'instances (*instanzverhâltnisse*) (3). C'est résoudre le problème par une affirmation sans preuve. En effet, on a pu voir dans le cours de notre étude que pendant la période des *leges* il n'y avait point d'instances, mais dans la suite il y eut tendance certaine à en constituer, ce que nous avons vu surtout dans le § 26 du Capitulaire de 823 précité.

La méthode la plus sûre pour arriver à un résultat probable est de recourir aux textes mêmes. Or, nous pouvons à peu près suivre le mouvement d'organisation des *missi*.

A l'origine, de nombreux textes leur prescrivent de surveiller l'administration de la justice, de tenir réguliè-

(1) Meyer, I, 450 ; Hulshoff, 60, 62.
(2) Laferrière, II, 423-427 ; Louandre, *Revue des Deux-Mondes*, 1879, 15 juillet, 435.
(3) Sohm, 492, 505.

rement des plaids. Plus tard et précisément au moment où l'administration judiciaire se perfectionna, pendant le gouvernement de Charlemagne, le deuxième Capitulaire de 810, § 3, leur donne non seulement le pouvoir de rendre la justice, quand les comtes refusent de le faire, mais aussi de restituer aux pauvres ce qui leur avait été indûment enlevé « *et cum virtute tollant ab eo quod injuste alteris tulit et reddant illi cujus per justitiam esse debet.* » Ces décisions sont confirmées par le cinquième Capitulaire de 819, §§ 1, 23, 24, 25 et surtout par le § 13, qui reconnaît aux *missi* le droit et le devoir de réformer les jugements et pose le principe de la distinction entre les causes, qui devaient être d'abord jugées par le *missus* et celles qui allaient directement au prince : « *Hoc volumus ut missi nostri observent ut quidquid de his causis vel simul vel sigillatim emendare potuerint, emendent.... Et summopere studeant ut hoc quod per se efficere non possunt, nobis notum faciant* (1). »

Notre opinion s'appuie encore sur des textes aussi probants et qui viennent donner un nouveau jour à la question. Ainsi le Capitulaire de 823, § 26, tout en confirmant les décisions du Capitulaire de 819, § 13, et d'une façon peut-être encore plus formelle, ajoute que les causes adressées à l'empereur peuvent être par lui remises aux *missi* pour être définitivement jugées « *et quando aliquis ad nos necessitatis causa reclamaverit, ad eos possimus relatorum querelas ad definiendum remittere* (2). » C'est une délégation comme nous en avons trouvé en droit romain, comme nous en trouverons aussi au XIIIe et XIVe siècle.

Ces décisions législatives sont confirmées par deux

(1) Walter, II, 344.
(2) Walter, II, 364 ; Cf. le reste du texte à la page 116.

textes du troisième Appendice du livre IV des Capitulaires d'Anségise (1) et par une formule très formelle, qui montrent dans la pratique de semblables appels délégués à des *missi* (2). Voici le texte de cette formule : « *Notum sit... qualiter ille comis placito habito divestivit illum de proprio alode propter crimen incesti. Postquam autem ille et ille comis missi dominici, in illas partes convenissent ad jussionem domni imperatoris explendam et justa judicia terminanda, reclamant se predictus ille quod injusto judicio propriis rebus caruisset, et eum predictus comes malo ordine propriis rebus divestisset. Tunc predicti missi jusserunt homines ter hoc testimoniare quod veritatem super predicta scirent. Tunc illi sacramento facto et fide facta dixerunt quod legibus hoc non factum fuisset. Tunc predicti missi judicaverunt ejus jussione imperatoris quod pro tali incesto non debuisset proprias res perdere et reddiderunt ei predictas res pro proprio* (3). »

Devant des documents, qui nous semblent si formels, les auteurs que nous avons cités sont fort embarrassés et M. Sohm comme M. Waitz, après avoir déclaré qu'il n'y avait pas d'instances, pas d'appel, sont cependant forcés d'admettre que les *missi* pouvaient casser les jugements, qu'ils jugeaient donc en appel. Ils donnent ainsi eux-mêmes la meilleure réfutation de leur précédente opinion (4). On voit que des divers systèmes énumérés, celui que nous avons adopté semble le plus probable. Il attribue aux *missi* le caractère d'un tribunal d'appel, dont les règles n'étaient pas encore définies, dont la compétence n'était point parfaitement établie, dont la procédure n'était point

(1) Walter II, 490.

(2) Le pouvoir des *missi* d'amender ce qu'ils pouvaient amender est encore formulé dans les Capit. de 857, § 5, et de 865, § 2.

(3) Rozière, nº 476.

(4) Sohm, 492; Waitz, IV, 346, 348, 402, 411.

fixée, mais qui néanmoins existait et fonctionnait comme tel au IXe siècle.

CHAPITRE V. — Du tribunal du roi.

§ Ier. *Caractère de l'autorité judiciaire du roi.* — Dans l'énumération présentée plus haut des officiers, qui pouvaient avoir à statuer sur un recours, nous avons placé au sommet le roi et son tribunal présidé par le *comes palatii*. Le *placitum palatii* avait une compétence d'autant plus large qu'elle était fort peu définie. Une formule du VIIe siècle pourrait faire croire qu'elle était absolue : « *Ergo enim nos in Dei nomine ibi in palatio nostro ad universorum causas recto judicio terminandas una cum... resideremus* (1). » Toutefois, il ne faut point attribuer trop d'importance à un préambule, qui pouvait provenir d'une tradition religieuse ou romaine, et d'ailleurs il n'est pas surprenant de trouver du vague et de l'indécision dans la fixation de cette compétence, puisque nous savons qu'il en est ainsi pour tout organisme à son origine. Plus tard, le Capitulaire de Worms de 829, reproduisant les décisions d'un concile de Paris, attribue au roi une compétence universelle (2), mais la définition de la royauté, qu'on y trouve, provient trop réellement d'une conception religieuse, pour que nous y insistions davantage.

Quoi qu'il en soit de cette définition par les textes du rôle de la royauté, on peut dire que le *placitum palatii* jugeait trois sortes d'affaires : 1° les unes en première instance; 2° les autres étaient bien jugées en première

(1) Marculf, I, 25.
(2) Texte cité par Waitz, IV, 601.

instance par le roi, mais sur plainte de déni de justice ou sur *reclamatio ad regis definitivam sententiam;* 3° les dernières étaient jugées sur appel et en seconde instance. Il ne rentre pas dans notre sujet de parler des premières, nous dirons seulement qu'en général ce n'était pas d'après leur nature et leur objet que ces causes étaient attribuées au tribunal royal, mais plutôt d'après la qualité des personnes qui étaient parties au procès (1).

§ II. *Du déni de justice.* — Sous les Mérovingiens et pendant la période des *leges*, nous avons trouvé une plainte en déni de justice adressée au roi. La même règle subsista sous les Carlovingiens ; les mêmes principes se conservèrent ; et, si on peut noter quelque changement, on peut dire qu'ils tiennent à deux causes : 1° d'abord à ce que nos renseignements sont plus nombreux ; 2° ensuite à ce que, la surveillance des officiers ayant été beaucoup plus active pendant notre période, les plaintes de déni de justice furent rendues plus aisées et par suite devinrent plus fréquentes. Nous avons pour la fin de la période mérovingienne des exemples de déni de justice dans des formules qui sont toutes à peu près semblables : « *Ille rex, vir inluster. Fidelis noster ille ad presentiam nostram veniens nobis suggessit quasi vos... et nullam justitiam ex hoc apud vos consequere possit.* » Voilà la plainte. Voici maintenant ce que répond le roi : « *Propterea presentem indiculum ad vos direximus per quem omnino jubemus ut si taliter agitur de præsente hoc contra jamdicto illo legibus studeatis emendare. Certe si nolueritis, et aliquid contra hoc habueritis opponere, non aliter fiat nisi nosmetipsi per hunc indiculum commoniti,*

(1) Voyez Brewer, I, 14 ; Pardessus, *Loi salique* ; Schœffner, I, 355-60 ; Bethman-Hollweg, IV, 435-40.

kalendas illas proximas ad nostram veniatis presentiam eidem ob hoc integrum et legale dare responsum (1). »

La procédure était donc celle-ci : plainte adressée au roi, examen de la plainte, renvoi au juge et injonction d'avoir à trancher le débat, jugement du juge ou évocation de l'affaire principale et de la plainte de déni devant le tribunal royal.

Nous ne trouvons dans ces textes d'autres modifications au régime des *leges* que celles qui résultent de ce fait, que le rôle du roi était mieux défini, plus précis, et son pouvoir plus considérable.

Pendant la période des Capitulaires, la compétence en matière de déni ressentit les conséquences du perfectionnement de l'administration en général. De ce que les comtes devinrent des officiers nommés par le roi, de l'organisation des *missi*, de ce commencement de hiérarchie administrative, il résulta en effet que les uns et les autres de ces officiers devinrent successivement compétents pour décider des dénis de justice, qui ne furent plus tous portés directement au roi.

Cette conclusion n'est point une déduction à priori ; elle s'appuie sur des documents qui prouvent : 1° que, si un juge inférieur au comte ne voulait faire justice, le comte était chargé de la faire rendre (2) ; 2° que, si le comte ne voulait pas lui-même rendre la justice, le *missus* était chargé de faire droit aux parties (3) ; 3° qu'enfin, si le *missus* ne voulait ou ne pouvait pas, on s'adressait au roi (4).

Cette hiérarchie n'était pas une fiction. Les *judex*,

(1) Marculf, I, 25, 26, 27, 28, 29.
(2) Capit., 779, c. 21 ; Walter, II, 61.
(3) Capit., 779, c. 21 ; Walter, II, 61.
(4) Capit., 829, c. 14 ; Walter, II, 384.

scabini, *comites* et *missi* étaient tous considérés comme des officiers d'une même administration, auxquels on adressait des recommandations uniformes assez semblables à nos circulaires (1). Et si l'un ou l'autre de ces officiers n'exécutait pas les injonctions royales, il était réprimé par son supérieur. Les textes sont à cet égard si formels qu'ils ne permettent aucun doute. Le § 3 du IIIe Capitulaire, de 810, explique comment les *missi* forcent les comtes à rendre la justice (2); les §§ 23, 24, 25 du IVe Capitulaire, de 819 (3), donnent des renseignements fort curieux sur le rôle de surveillance des *missi*, mais aucun document n'est plus clair que le § 26 du Capitulaire, de 823, que nous avons déjà cité (4), complété par le § 14 du Capitulaire, de 829 (5). Il ressort de ces documents : 1° que c'était aux *missi* que les comtes s'adressaient, quand ils ne pouvaient faire rendre justice et que c'était aux *missi* que les justiciables réclamaient, quand ils ne pouvaient obtenir justice du comte; 2° que les *missi* étaient chargés de terminer tous les procès possibles pour ne pas laisser surcharger le *placitum palatii*; 3° que le roi était compétent quand le *missus* ne pouvait pas rendre la justice ou ne le voulait pas.

La procédure du déni de justice nous est connue par le Capitulaire de Mantoue, de 781, dont nous indiquons seulement les décisions, en notant que nous aurons à y revenir pour les comparer à l'appel pour défaut de droit dans le droit français proprement dit (6).

(1) Capit., 809, c. 7 ; Walter, II, 237.
(2) Walter, II, 240.
(3) Walter, II, 345.
(4) Walter, II, 364.
(5) Walter, II, 384.
(6) Pertz, *Leges*, I, 40 ; *Capitulare Mantuanum*, §§ 1, 2, 3.

Nous n'insisterons pas davantage sur cette matière qui a déjà été traitée avec détail par M. Cohn et qui ne rentre pas tout à fait dans notre sujet. Si nous en avons dit quelques mots, c'est que notre point de vue n'était pas le même que celui de M. Cohn, c'est que nous voulions essayer de réfuter l'erreur de ceux qui avaient confondu le déni de justice avec l'appel et déclaré qu'ils ne faisaient qu'une même institution, c'est que nous voulions enfin montrer comment s'organisa cette hiérarchie administrative, et quelles en furent les conséquences sur l'organisation générale de la justice.

§ III. *De la* reclamatio ad regis definitivam sententiam (1). — La *reclamatio ad regis definitivam sententiam* était le résultat des privilèges particuliers, que le roi accordait, de n'être jugé que devant le *placitum palatii*. Elle différait de la plainte de déni de justice en ce sens qu'elle en forme justement le contraire. Ce n'est pas le juge qui refuse de prononcer, mais la partie qui refuse de se laisser juger par le tribunal ordinaire. Elle différait de l'appel pour mal jugé en ce qu'elle ne suppose aucune *blasphematio* du jugement.

Ces principes posés, arrivons aux détails.

Le Capitulaire de Peppin, de 756, c. 29, supposant qu'une personne vient porter directement son procès au plaid du roi, déclare que, si c'est un *aliquis homo*, il sera rejeté, si c'est une *major persona*, *in arbitrio regis erit* (2). Plus tard, le deuxième Capitulaire, de 813, c. 12, décide que, si un homme *boni generis* commet un

(1) Sur la question de la *reclamatio* qui a été tout d'abord posée et dégagée par Brunner, *Zeugen und Inquisitionsbeweis*, 1866, on peut aussi consulter Sohm, 130-37, 167 ; Waitz, *Verfassung*, IV, 410 ; Sickel, *Beitrage zur diplomatik*, III, 91, 1865 ; Deloche, *La trustis et les antrustions*, appendix, etc.

(2) Walter, II, 44.

délit, il sera conduit *in presentiam regis* pour y être jugé (1). D'un autre côté, le deuxième Capitulaire, de 805, c. 8, se plaçant dans le cas où une personne ne veut *nec adquiescere nec blasphemare judicium*, déclare qu'elle sera mise en prison jusqu'au moment où elle aura fait son choix. Le texte continue : « *Et si ad palatium pro hac re reclamaverint, et litteras detulerint non quidem eis credatur, nec tamen in carcere ponantur ; sed cum custodia et cum ipsis litteris pariter ad palatium remittantur et ibi discutiantur sicut dignum est* (2). » Ce texte est complété par un Capitulaire fort postérieur de 883, § II, qui cite la même hypothèse (3).

Il nous semble résulter de ces textes législatifs : 1° que certaines personnes avaient privilège de se faire juger devant le roi ; 2° que ce privilège était invoqué en pratique par la *reclamatio* dont nous traitons ; 3° que ce droit de *reclamare* était compris dans des *litteræ*, *indiculi*, que le privilégié avait obtenu *de curte* et qu'il montrait au tribunal.

Ces résultats sont encore confirmés par des documents de la pratique, des formules intitulées, *indiculi*, *cartæ de mundeburde* et qui accordent justement à une certaine personne le droit de faire évoquer sa cause devant le placite du roi (4).

Telle était la *reclamatio*. Sa procédure était fort simple. Elle consistait à montrer sa *littera*, sa *carta* lorsqu'on

(1) Walter, II, 263 ; Cf. Cap., 823, c. 26 ; Walter, II, 304 : « *Et si talis causa fuerit quæ per eorum admonitionem emendari non possit, per eos ad nostram notitiam deferatur.* »

(2) Walter, II, 205 et 206, autre édition.

(3) Walter, III, 231 : « *Quod si proclamaverit se ante presentiam nostram velle distringi potius quam ante comitem per credibiles fide jussores aut per sacramentum melioris hominis ante nos venire permittatur, ut ibi talis ratio finem accipiat.* »

(4) Rozière, *Formules*, nos 9, 10, 11, 12, 13, 14, 15.

avait un procès, afin de pouvoir plaider devant le roi. Il fallait, en un mot, justifier de sa prétention en montrant son privilège. Dès lors, deux cas pouvaient se présenter : 1° ou le comte jugeait quand même et le mainboré pouvait appeler comme mal jugé ou maintenir son privilège ; 2° ou le comte ne jugeait pas et alors les parties sont renvoyées devant le roi (1).

On a supposé que le but de la *reclamatio* était de débarrasser les privilégiés des formalités gênantes usitées devant les anciens tribunaux populaires (2). On a dit aussi que la *reclamatio* était la voie de recours du droit royal, par opposition à la plainte de mal jugé, qui était celle du droit populaire ; que la *reclamatio* était semblable à l'*in integrum restitutio* romaine et venait uniquement de la volonté de l'empereur (3).

Nous répondrons à la première opinion : qu'expliquer ainsi la *reclamatio*, c'est lui donner pour origine une cause bien secondaire et en contradiction avec cet attachement pour les formes et les traditions, que nous savons être un des caractères des peuples peu civilisés. Pour nous, nous préférons y voir une des premières conséquences des rapports de vassalité, qui commençaient à se former tout d'abord entre le roi et certains de ses sujets.

La procédure était simplifiée, c'est exact ; mais ce n'était là qu'une conséquence de ce que le tribunal du

(1) Il faut en effet noter ici cette différence entre la *reclamatio* et l'appel : que, dans le second cas, le procès a lieu devant le tribunal supérieur entre le plaignant et le juge, tandis que, dans le premier cas, le procès a lieu entre les deux parties, comme le montre un acte du monastère de Farfa : « *Comes noster et missi nostri... faciant ambas partes in nostram presentiam gardiare.* » Muratori, *Script.*, II 6, 400 ; Brunner, *Zeugen*, p. 397. Ce n'est que beaucoup plus tard, aux XIVe et XVe siècles, qu'il en fut ainsi pour l'appel.

(2) Brunner, *Zeugen*, 396-98.

(3) Sohm, 130, 137, 167.

roi usait d'autres procédés que l'ancien *mallum*. Le but était de se faire juger par son *senior*, par le roi. Cette explication s'appuie sur ce fait, que plus nous approchons du xe siècle, plus la féodalité se constitue, et plus aussi la *reclamatio* se précise comme on peut le voir dans le Capitulaire de 883 et dans un texte contemporain très formel : « *Ut nullus comes nec nullus quislibet homo post nomine regiæ potestatis vel dominorum perdere nec usurpare non præsumat de res fideli nostro G. nec de posteritate sua nec in placitum distringere faciat nisi ante nos aut posteritate nostra* (1). » Cette opinion a l'avantage de faire saisir toute l'évolution historique de cette institution pendant deux siècles ; car, en montrant les conséquences des rapports de vassalité tout d'abord entre le roi et certaines personnes déterminées, elle fait voir du même coup ce que durent être les institutions judiciaires de la France, lorsque ces mêmes rapports de vassalité se furent étendus sur tout le territoire et à presque toutes les personnes.

A la deuxième opinion, nous dirons que l'antithèse établie entre le recours pour mal jugé et la *reclamatio* n'est pas fondée, puisque nous avons déjà vu que le recours pour mal jugé provenait lui aussi du droit royal du *Amtsrecht*. Quant à la comparaison avec l'*in integrum restitutio*, nous dirons tout d'abord qu'il faut se défier de ces rapprochements entre institutions de civilisations différentes et, de plus, nous observerons que l'*in integrum restitutio* était un remède essentiellement d'équité, un dernier recours offert à tous. Telle n'était pas la *reclamatio*, comme le croit M. Sohm ; puisque au contraire elle résultait d'un privilège, qui n'était naturelle-

(1) Bouquet, VIII, 558.

ment pas accordé à tous. Enfin, quant à l'idée que la *reclamatio* provenait uniquement du bon désir de l'empereur, nous y avons déjà répondu en disant que, selon nous, elle résultait des rapports de vassalité et nous ajouterons que c'est bien peu tenir compte de la manière dont se développent les organismes, que de supposer qu'ils puissent se créer ou se modifier par le simple désir du roi. Nous préférons croire qu'ils se constituent par suite des nécessités et des besoins nouveaux et c'est ainsi que, sans approfondir plus à fond la question si complexe de savoir comment se formèrent les rapports de seigneur à vassal (1), nous voyons néanmoins dans ces rapports la cause de la *reclamatio*.

§ IV. *De l'appel ou du recours pour mal jugé.* — Nous avons traité jusqu'ici d'institutions qui avaient été confondues avec l'appel et nous nous sommes attachés à préciser quel était le caractère propre de chacune. Il nous faut maintenant prouver que l'appel existait aussi dans l'organisation judiciaire des Carlovingiens et que l'administration était déjà assez formée pour lui permettre de fonctionner.

Certains auteurs se sont efforcés de montrer que l'appel n'existait pas tel que nous le pratiquons (2). Nous avons déjà répondu à cette idée en droit romain et pour la période mérovingienne en insistant sur cette considération, que des conditions sociales différentes produisent toujours des institutions diverses.

Pendant la période des *leges*, nous avions constaté l'existence du recours pour mal jugé, adressé directement au roi, mais nous n'avions pas trouvé de hiérar-

(1) Voyez à cet égard les ouvrages si solides de Roth, *Beneficialwesen*, Erlangen, 1850, et *Feudalitat und Unterthanverband*, Weimar, 1863.
(2) Brunner, *Zeugen*, p. 399.

chie constituée, pas de règles fixes, pas de procédure spéciale. L'étude de la période carlovingienne va nous permettre de suivre cette institution.

Un des textes les plus importants pour l'époque antérieure, la *Constitutio Clotarii* de 560, § 6, attribue au roi et, à son défaut, à l'évêque, le pouvoir de réformer ce qui avait été mal jugé. Il n'y avait donc pas d'intermédiaire entre le plaignant et le roi. Nous retrouvons les mêmes principes dans un Capitulaire de 755, c. 29, dans le quatrième Capitulaire de 806, § 7, et enfin dans le deuxième Capitulaire de 819, § 5 (1). Mais à partir de 810 nous voyons apparaître quelques idées nouvelles. Ainsi, le troisième Capitulaire de 810, § 3, charge les *missi* de faire rendre de force la justice aux comtes qui refuseraient de la rendre (2), et le cinquième Capitulaire de 819, beaucoup plus formel, enjoint aux *missi* de réformer tout ce qu'ils peuvent réformer, sauf à en rendre compte à l'empereur. Ils n'enverront au tribunal de l'empereur que les causes qu'ils ne pourront réformer (3).

Tel est le nouveau principe. L'empereur reste compétent pour toutes les causes que les *missi* ne doivent ou ne peuvent terminer. En un mot, les *missi* tendent à devenir des juges du deuxième degré, qui déchargent le tribunal royal d'un encombrement fastidieux, dont il est fait mention dans les Capitulaires « *de clamatoribus qui magnum impedimentum faciunt in palatio ad aures imperatoris* » (4).

S'il pouvait encore exister quelques doutes, ils seraient levés par le § 26 du Capitulaire de 823, que nous avons

(1) Walter, II, 45, 223, 336.
(2) Walter, II, 240.
(3) Walter, II, 344.
(4) 1er Cap. de 810, Walter, II, 239; Cf. Cap. de 829, c. 14, Walter, II, 385.

cité plus haut et d'où il résulte : 1° que les juges ordinaires devaient d'abord recourir aux *missi;* 2° que le *missus* devait juger toutes les causes possibles, afin de ne pas laisser encombrer le tribunal royal ; 3° que l'empereur restait compétent pour les autres cas.

Ces textes législatifs sont confirmés par un passage d'Hincmar que nous citons plus loin et par une formule dont nous avons déjà donné le texte (1). Il découle de ce dernier document, que la compétence des *missi* était de deux sortes, suivant qu'ils jugeaient sur délégation de l'empereur, suivant qu'ils décidaient les causes qui rentraient dans leurs attributions. Dans tous les cas, on ne peut nier que le *missus* jugeait sur appel, que cet appel d'un *judicium injustum* avait pour but de le faire réformer. Donc l'appel en lui-même, le recours contre une sentence que l'on croit mauvaise ou injuste existait dans le droit carlovingien, et s'il n'avait à franchir que deux degrés c'est qu'il n'en existait pas d'autres dans la hiérarchie carlovingienne.

Nos textes s'arrêtent ici, nous devons encore répondre à deux objections : 1° on a tout d'abord soutenu que dans le *legem non judicare, aliter quam juste judicare*, il ne fallait pas voir un recours pour mal jugé, mais une expression synonyme pour désigner le déni de justice « *eine kunstausdruck der Volksrecht und capitularien für Justizverweigerung* » (2).

Cette opinion semble difficile à admettre. Nous avons déjà vu que les *leges* traitaient séparément chacun de ces cas ; les textes des Capitulaires, qui visent ces deux institutions, ne sont pas les mêmes ; enfin, les formules, qui sont un témoignage de la pratique, sont également

(1) Hincmar, *De Ordine palatii*, c. 21 ; Rozière, *Formules*, 476.
(2) Schœffner, I, 359.

distinctes pour ces deux cas ; nous n'avons donc aucun motif légitime de fausser le sens naturel des mots, pour leur prêter un sens forcé et très peu propable; 2° on pourrait nous dire qu'il n'est pas besoin de tant d'efforts pour prouver l'existence des appels pendant notre période, il suffit pour cela de se référer aux textes suivants du recueil des Capitulaires d'Anségise et de Bénédictus Levita, V, §§ 404, 405 ; VI, § 300 ; VII, §§ 29, 68, 103, 121, 181, 249, 251, 315, 323, 333 (1).

Cette objection n'est pas fondée. Il faut remarquer, en effet, que les textes sur lesquels elle s'appuie sont presque tous tirés du livre VII du recueil, en tous cas des derniers livres. Or, nous savons que Levita ajouta à son recueil des extraits des canons, peut-être même des règles qui venaient du droit romain, et nous sommes très portés à admettre que les chapitres cités sont de ce nombre, ce qui leur enlève toute autorité pour notre époque (2). Nous ne possédons pas encore d'édition assez soignée des Capitulaires, pour pouvoir donner ici la provenance de ces chapitres ; mais nous espérons que la savante édition, attendue avec impatience, et que prépare M. Borétius pour les *monumenta Germaniœ* pourra satisfaire ceux qui désireraient le savoir.

Nous savons si peu de chose sur la procédure de ce recours, qu'il est presque inutile d'en parler. La partie qui appelait devait *blasphemare* le jugement qui lui causait préjudice (3). Que faut-il entendre par là ? Dans quel délai devait-on *blasphemare* et faire juger de nouveau le procès ? Qu'avait à faire le juge attaqué ? Nous ne possédons à cet égard aucun renseignement. La par-

(1) Walter, II.
(2) Savigny, *Geschichte des röm. Rechts im Mittelalter*, II, 95-99.
(3) 2e Capit., 805, c. 8, Walter, II.

tie plaignante devait, sans doute, comparaître devant le *missus* ou le roi et administrer la preuve de ce qu'elle avait avancé. Si elle ne pouvait y réussir, elle succombait et payait une amende; si, au contraire, il était reconnu que les juges avaient mal jugé, ils payaient l'amende comme l'avait déjà réglé la loi salique (1).

Notons seulement que la preuve, qui, d'après la procédure des *leges*, se faisait par le combat ou les épreuves, pouvait être administrée autrement devant le *placitum palatii* (2). C'était donc un avantage pour les parties d'appeler, puisqu'elles pouvaient faire réformer le jugement et sans avoir à se servir de preuves aussi rigoureuses qu'auparavant. Cette considération, sans avoir été la cause originaire des appels, contribua certainement à favoriser le développement de ce recours au tribunal du roi sous les Carlovingiens et ce fut aussi une des causes qui au XIIIe siècle aidèrent puissamment à constituer le nouvel appel par amendement de jugement, en face de celui par gages de bataille. Tant il est vrai que les mêmes circonstances et les mêmes conditions produisent toujours des faits semblables!

§ V. *Rôle du roi et du* comes palatii. — Nous nous sommes attachés dans le paragraphe précédent à déterminer la compétence du tribunal royal et à montrer qu'il jugeait réellement en appel. Nous avons beaucoup insisté sur cette idée que la hiérarchie tendait à se constituer pour ces tribunaux, comme pour l'administration en général, car c'était là un des points principaux à démontrer.

Ces différentes questions nous ont empêché de préciser le rôle du tribunal royal. Nous allons essayer de combler cette lacune.

(1) Cap. de 756, c. 29; Walter, II, 45.
(2) Brunner, *Zeugen*, 393.

Tout d'abord, il ne faut pas oublier qu'en fait il était rare que le roi vînt lui-même rendre la justice. Cette fonction et ce soin appartenaient au *comes palatii,* dont ils formaient la principale attribution. Cependant, il n'est pas sans exemple que les rois aient eux-mêmes fait droit aux parties, car une formule du VIIe siècle et le Capitulaire de 829, § 14, semble viser cette hypothèse : « *Hoc missi nostri notum faciant comitibus et populo quod nos in omni hebdomada unum diem ad causas audiendas et judicandas sedere volumus* (1). » Sans vouloir enlever aux Carlovingiens l'auréole de justicier, que saint Louis devait plus tard acquérir, il est permis de croire que l'audience, dont il est parlé au Capitulaire précité, était celle tenue par le *comes palatii.*

Le rôle important dans l'administration de la justice appartenait tout entier à ce comte du palais. Cela est si vrai, qu'Hincmar dans sa lettre *De ordine palatii*, mentionne dans les fonctions du comte du palais le droit de casser les mauvais jugements « *perverse judicata* » pour les remplacer par de meilleurs, fonction qui, d'après les Capitulaires, paraissait exclusivement réservée à l'empereur. Le rôle de cet officier n'est nulle part mieux précisé que dans ce petit traité d'Hincmar, aussi nous nous bornons à reproduire le passage où il en est question : « *Comitis palatii inter cætera pæne innumerabilia, in hoc maxime sollicitudo erat, ut omnes contentiones legales, quæ alibi ortæ propter æquitatis judicium palatium aggrediebantur, juste ac rationabiliter determinaret; seu perverse judicata ad æquitatis tramitem reduceret, ut et coram Deo propter justitiam et coram hominibus propter legum observationem cunctis placeret* (2). »

(1) Marculf, I, 25 ; Walter, II, 384.
(2) *De ordine palatii*, c. 21. Meyer, III, 112, voit dans ce texte un re-

On voit donc quel était le fonctionnement du tribunal royal. Les parties s'y présentaient directement ou envoyées par les comtes et les *missi*, elles s'adressaient au comte du palais ou à des *referendarii*, qui sans doute préparaient les affaires s'il y avait lieu et elles recevaient une décision aussi prompte que possible.

La procédure n'était pas toujours aussi simple que nous venons de l'indiquer. Il pouvait arriver que le roi, au lieu de trancher lui-même le débat, déléguât l'affaire à un *missus*, comme nous l'apprennent deux formules qui visent deux cas différents (1), ou qu'il renvoyât la partie devant le comte avec des instructions spéciales (2). Cette manière de procéder ne nous est pas inconnue, nous l'avons déjà rencontrée à Rome et nous la retrouverons dans le droit français. Elle répond, en effet, à des besoins qui peuvent se reproduire. Quand dans un grand territoire les communications sont faciles, les chemins sûrs, la justice rapide, on peut obliger les parties, qui réclament contre un jugement, à venir au centre du gouvernement pour y trouver justice. Mais, si le contraire existe, on comprend qu'il soit de l'intérêt des parties et du gouvernement, qui cherche à faire justice le mieux possible, de déléguer la connaissance de ces recours a des juges qui, se trouvant sur les lieux, peuvent mieux apprécier quelle est la vérité dans un procès. On évite ainsi des déplacements aux parties, on empêche l'encombrement du plaid central, on procure meilleure justice et on permet aux officiers intermédiaires de se ormer et

cours en grâce et dans le tribunal une institution semblable à la cour d'équité anglaise. Cette opinion est contraire au sens naturel des mots et inadmissible,

(1) Rozière, *Formules*, 15, 476 ; Cf. Waitz, IV, 411.

(2) Waitz, IV, 346.

de se faire considérer par les populations comme une autorité réelle et respectée.

Dans l'empire carlovingien, il était cependant permis aux parties, qui le désiraient, de venir devant le roi. Les Capitulaires, à ce propos, recommandent souvent aux *missi* et aux comtes de protéger ces personnes et de punir ceux qui inquiètent les voyageurs : « *Ut nulli hominum contradicere viam pro justitia reclamandi aliquis præsumat. Et si aliquis facere conaverit nostrum banum persolvat* (1) ; » mais ces recommandations souvent répétées sont une preuve qu'elles n'étaient pas toujours très observées.

Néanmoins, il faut bien croire que le *placitum palatii* jouait un rôle considérable et était fort occupé, puisque le Capitulaire de 806, § 7, défend de venir inutilement devant le roi « *pro justitia dilatanda* (2). » Le premier Capitulaire de 810, § 1, se plaint contre les « *clamatores qui magnum impedimentum faciunt in palatio ad aures domni imperatoris* (3) » et le Capitulaire de 829, § 14, déclare aux *missi* que « *si nostram gratiam habere velint magnum studium habeant, ne forte propter eorum negligentiam pauperes crucientur et nos tædium propter eorum clamores patiamur* (4) ».

Sans prendre ces textes trop à la lettre, on peut croire que c'étaient là les effets de la centralisation administrative naissante et comprendre pourquoi l'empereur déléguait les causes à ses officiers.

Tels sont les renseignements que nous pouvons présenter sur le fonctionnement des appels et le rôle du

(1) Walter, II, 108 ; Cf. Capit., *De villis*, 800, § 67 ; Walter, II, 138 ; Ier Capit., 802, § 31 ; Walter, II, 165.
(2) Walter, II, 223.
(3) Walter, II, 238.
(4) Walter, II, 385.

placitum palatii. Pour donner plus de détails, il aurait fallu exposer toute la procédure de cette époque, mais nous étions sans compétence pour traiter cette matière des plus délicates. Nous croyons d'ailleurs avoir suffisamment insisté sur cette période, pour donner une idée à peu près exacte de l'appel, tel qu'il existait alors, et pour montrer que le rôle de l'empereur était bien celui que nous lui avons attribué, à savoir : de former une instance suprême pour tout ce que ses officiers ne pouvaient pas eux-mêmes réparer et réformer.

Nous avons terminé ce qui regarde la période carlovingienne. Dans cette section, nous nous sommes attachés à montrer comment et pourquoi s'étaient développés les règles et les principes que nous avions constatés précédemment et nous sommes ainsi arrivés à conclure que l'appel existait réellement dans l'organisation judiciaire des Carlovingiens.

Chapitre VI. — Conclusion.

Nous avons dégagé de leur obscurité les différentes causes dans lesquelles les autorités supérieures avaient à décider et nous avons essayé d'indiquer le caractère propre à chacune de ces institutions, pour ne réserver le nom d'appel qu'au recours pour mal jugé.

Il ne faut point être trop exigeant et demander que nous puissions fournir un ensemble complet sur le fonctionnement des appels à cette époque. Tout cela n'était pas réglementé, comme dans un système perfectionné tel que le nôtre; et d'ailleurs en eût-il été ainsi, le manque de textes serait toujours pour nous un défaut insurmontable.

Il suffit d'avoir prouvé : 1° que ce recours pour être valable exigeait une certaine procédure devant le tribunal, dont la décision était attaquée, *blasphematio* ; 2° qu'il fallait ensuite renvoyer les parties au tribunal supérieur, sans leur faire tort ; 3° que ce tribunal supérieur pouvait être le *missus* ou l'empereur et quelquefois les deux ; ce qui constituait un système d'instances ; 4° que devant ce tribunal l'affaire était jugée à nouveau, pour ne pas hésiter à admettre nos conclusions.

Si maintenant on nous demande comment un système administratif semblable, qui tendait à former une hiérarchie complète entre le comte, le *missus* et le roi, ne put parvenir non seulement à se perfectionner, mais à se maintenir ; pourquoi ce recours, tel que nous l'avons décrit, disparut au moins en partie, cela forme une toute autre question, à laquelle il est fort délicat de répondre. Ce serait, en effet, expliquer pourquoi au régime carlovingien se substitua l'organisation féodale. Il peut paraître bien hardi de notre part de donner ici une opinion, lorsque tant d'érudits considérables se sont déjà prononcés. Mais, comme le nombre des avis n'a pas contribué à élucider la question, nous avons pensé qu'il nous était permis d'avancer le nôtre, sans espérer résoudre le problème, mais pour compléter ce que nous avons déjà dit de l'organisation judiciaire carlovingienne.

Voici comment les faits durent probablement se passer. Nous avons vu que le roi, en accordant des privilèges de mainbourg, faisait naître entre lui et les privilégiés des rapports de vassalité et pouvait ensuite suspendre pour ainsi dire le cours ordinaire de la justice, en étant seul compétent dans les causes des mainborés. Il y eut à cela peu d'inconvénients, tant que le roi fut à peu près seul à contracter de semblables rapports et à accorder de tels privilèges. Mais lorsque, par suite de causes que nous ne pouvons développer ici, les rapports de vassalité se constituèrent, non plus entre le roi et ses *fideles*, mais entre tout homme puissant et fort et ceux qui réclamaient sa protection, il en résulta une tendance très accentuée à ne pas suivre le cours ordinaire de la justice et à faire juger ses causes par son patron, par son *defensor*.

Ces faits eux-mêmes, quoique déjà significatifs, purent être contrebalancés, tant qu'il y eut au centre un pouvoir actif, un contrôle efficace au moyen des *missi* et une répression prompte de tout fait contraire à l'ordre établi. Mais, quand ce centre disparut en fait, quand les comtes dans chaque circonscription devinrent par là même et par la force des choses la seule autorité réelle, enfin quand tout contrôle des *missi* eut été rendu difficile par suite de l'état de guerre, de la difficulté des communications et du manque de suite dans l'administration de l'empire, on voit dès lors les conséquences que durent produire les faits signalés.

Il y eut, pour ainsi parler, une sorte de resserrement général qui amena la dislocation du centre déjà peu solidement établi. Tout cela se fit sans secousse, sans révolution dans notre sens moderne. Chacun rentra peu à peu en soi-même, s'éloigna du centre, parce qu'il n'y était plus attiré par aucun avantage, ni aucune crainte. Qu'on le remarque, ce mouvement, qu'il est assez difficile de qualifier et pour lequel l'expression juste serait celle de décentralisation, eut deux effets : 1° il fit disparaître les institutions qui avaient pour mission de relier les provinces au centre, c'est-à-dire les *missi* et l'appel à leur tribunal ; 2° il constitua du même coup la société féodale, avec tous ses degrés, sa hiérarchie, etc., puisque ce mouvement était une suite des rapports de vassalité et que c'est justement par ces rapports que la hiérarchie féodale se forma.

Il résulte de ces considérations que l'appel aux *missi* et au roi disparut avec les institutions qui tendaient à le propager. Mais s'il ne subsista plus comme moyen de relier les provinces au centre, il put néanmoins continuer d'exister dans l'étendue restreinte de chaque fief un peu important, car le système féodal, avec sa hiérarchie, n'était pas contraire à ce principe.

L'appel put subsister, disons-nous ; en effet, qu'arrivait-il lorsque le seigneur violait le contrat féodal, commettait un déni de justice, etc., il y avait recours au supérieur hiérarchique, au suzerain. Qu'en pratique, ces recours fussent difficiles, que les duels et les guerres privées aient contribué à les rendre impossibles, nous l'admettons ; mais la possibilité de l'appel existait toujours de l'arrière-vassal au suzerain. Cela est si vrai que nous n'avons trouvé aucun texte de droit féodal qui prohibe et défende les appels ; au contraire, dans le monument le plus fidèle de cette législation, nous voyons, il est vrai, pour fausser un jugement, exiger des conditions qui rendaient, de l'aveu de l'auteur lui-même, le faussement impraticable « sans un miracle, » mais le principe s'y trouve reconnu et formulé dans les Assises.

Ainsi donc, la fin de l'empire carlovingien entraîna bien la disparition de cet essai d'administration générale et d'organisation uniforme de l'appel pour tout l'empire, mais ce fut tout. Chaque territoire conserva les autres institutions en vigueur au moment où il devint indépendant ; et, comme ces institutions n'étaient pas contraires à l'appel, que la hiérarchie féodale lui permettait aussi de fonctionner, on peut croire que dans les limites de chaque fief, sinon en fait, du moins en droit, cette institution se perpétua.

LIVRE II

Période féodale. — 950-1200 (1).

CHAPITRE Ier. — Introduction.

Les considérations que nous avons présentées pour expliquer la décadence des institutions carlovingiennes nous dispensent d'insister longuement sur la formation du régime féodal.

On a vu que nous considérions les modifications essentielles, qui s'introduisirent dans l'administration et dans l'Etat, comme la suite et la conséquence des rapports de vassalité, joints à la situation économique de cette

(1) Nous donnons ici les sources et la bibliographie de cette période: SOURCES. Beaumanoir, *Les Coutumes de Beauvoisis*, édit. Beugnot, 2 v. in-8°, Paris, 1846. — Pierre de Fontaines, *Le Conseil*, édit. Marnier, 1 v. in-8°, Paris, 1846. — *Les Assises de Jérusalem*, édit. Beugnot, 2 v. in-f°, Paris, 1841-42. — *Les Olim*, édit. Beugnot, 4 v. in-4°, Paris, 1840. — *Les Etablissements de Saint-Louis*, édit. Violet. (Cet ouvrage, préparé pour la Société de l'histoire de France, n'a pas encore paru, nous devons à l'extrême bienveillance de M. Violet la communication des bonnes feuilles.) — *Le livre de Jostice et de Plet*, édit. Rapetti, Paris, in-4°, 1850. — Nous avons en outre consulté un assez grand nombre de cartulaires ou recueils de pièces dont il est inutile de donner les titres. BIBLIOGRAPHIE. Il faut tout d'abord compter les ouvrages généraux sur l'histoire du droit français déjà cités au commencement du Livre Ier de notre deuxième partie. En outre, Rivière, *Institutions de l'Auvergne*, 2 v. in-8°, 1874. — Lenormant, *Des voies de recours*, 1857. — Dareste de la Chavanne, *Histoire de l'Administration*, 2 v. 1848. — Giraud, *Essai sur l'histoire du Droit français* avec les nombreux textes qui y sont imprimés, Paris, 2 v. in-8°, 1846. — Klimrath, *Mémoire sur les Olim et sur les Coutumes*. — Beugnot, *Préface aux Olim*. — Pardessus, *Organisation judiciaire du* x° *au* xv° *siècle*, 1 v. in-8°, etc., etc.

époque. Mais ce qu'il importe surtout de montrer, ce sont les suites de cette idée relativement à l'organisation judiciaire.

Généralement on se laisse entraîner à penser que la féodalité était une organisation entièrement différente de celle qui la précédait. Une telle conception n'est pas juste ; et, sans avoir la prétention d'expliquer ici ce que tant d'historiens s'efforcent en vain d'éclaircir, nous dirons, pour le point spécial qui nous intéresse, que l'évolution fut la suivante :

Le régime carlovingien, par la création d'un centre administratif, par des relations entre le centre et les provinces au moyen des *missi*, aurait pu, en se perfectionnant, constituer un grand Etat avec une grande administration. Pourquoi cet essai n'a-t-il pas réussi ? Pourquoi ce centre a-t-il disparu et ne fut-il pas assez fort pour contrebalancer la tendance des provinces à se séparer ? C'est que le régime administratif, que nous avons précédemment esquissé, ne put se maintenir. Mais, qu'on le remarque, dans cette désagrégation des différentes parties de l'empire, nous voyons disparaître les institutions qui avaient pour but de relier les parties de l'empire au centre détruit ; mais toutes celles qui n'avaient pas cette mission se maintinrent et continuèrent même à se développer.

Si cette idée est exacte, il en résulte : 1° que les *missi* durent disparaître ; 2° que les fonctions du *placitum palatii* durent se restreindre aux seuls domaines du roi ; 3° mais que le recours pour mal jugé, de même que la plainte de déni de justice durent subsister. Ils durent subsister, non plus pour être adressés au roi ou à l'empereur, mais pour être jugés dans chaque fief par les suzerains de l'homme qui avait à se plaindre, et cela en remontant autant de degrés qu'il y en existait en fait d'après les rapports de vassalité (1).

Il ne faut point s'attendre ici à une grande précision ; et voici pourquoi. Les documents qui nous permettent de rendre compte de l'état des institutions judiciaires, du xe au xiie siècle, sont tous postérieurs à cette époque, de sorte qu'il est possible de critiquer les conclusions qu'on veut en tirer. Toutefois, comme ces monuments du droit français, *Beaumanoir*, *de Fontaines*, les *Etablissements*, les *Assises* et les *Olim*, furent écrits justement à une époque où la procédure changeait, de même que l'organisation judiciaire, et qu'ils mentionnent l'état antérieur aussi bien que la situation nouvelle, il est permis de croire que les parties de ces œuvres, qui ont trait à l'ancien état de choses, sont encore un tableau à peu près fidèle des institutions de ces temps. D'ailleurs, il serait difficile de procéder autrement, puisque nous ne possédons pas d'autres sources de renseignements.

Le mot « *apel* », dans le droit féodal, avait un sens différent de celui que nous lui donnons aujourd'hui. On disait apel de defaute de droit, *apiax* ou *apiaus de faus jugement*, pour dire qu'il y avait procès, débat à cet égard ; et, en général, cette expression n'était usitée que lorsque le procès se tranchait par le duel judiciaire. Ce sens du mot appel n'a pas toujours été bien compris, et de là sont venues des confusions inévitables. Ainsi, on a considéré le déni de justice comme un apel, parce qu'on trouvait écrit dans les textes *apel* de défaute de droit, tandis que ces mots veulent seulement dire que ce procès se jugeait par l'apel des gages de batailles, par le com-

(1) Beaumanoir, LXI, 65 (II, 402).

bat. Le déni n'est en réalité qu'une contumace contre le seigneur justicier.

Pour bien faire saisir les distinctions de cette matière, nous examinerons successivement : 1° l'appel de faux jugement et ses différentes modifications ; 2° l'appel de défaute de droit ou le déni ; 3° enfin, dans notre conclusion, nous dirons quelques mots de ce qu'était devenue la *reclamatio ad regis définitivam sententiam* des Carlovingiens.

Chapitre II. — Du faussement du jugement.

Lorsqu'un jugement avait été rendu par une cour quelconque ou par un seigneur, la partie condamnée avait en principe le droit d'attaquer cette sentence en déclarant le jugement faux et mauvais.

On a dit : 1° que ce n'était pas un appel proprement dit, car, pour cela, il faut un jugement rendu et un tribunal supérieur qui l'apprécie, ce qui n'aurait pas existé dans ce cas (1) ; 2° que cette procédure constituait plutôt une provocation au duel qu'un véritable appel (2).

Ces deux opinions ne renferment pas l'exacte vérité ; cela tient à ce qu'on a eu seulement en vue le combat et le duel. Or, le duel ne joue ici, comme toujours, que le rôle de preuve. Nous trouvons en effet, comme on le demande, un premier jugement, celui qui est faussé, un tribunal supérieur, celui qui est juge du combat, celui à qui il faut remettre les gages de bataille, celui qui prononce après le résultat du duel. « *Cil qui apele por faux jugement doit apeler devant le seigneur de qui on tient le cort ou li faus jugemens fu fes... car il convient apeler de*

(1) Meyer, III, 96.
(2) Schœffner, III, 556 ; Warkœnig, III, 238.

degré en degré, c'est-à-dire selonc ce que li hommages, du plus bas au plus prochain seigneur après (1). »

Dans la procédure, telle que nous la font connaître les monuments du XIIIe siècle, le faussement, qui portait différents noms (2), pouvait avoir lieu de plusieurs manières. Il y avait : 1° le faussement de la cour entière ou du seigneur ; 2° le faussement du juge ; 3° et dans chacune de ces hypothèses le faussement avec ou sans vilain cas.

Ces différentes formes s'introduisirent l'une après l'autre et l'ordre dans lequel nous en traiterons est, à notre avis, celui de leur apparition.

§ Ier. *Faussement de la cour.* — Les textes les plus anciens et qui représentent le mieux l'organisation féodale ne parlent que d'une seule manière de fausser les jugements. « *Si aucun vient en la haute court et dit que « la court est fausse, ou que elle a fait faus jugemens, « tous céaus de la court l'en deivent desmentir et tendre « lor gages encontre lui devant le seignor et se il tent le « sien et le seigneur le receit après ce n'i peut aver fin ni « merci, la bataille doit estre telle qu'il se deit combatre « à tous céaus de la court l'un après l'autre se il tant « dure* (3). »

Tel est le principe : quand on fausse la cour, il faut la fausser toute et combattre contre tous les juges qui ont rendu le jugement et même contre les autres, « *car se il « fause la court, il ne fause pas tant seulement ceaus qui*

(1) Beaumanoir, LXI, 65 (II, 402). Il faut noter que, dans le cas où le seigneur n'ayant pas assez de pairs prononçait quand même, si on le faussait, il fallait évidemment aller devant le suzerain, donc devant un tribunal supérieur.

(2) *Falsare sententiam, apeler, apeler de fous jugement, provocare ad duellum, lever* ou *torner par gaiges, colongier le jugier, calumniare sententiam, blasphemare judicium,* etc., etc.

(3) *Assises de la haute Cour*, Navarre, c. 87 (I, 561), et Ibelin, c. 110 (I, 179).

« *l'esgart ou le recort auront fait mais toz céaus qui sont* « *homes de cele court et por ce que l'honor et la honte à* « *cele court est commun à toz ciaus qui sont de cele court,* « *le deit chascun aleauter le de son cors* (1). »

Cette manière d'attaquer les jugements n'était pas seulement usitée dans la Palestine, on la retrouve en France avec Beaumanoir : « *Quant aucuns apele de faus* « *jugemens et il atent tant que li jugemens est prononciés* « *et que tuit li home se sunt accordé en jugement; et li* « *apelères dist après que li jugemens est fax et malvés et* « *por tel le fera en le cort de celui ou droit le menrra, en* « *tel maniere d'apel, il convenroit qu'il se combatist toz* « *seul encontre toz les homes, se tuit li home offroient le* « *jugement à fere bon* (2). »

Il fut donc toujours permis de fausser la cour entière, mais Beaumanoir nous apprend que de son temps il était possible d'employer un autre procédé que nous retrouverons bientôt : « *Il y a certaine voie de sagement* « *apeler, car en tele manière pourroit-on apeler qu'il se* « *convenroit combatre toz seul à toz les homes qui aroient* « *fet le jugement et qui sagement apele, il ne convient* « *qu'il se combate qu'à un tant selement* (3). »

Les documents français, au lieu du type du faussement de la cour entière, parlent aussi du cas où on faussait le jugement du seigneur. Ce sont, au fond, les mêmes hypothèses. Et, si elles sont distinguées dans les textes, cela tient à la situation tout à fait particulière de la haute Cour à Jérusalem, tandis qu'en France la cour du seigneur s'identifiait avec le seigneur, de telle sorte que fausser l'une, c'était attaquer directement le

(1) *Assises, haute Cour*, Ibelin, c. 110 (I, 179).
(2) Beaumanoir, LXI, 45, 46 (II, 372).
(3) Beaumanoir, LXI, 41, 44 (II, 390).

seigneur lui-même. Cela était important à signaler, car nous pourrons ainsi comparer les différences de situation entre la France et le royaume de Jérusalem, entre le droit féodal théorique, rédigé d'un seul trait dans les Assises, et le droit pratique tel que les circonstances l'avaient poli et modifié.

Cette procédure du faussement de la cour ou du seigneur se divisa plus tard en deux branches, comme nous l'avons déjà signalé, suivant qu'il y avait ou non vilain cas. Nous consacrerons un paragraphe à montrer sur quoi reposait cette distinction, pour le moment nous allons suivre la procédure du faussement telle qu'elle se pratiquait.

1. *Qui peut fausser?* — Les Assises ne contiennent à cet égard aucun principe. Nous savons que la Cour des Bourgeois ne pouvait être faussée, mais cette prohibition s'adressait à tous chevaliers, bourgeois et vilains (1).

Les textes français sont peu explicites. En principe, il était permis à tout le monde d'appeler de faux jugement ; cependant, comme la permission d'attaquer ainsi la décision d'un tribunal dérivait de cette règle de droit féodal qu'il est permis à un pair de contredire les assertions de son pair, il en résultait qu'en dehors de l'organisation féodale, en dehors des rapports de vassalité, il n'y avait pas de faussement, pas d'appel, parce qu'il n'y avait pas de pairs.

On voit ainsi quelle influence l'organisation de la propriété peut exercer sur les institutions judiciaires et la condition des personnes et on peut désormais comprendre le sens de cette règle de de Fontaines : « *Vileins ne*

(1) *Assises de Jérusalem, Cour des Bourgeois.*

« *puet fauser le jugement son seignor ne de ses homes s'il* « *n'est garniz de loi privée par quoi il le puise faire* (1). » Les Établissements disent plus tard que : « *Nus hons* « *coustumiers ne puet jugement froissier ne contre-* « *dire* (2). » Ce n'est là, en effet, qu'une application de ce principe qu'entre le seigneur et le vilain il n'y a d'autre juge « *fors Dieu* ».

Cette privation du droit de fausser les sentences n'était pas une grande infériorité pour le vilain. Il lui aurait fallu, dans le cas contraire, combattre contre des chevaliers, qui, ayant l'habitude des armes, avaient sur lui une supériorité presque certaine ; de sorte que, ce qui semble avoir été le résultat d'une injustice, n'était peut-être en fait qu'une garantie pour l'homme de classe inférieure.

D'ailleurs, les textes que nous venons de citer réservent le cas où le vilain possédait une « *Chartre* » ou vivait d'après une coutume qui lui accordait le droit de fausser. Mais il est probable que cela ne fut permis qu'assez tard et sans doute à cette époque où on commence à permettre aux vilains et aux serfs d'user du duel comme mode de preuve (3). Beaumanoir et de Fontaines, à la fin du XIIIe siècle, décrivaient les différentes particularités auxquelles donnait lieu un combat entre un chevalier et un vilain. Toutes ces inégalités disparurent lorsque la nouvelle procédure de l'amendement de jugement se fut définitivement établie et il fut dès lors possible au vilain, au bourgeois, comme au noble, d'appeler sans avoir à craindre que son appel fût repoussé ou qu'il eût à le soutenir dans des conditions défavorables.

(1) De Fontaines, XXII, § 3, p. 287.
(2) *Etablissements*, I, 138.
(3) Boutaric, *Actes du Parlement*, et Tardif, *Monuments historiques*.

Le faussement de jugement ne pouvait se faire que par le combat. Dès lors, toutes les personnes à qui le duel était interdit ne pouvaient par là même user de cette voie de recours. Cela s'appliquait : 1° « *Quant aucuns qui est établi garde ou tuteur d'enfans sous-aagiés plede por le droit au sous-aagié maintenir;* » 2° si l'appelant ou l'appelé ont moins de quinze ans ; 3° si l'appelant est bâtard et l'appelé franc homme et réciproquement ; 4° si l'un ou l'autre est clerc « *car il n'en est tenu de répondre en cort laie* » ; 5° si une femme appelle sans retenir avoué « *car feme ne se pot combatre* » ; 6° si une femme appelle « *qui ait baron* » et qu'elle n'ait pas son consentement ; 7° si l'appelant n'est pas parent de celui pour qui appelle « *car il ne loist pas apeler por autrui que por soi ou que por son lignage ou por son seigneur lige* (1) » ; 8° enfin, il était défendu aux criminels d'appeler, car ils l'auraient toujours fait pour prolonger leur existence : « *Homicide, envenimeur, courtrier, larron, ravissor, disfamez et cil qui ont fait violences apertes, qui sont convencu par argument, c'est par apertes semblance par tesmoings et par lor propres voiz ont coneu lor mesfez ne puent fauser* (2). » Un grand nombre de ces exceptions furent peu à peu introduites en haine du duel judiciaire ; c'est ainsi que commença la tendance qui devait amener son abolition.

2. *Dans quels cas peut-on fausser ?* — Les Assises posaient en principe qu'on pouvait appeler de toute sentence : « *Si un home viaut la court fausser et dit que le jugement ou l'esgard ou la connoissance ou le recort est desléaument fait...* (3). » Il en était peut-être ainsi en

(1) Sur tous ces cas, V. Beaumanoir, LXIII (II, 417 et s.).
(2) De Fontaines, XXII, § 28, p. 309.
(3) *Assises, haute Cour*, Ibelin, c. 110 (I, 179).

pure doctrine, mais la pratique française, telle que nous la voyons consignée dans nos anciens auteurs, introduisit en haine de la procédure par combat des exceptions assez nombreuses. Ainsi on ne pouvait fausser le jugement : 1° quand on a déjà appelé une première fois : « *Gages sur gages ne sont pas à recevoir, car autrement ne penroit jamès li appel fin* (1) ; » 2° quand on appelle certainement à tort : « *Tix manières d'apiax sont apelé auvoire, autant vaut auvoire, comme bourdes proposées en jugement* (2) ; » 3° si on a déjà été jugé par le suzerain et relâché : « *Car male coze seroit si on pooit retrère en cort por le cas dont on seroit délivrez par le jugement du soverain ;* » 4° s'il y a eu paix déjà consentie ; 5° en cas de douaire ; 6° en cas de testament ; 7° en cas de nouvelle dessaisine ; 8° quand on peut prouver par recort ; 9° quand sur un cas la coutume est « *aperte* » (3) ; 10° enfin dans tous les cas où les gages de bataille sont interdits. Ces exceptions n'existaient probablement point dans le droit féodal primitif, au moins elles n'étaient pas aussi nombreuses. Il faut y voir, comme nous l'avons déjà dit, un signe du progrès des temps et une marque de cette tendance à supprimer ce mode barbare de prouver son procès, le duel.

3. *Quand doit-on fausser?* — Les conditions dans lesquelles se réunissaient les cours féodales et le fait que notre procédure se tranchait par le combat demandaient que l'on fût promptement fixé. Aussi Beaumanoir énonce-t-il la règle suivante : « *Il ne convient pas que cil « qui apèle de faus jugemens mète délai en son apel, ains*

(1) Beaumanoir, LXIII (II, 417), LXVII, § 23 (II, 467), Cf. De Fontaines, XXII, §§ 8, 20, p. 290, 300.
(2) Beaumanoir, LXIII (II, 417), pour tous les cas suivants.
(3) Beaumanoir, LXI, 50 (II, 394).

« *doit apeler sitot comme li jugement est prononciès, car* « *s'il n'apèle tantost, il convient que li jugement soit tenu* « *pour bons quix qu'il soit* (1). » Néanmoins il pouvait y avoir des causes d'excuses légitimes, que les contemporains énumèrent, mais qui ne nous offrent plus aucun intérêt.

4. *Procédure.* — La procédure de l'appel doit toujours se diviser en deux périodes : celle qui a lieu devant le tribunal de première instance et celle qui se passe devant le tribunal supérieur. Une distinction aussi nette n'existait pas encore au XIe et XIIe siècle et c'est pour cela que nous ne l'avons pas faite, cependant nous pouvons en constater les premiers vestiges.

Pour fausser un jugement, on employait certaines formes. Les Assises ne nous ont pas laissé de textes sur les paroles qu'on devait en ce cas prononcer ; mais il y est suppléé par les auteurs français. Celui qui voulait fausser le jugement du seigneur, c'est-à-dire celui de la cour une fois qu'il avait été prononcé par le seigneur, devait accomplir les conditions suivantes : 1° se trouver dans le cas où il était permis d'appeler par gages de bataille ; 2° être de ceux qui pouvaient appeler ; 3° « *delaissier l'homage du seigneur et ce qu'il tient de li.* » Pour cela, il doit venir au seigneur et lui dire : « *Sire, j'ai été pièche en votre foi et en votre homage et ai tenu de vous tex heritages en fief. Auquel fief et à l'ommage et à le foy je renonce porceque vos m'avez meffet, duquel meffet j'entens à fère vengance par apel* (2). » Si le plaignant ne remplissait pas cette formalité, son appel ne valait rien ; et, comme il avait fait injure au seigneur avant d'avoir rompu le lien qui les unissait, il était passible d'une

(1) Beaumanoir, LXI, 38 (II, 388).
(2) Beaumanoir, LXI, 27 (II, 384).

amende envers la cour et le seigneur; 4° alors il doit fausser le jugement en disant : « *Je dis que cest jugement est faux et malvès comme malvès vous estes;* » 5° enfin il devait faire semondre son seigneur en la cour du suzerain, procédure qui n'était autre que celle de l'ajournement (1).

Telle était la procédure devant le tribunal inférieur. Voyons maintenant comment on continuait son appel devant la cour supérieure ou le suzerain : 1° tout d'abord on devait aller au tribunal compétent « *sans nul segneur trepasser* », puis : 2° le fausseur « *tent son gage contre toz céaus de la court et le seignor le receit* (2) » ; 3° les hommes de la cour remettent aussi leurs gages. Dès lors, le combat peut commencer.

Il est vrai que la procédure ne se passait pas ainsi en un seul jour. Nous avons un texte qui prescrit de terminer le duel et le jugement dans les quarante jours du moment où on a remis les gages (3) et d'autres recommandent au seigneur de retenir le fausseur même en prison (4).

Plus tard, on exigea seulement une caution : « *Li juges doit recevoir les gages et penre bone seurté de celi qui a apelé, de porsivir son apel et qui ne pot ou ne veut bone seurté fère, il doit estre retenu en prison* (5). »

Ces documents montrent que la procédure pouvait durer plus d'un jour. Mais ce qui est vrai, c'est qu'une fois le combat commencé, tout devait être terminé dans la même journée, « *tant qu'il les ait toz vencu en un jor*

(1) Beaumanoir, LXI, 67 (II, 403).
(2) *Assises, haute Cour*, Ibelin, c. 110 (I, 179).
(3) *Assises, haute Cour*, Navarre, c. 87 (I, 561).
(4) *Assises, haute Cour*, Navarre, c. 87 (I, 561).
(5) Beaumanoir, LXI, 56 (II, 398).

et se il ne les vainc toz en un jor, il deit estre pendu (1). »

Avant le combat et toujours devant le juge supérieur on pouvait proposer des excuses, des « ensoines ». « *S'il a aucunes resons par lesquelles il voille dire qu'il ne doit avoir point d'apel, il les doit toutes proposer et demander reson sur chacune* (2) ; » la cour aprécie. « *Ensonnier pot une fois, s'il a ensoine ;* » mais il fallait jurer devant la cour de la légitimité de l'excuse, faire de nouveau ajourner l'autre partie, etc. Sinon, ou si l'excuse n'était pas valable, le fausseur était mis en défaute par l'appelé, qui était délivré de ses gages ; et le premier subissait les mêmes conséquences, que s'il avait faussement appelé ; c'est-à-dire qu'il pouvait être à la merci du seigneur, ou obligé de payer soixante livres d'amende, suivant les cas (3).

5. *Combat.* — On arrivait ainsi à la preuve du faussement, c'est-à-dire au duel. Les règles de ce combat sont indiquées par Ibelin : « *Quant ils sont ou champ por la bataille fère il* (*le fausseur*) *deit estre d'une part dou champ et toz les autres hommes de l'autre. Et un des homes lequel ils esliront, se deit premier partir et combatre sei à lui soul à soul et si celui qui est parti est vencu, maintenant se deit moveir un des autres* (4) » et ainsi de suite.

Ce n'est d'ailleurs pas notre tâche de décrire minutieusement les règles du duel judiciaire. On trouvera à cet égard tous les renseignements désirables dans les Assises, dans de Fontaines et surtout dans Beaumanoir, qui prévoit toutes les hypothèses possibles dans son chapitre qu'il intitule ainsi : « *Chis commenche li capitres qui*

(1) *Assises, haute Cour*, Ibelin, c. 110 (I, 179).
(2) Beaumanoir, LXIII, 5 (II, 377).
(3) Beaumanoir, III, 21 (I, 69).
(4) *Assises, haute Cour*, Ibelin, c. 110 (I, 179).

parole des présentations qui deivent estre fètes en plet de gages en armes et en paroles et des seremens et des coses qui ensivent dusqu'à la fin de la bataille (1). »

6. *Prononcé du jugement.* — Quand le combat était terminé en faveur d'un des champions, la cour, le tribunal supérieur ou le suzerain prononçait le résultat, faisait appliquer les peines ou payer les amendes, dont nous allons bientôt parler. Les textes ne parlent pas, il est vrai, d'une manière très claire de ce prononcé du jugement par le tribunal supérieur ; mais cela résulte évidemment de ce fait, qu'il y avait des peines à appliquer, et pour les appliquer, il fallait d'abord les prononcer. Or, comme il pouvait arriver que le seigneur lui-même ou la cour entière fussent faussés et vaincus, on peut se demander quel aurait pu être le tribunal chargé de prononcer ces amendes, sinon, la cour supérieure du suzerain.

7. *Effets du faussement.* — Les effets du combat étaient de diverses natures. Tout d'abord l'appel était comme chez nous suspensif et la cause restait en l'état où elle se trouvait au moment où il était fait : « *Quand gages sont doné et receu du juge, la querele de quoi li gage sunt, deit demorer en l'estat qu'ele est el point que li gage sunt doné* (2). » Cette suspension s'étendait non seulement à la cause et au débat présent, elle atteignait aussi la compétence du tribunal dont la fausseté était en question. Les conséquences de cette règle sont mises en lumière par Beaumanoir, d'une façon qui nous dispense de tout commentaire : « *Il est bien mestier a cix qui voelent*

(1) Cf. Beaumanoir, c. LXIV (II, 431) ; de Fontaines, XXII, § 14 et s. — *Assises, haute Cour*, Ibelin, I, 166, 174 ; ordonnance sur duels, *Ord.*, I, 435 ; Formulaire des combats à outrance, *Ord.*, I, 437.

(2) Beaumanoir, LXI, 56 (II, 397).

fausser jugement qu'ils se pregnent garde que, l'apel pendant, il ne rechoivent jugement de cix de qui il apelèrent; car il avoient renoncé à lor apel, por ce qu'il tenroient à bons jugemens cix de qui il avoient apelé. Donques, si cil qui apèle de faus jugement a aucune coze à fere en le cort de celi de qui il apela les homes de faus jugement, por le querele dont il apela ou por autre, et li sires li demandes : « volès vos oïr droit ? » il doit respondre : « oïl, par cix qui me poent et doivent jugier, et je débat que cil ne me jugent pas qui s'asentirent au jugement de quoi j'ai apelé ; mes se voz avès autres homes, je voil bien avoir droit par eus » et se tuit li home du segneur s'asentirent au jugement il ne doit pas atendre droit, l'apel pendant, en cele cort ; ains doit pleidier de ses quereles en le cort du soverain où li ples de l'apel doit estre démenès (1). »

Les effets propres de l'appel pouvaient varier suivant les résultats du duel : 1° LE FAUSSEUR ÉTAIT VAINCU. « *Et se il est vencu il deit aver copée la teste, et li deit l'on traire la lengue par derrière, et doit estre atachée derrière la teste et sur une lance mise et un home à cheval la doit porter tout le lonc de la ville où le seignor sera et le criour doit crier devant : gardès-vous de dire teil outrage come teil home dist qui appela la haute Cour de mon seignor fause, qui est bone et leiale car teil est la justice de mon seignor* (2). » Ces peines cruelles et barbares ne sont pas mentionnées dans nos auteurs français. Sauf quelques cas spéciaux (3), tout s'y règle par des amendes : « *Chil qui apèle de faus jugemens et ne le puet prover à malvès* » paie 60 livres d'amende au seigneur et à « *cascun des homes de cix qui s'assentirent au jugement* », mais non

(1) Beaumanoir, LXVII, 15 (II, 463).
(2) *Assises, haute Cour*, Navarre, c. 87 (I, 561).
(3) S'il s'agissait d'une affaire capitale, de Fontaines, XXI, § 11.

aux autres « *por ce qu'il furent hors du péril d'estre apelé en lor personne* (1) ; » 2° LA COUR ÉTAIT VAINCUE. Tout d'abord elle perdait le droit de juger : « *Et si la court est vencue toute elle doit estre tenue pour fausse à tousjours ne nus ne tendra son jugement de qui en avant se il ne veault* (2) ; » puis on punissait les champions : « *Et le desrain de la court qui sera vencu deit aver copée la teste et la lengue treite et décopée par menue morceaux devant tout le peuple por li et por tous les autres lengues de tous ceaux qui firent faux le jugement.* » Les décisions des Assises sont à peu près confirmées dans nos anciens auteurs, mais nous voyons disparaître tous les accessoires cruels de la procédure orientale. Beaumanoir nous dit que : « *Se cil qui est apelés de faus jugemens et convaincu en l'apel, il pert le jugier et le justice de se terre et si l'amendera de* 60 *livres* (3) ; » 3° LE FAUSSEUR S'ENFUIT OU NE COMPARAIT PAS. Dans le premier cas, il est déshérité lui et les hoirs qu'il a engendrés après le faussement ; dans le second et, selon la procédure française, il paie une amende : « *Quant aucuns apele nicement, si come s'il dist : « Cis jugemens est faus et malvès, » et il ne l'offre pas à fère tel, li apiax ne vaut riens, ainçois doit amender le vilenie qu'il a dite en cort* (4). » 4° LE FAUSSEUR DEMANDE PARDON. C'est du moins ce qu'autorisent les Assises de Jérusalem. Le fausseur doit crier trois fois merci au

(1) Beaumanoir, LXVII, 9 (II, 459), de Fontaines, XXII, § 17, p. 299. Quelquefois la peine était à la volonté du seigneur, comme on le voit dans une charte de la commune d'Amiens de 1209 publiée dans Bouthors, I, 69 : « *Qui judices communie de falsitate judicii comprobare voluerit, nisi ut justum eis comprobare potuerit, in misericordia regis est, et majoris et scabinorum de omnino quod habet.* »

(2) *Assises, haute Cour,* Navarre, c. 87 (I, 561). Ibelin, c. 110, dit : « *La court faussée ne puet puis faire esgart, ni connoissance, ni recort de court qui soit valable.* »

(3) Beaumanoir, LXI, 39 (II, 389) ; de Fontaines, XXII, § 26, p. 307.

(4) Beaumanoir, LXI, 51 (II, 395).

seigneur, en disant qu'il a menti. Le vicomte est libre de faire ce qu'il veut. Si on pardonne, le fausseur doit quitter le pays. Nous ne reproduisons pas les longs détails des Assises, car nous n'avons pas trouvé trace en France d'une semblable procédure (1).

Il pouvait arriver, quand toutes les suites de l'appel et du combat étaient connues, que le fausseur ou l'appelé ne pussent payer les amendes dont ils étaient frappés. Pour ce cas, la procédure de Jérusalem déployait encore grand appareil de cruauté : « *Et s'il n'a dont il puisse paier, si comande la raison l'on li doit coper le tiers de la lengue si que mais ne puisse la cort appeler fausse.* » Ces exagérations avaient disparu en France, car de Fontaines prévoit le même cas : « *Se cil qui fausa le jugement et ne le puet prover a mauvais, n'est soufisanz de paier les amendes, quant en aura pris de quanque il a, peine de cors li soit enjointe... sauve sa vie et ses membres* (2). »

On peut voir par ces différentes distinctions et ces hypothèses quelquefois recherchées, combien la procédure féodale était plus précise qu'on ne le pensait. On avait même été jusqu'à prévoir quels seraient les effets d'un faussement de jugement, qui intéressait plusieurs personnes mais dont une seule avait faussé (3).

Ces particularités peuvent être curieuses et intéressantes, mais elles n'ajoutent rien à la théorie d'ensemble que nous voulions présenter, aussi nous n'avons pas cru devoir y insister plus longuement.

§ II. *Faussement de la cour avec vilain cas.* — La procédure féodale originaire ne faisait aucune distinction

(1) *Assises, haute Cour*, Navarre, c. 87 (I, 561).
(2) De Fontaines, XXII, § 10, p. 292.
(3) Beaumanoir, LXI, 68 (II, 404).

dans la manière de fausser les jugements. C'était toujours par le combat que la question se décidait. Peu à peu, et grâce à cette tendance qui s'accentuait contre l'usage du duel judiciaire comme mode de preuve, on voulut éviter tous les inconvénients et les dangers de ce procédé en attaquant les jugements sans combat. Nous trouvons ce désir accompli dans Beaumanoir quand il dit : « *Por ce qui est dit dessus poet-on véoir qu'il sunt deus manières de jugemens fausser desqueles li uns des apiax se doit demener par gages, quand on ajoute aveques vilain cas ; l'autre se doit se demener par erremens sor quoi li jugemens fu fes* (1). » Cette phrase du grand jurisconsulte nous apprend à la fois quel était l'intérêt considérable de la distinction qui s'était établie entre les appels et quel était le critérium de cette distinction. Mais quand y avait-il ou non vilain cas ?

Beaumanoir se charge encore de nous éclairer. Il y avait vilain cas quand on joignait à son appel des paroles injurieuses pour le juge ou la cour que l'on voulait fausser : « *Mès s'il dit a celi contre qui il veut fausser le jugement « vos avez fet le jugemens faus et malvès comme « malvés que vos ètes » ou par loier, ou par promesse, ou par malvèse autre coze liquelle il met en avant, li apiax se demaine par gages* (2). » Il n'y avait pas vilain cas : « *S'il apela simplement en disant : cis jugement est faux et malvès et requier l'amendement de le cort de mon seignor.* » On voit que cette distinction dérivait uniquement du désir, qui était général au XIIIe siècle, de supprimer le duel judiciaire, cela est d'ailleurs prouvé par ce fait que le choix entre ces deux manières de procéder était entièrement laissé libre aux appelants. On avait ainsi, sans vou-

(1) Beaumanoir, LXVII, 8 (II, 459).
(2) Beaumanoir, LXVII, 7 (II, 458).

loir renverser ni bouleverser les institutions du passé, toujours chères à quelques-uns, placé à côté d'elles et même copié sur elles les nouveaux principes qui devaient promptement les faire disparaître.

On a pu voir dans les deux paragraphes qui précèdent comment les principes absolus, posés dans les Assises, furent en France modifiés par la pratique et l'usage. Nous ne rencontrons plus dans nos anciens juristes ces affreux supplices, qui pouvaient être la conséquence du faussement de jugement ; tout est réglé par des amendes et, en dehors des dangers qu'offre le duel en lui-même, ce n'est que dans des cas exceptionnels que des peines corporelles sont infligées.

Les jurisconsultes de Jérusalem reconnaissaient d'ailleurs eux-mêmes combien leur doctrine était peu praticable. Après avoir montré comment la cour pouvait en fait empêcher que le combat ne fût spécialisé entre deux combattants, Ibelin ajoute : « *Si ne me semble que nul se Dieu ne faisait apertes miracles por lui, qui la faussat en sondit, la peut fausser en fait et se il assaiat, que il peut eschapper d'avoir le chief coupé ou d'estre pendu par la goulle* (1). » Une semblable perspective devait effrayer les plus audacieux et aurait fatalement amené la disparition de la procédure du faussement, si des modifications importantes n'étaient venues la mettre en harmonie avec les exigences et les besoins. Ces modifications furent de deux sortes. Tout d'abord on permit au plaignant de fausser et de prendre à partie chacun des juges à mesure qu'il donnait son avis et on obligea les juges à répondre sans pouvoir s'abriter derrière l'opinion de la cour entière. En outre, dans chacun de ces cas, on distingua

(1) *Assises, haute Cour*, Ibelin, c. 110 (I, 179).

l'appel avec ou sans vilain cas et on appliqua les conséquences importantes qui découlaient de cette distinction.

§ III. *Faussement du juge.* — Les inconvénients considérables du faussement de la cour entière amenèrent dans les usages une modification dont nous trouvons la trace dans les Assises, mais qui se développa surtout en France.

La nouvelle procédure consistait essentiellement en ce qu'au lieu de fausser la cour et le jugement qu'elle avait prononcé, on faussait l'opinion de chaque juge à mesure qu'il l'émettait. Deux étapes peuvent se distinguer dans l'introduction de cette réforme du faussement. Tout d'abord, ce procédé nouveau fut à la vérité possible, mais il dépendait entièrement de la cour de l'accepter ou de le rejeter, ce qui rendait un tel remède tout à fait illusoire. C'est là le droit des Assises de Jérusalem. Le juge n'est pas tenu de répondre à la question du plaignant : « *Et se aucuns dist à ciaus de la court « lequel de vos a ce fait » ? ils deivent respondre la court l'a fait. Et se il demande à un par nom ou à plusiors d'iaux « avez-vos ce fait » ? ils deivent respondre « la cort l'a fait et noz aveuc, car nos « y fusmes et se voz volès riens dire contre la court nos le « orrons » et ensi convendra qu'il fausse la court* (1). »

Pour la France, nous ne savons pas si, à l'origine, la doctrine des Assises fut pratiquée, mais nous pouvons constater un pas nouveau, qui consista à rendre obligatoire pour le juge la réponse à la question que l'appelant lui adressait. C'est du moins le cas qui est généralement prévu par nos auteurs du XIIIe siècle. Voyons quelle était désormais la procédure.

La condition essentielle pour profiter du bénéfice, qu'on

(1) *Assises, haute Cour*, Ibelin, c. 110 (I, 179).

pouvait ainsi acquérir, était d'appeler *sagement* comme le dit Beaumanoir : « *Il est mestier à celi qui veut apeler qu'il se garde comment il appelera* (1). » Les parties étant devant la cour, celui qui agit sagement doit, au moment où il voit les juges « *appareilliès de jugier* », s'adresser au seigneur et lui demander de faire d'abord prononcer un de ses hommes. Le seigneur l'accorde et aussitôt que le juge a prononcé, le fausseur formule son appel : « *Sire, je dis que chis jugemens qui est prononcé contre moi et auquel Pierres s'est accordé est faux, malvès et desloiax et por tel le feroi-je contre ledit Pierres qui s'en accorda au jugement, par moi ou par homes qui fère le pot et le doie pour moi* (2). » On donne ensuite les gages et les sûretés et le combat suit son cours, comme nous l'avons déjà décrit précédemment, avec cette différence que la bataille n'a plus lieu qu'entre deux combattants.

Sauf quelques variations de peu d'importance, telle était la procédure dans notre cas. Les Assises prévoient aussi la même hypothèse, mais en ajoutant qu'il est toujours possible à la cour d'empêcher ce procédé d'aboutir. Quant à de Fontaines, il diffère de Beaumanoir seulement en ce sens, qu'il exige l'avis de trois hommes avant de pouvoir prononcer les paroles du faussement : « *Lors puet dire le fausseur auquel qu'il voudra des trois. Vos fausège de cel jugement car il n'est ne bons ne loiaus* (3). » Ces différences ne sont pas appréciables et peuvent d'ailleurs s'expliquer. Il ne serait pas étonnant que de Fontaines ait attendu l'avis de trois hommes, afin qu'il y ait jugement formé, ce qui est difficile à admettre dans le cas

(1) Beaumanoir, LXI, 41 (II, 390).
(2) Beaumanoir, LXI, 47 (II, 393).
(3) De Fontaines, XXI.

prévu par Beaumanoir. La meilleure conciliation de ces textes est encore celle que présentait Montesquieu : « Ces différences viennent de ce que dans ces temps-là il n'y avait guère d'usages qui fussent précisément les mêmes. Beaumanoir rendait compte de ce qui se passait dans le comté de Clermont ; de Fontaines, de ce qui se pratiquait en Vermandois. »

Nous n'avons pas besoin de répéter à nouveau les détails que nous avons énumérés dans les deux paragraphes précédents de ce chapitre. La plupart des règles et des conditions mentionnées s'appliquaient également pour ce nouveau procédé, qui n'avait eu qu'un seul but, celui de rendre possible et praticable la procédure du faussement. On avait changé les formes, modifié la procédure, rendu plus simple et plus facile le but à atteindre, mais on avait laissé subsister toutes les règles, toutes les conditions, tous les effets.

Vers le commencement du XIIe siècle, on distingua également dans le faussement du juge, s'il y avait eu ou non vilain cas. Les bases de cette distinction étaient les mêmes que pour la procédure du faussement de la cour et les effets étaient semblables. Au lieu de combattre contre un juge, on portait le procès devant le tribunal supérieur, quand il n'y avait pas vilain cas ; et, comme nous savons qu'il dépendait des parties d'ajouter ou non les paroles qui constituaient le vilain cas, cette hypothèse devait être la plus fréquente.

Nous avons achevé d'exposer la théorie de l'appel de faux jugement. On a pu voir, au milieu de tous ces détails, que cette procédure suivit toujours une tendance très marquée, qui fut de limiter le combat à ce qu'il devait être et de restreindre les cas dans lesquels on devait l'appliquer, même, s'il était possible, le supprimer. C'est par cette tendance et par le désir de voir disparaître le duel que nous pouvons seulement expliquer les différentes modifications et les réformes qui altérèrent beaucoup la procédure du faussement.

Ainsi, il est fort remarquable que, dans le cas de faussement de la cour ou du seigneur, on peut réellement parler d'un appel, d'un recours porté à un tribunal supérieur ou au moins qui pouvait l'être, tandis que dans le second cas de faussement, quand on faussait le juge seul avant le prononcé du tribunal, il ne paraît pas possible de considérer cette procédure comme une voie de recours contre un jugement qui n'était pas rendu, qui en fait n'existait pas.

On avait donc défiguré la procédure originaire du faussement et cela toujours dans le but de rendre praticable la preuve par le duel. Quel était donc le but de ce faussement du juge? Nous n'en voyons d'autre que celui d'empêcher les autres juges de prononcer comme le premier, de les intimider. Et c'est ce que disent les textes, car de deux choses l'une : ou bien le fausseur était vaincu et il perdait son appel, sa querelle et les amendes qu'il avait à payer; ou il était victorieux et alors Beaumanoir défend absolument aux autres pairs de donner une opinion conforme à celle du premier.

Telles sont les observations que nous voulions présenter sur le faussement. On y trouvera encore bien des obscurités et des lacunes, mais, dans ces matières fort délicates et qui n'ont été fouillées que d'une manière superficielle, il est impossible de pouvoir tout expliquer et trop hardi de le tenter. Aussi, nous nous sommes contentés de dire les faits tels que nous les comprenions, comptant que de la discussion pourrait naître plus de lumière et de clarté.

CHAPITRE III. — De l'appel pour « défaute de droit. »

L'appel pour défaute de droit n'est pas, à proprement parler, un appel ; et, si cette désignation lui a été donnée, cela tient au sens du mot appel à cette époque. Il ne serait donc pas nécessaire de traiter ici du déni de justice, si cette procédure n'avait suivi une marche analogue à celle de l'appel, et si la plupart des auteurs, trompés par les expressions, n'avaient considéré cette défaute de droit comme une des origines, même comme une des formes de l'appel au moyen-âge.

§ Ier. *Qu'était-ce que la défaute de droit?* — « *Défaute de droit, si est de veer droit à celi qui le requiert* (1). » On voit, par cette définition de Beaumanoir, que la défaute correspondait au déni de justice. Quelques auteurs ont voulu cependant les distinguer et ils ont dit qu'il y avait défaute quand le seigneur ne pouvait pas rendre la justice, déni, quand il ne le voulait pas. Dans tous les cas les effets étaient les mêmes.

§ II. *Quand y avait-il défaute?* — Il pouvait y avoir défaute de droit dans plusieurs cas : 1° si le seigneur refusait de rendre la justice (2) ; 2° « *quant li segneur delaient les ples en la cort plus qu'ils ne poent ne ne doivent contre coustume* » (3) ; 3° si le seigneur maltraite son vassal, qui vient lui demander justice, «*s'il fet vilenie de son cors* » (4).

En un mot, il y avait défaute quand on différait, quand on évitait, quand on refusait de rendre la justice.

(1) Beaumanoir, LXI, 70 (II, 405).
(2) Beaumanoir, LXI, 70 (II, 405).
(3) Beaumanoir, LXII, 3 (II, 409).
(4) Beaumanoir, LXII, 4 (II, 410).

§ III. *Qui pouvait appeler de défaute de droit?* — Rendre la justice étant une des obligations principales du seigneur à l'égard de son vassal, il en résultait que toute personne, qui se trouvait dans des rapports de vassalité, pouvait appeler de défaute de droit. En effet, nous savons que les hommes de fief et ceux « *qui tiennent li héritages vilains de qui la connoissance appartient au seigneur* » peuvent appeler, en un mot, tous ceux qui avaient une jouissance féodale, quelle que fût la condition de leur tenure (1).

§ IV. *De la procédure de la défaute de droit.* — « *Quiconque veut son seigneur apeler de défaute de droit, il doit tout avant requerre son seigneur qu'il li face droit, et se le segneur li vée, il a bon apel de défaute de droit. Et s'il apèle avant qu'il l'ait sommé en ceste manière, il est renvoiés en le cort de son segneur, et li doit amender ce qu'il le trest en le cort du sovrain sor si vilain cas; et est l'amende à le volonté du segneur de tout ce que li apeleres tient de li* (2). » Tel était le principe ; il fallait cependant faire certaines distinctions indiquées par Beaumanoir : « *Si convient à cix qui ont mestier d'apeler, qu'ils soient soutil de sommer soufisament, si ques il puissent avoir droit en le cort de cix ou il requerroient, si ques il puissent avoir seur apel de défaute de droit. Et por ce que toutes gens ne sunt pas en un estat et que li un doivent sommer en autre manière cix de qui il voelent apeler que les autres, nos parlerons des manières de gens qui voelent apeler et quele sommation apartient à cascun* (3). »

La procédure était donc différente suivant les personnes. Ceux qui tenaient un fief devaient : 1° ajourner le

(1) Rivière, *Institutions de l'Auvergne*, I, 462.
(2) Beaumanoir, LXI, 33 (II, 387).
(3) Beaumanoir, LXII, 1 (II, 407).

seigneur pour qu'il fît justice; 2° l'ajourner avec deux de ses pairs et s'il n'en trouve pas en « *requérir au segneur pardessus* » (1); 3° le sommer à trois reprises différentes, chacune espacée de quinze jours. A la troisième fois ils portaient la plainte devant la cour du suzerain (2). Ceux qui ne tenaient pas en fief devaient encore faire trois sommations, mais il n'était néessaire ni de les faire avec des pairs qu'on remplaçait « *par de bonnes gens qui en puissent porter tesmongage en tems et liu* », ni de laisser quinze jours entre chaque sommation.

Il semblerait, d'après ces conditions, que la situation du vilain et de l'homme de pœste fût préférable à celle de vassal. Cette différence nous est expliquée par Beaumanoir : « *Et li resons porquoi li sommemens des gentix homs est plus lons que cils qui tiennent en vilenage, c'est par le foi que li uns promist à l'autre à l'ommage fere, car por se foi garder vers son segneur on doit moult metre en avant qu'il le sieve de défaute de droit* (3). »

Le procès, une fois porté devant le suzerain, il fallait prouver la défaute et ce ne pouvait être que par le combat. Cependant Beaumanoir nous dit que, dans le cas de défaute, il n'y avait point de bataille et voici comment Montesquieu explique cette opinion : « On ne pouvait « pas appeler au combat le seigneur lui-même, à cause « du respect dû à sa personne, on ne pouvait pas appe- « ler aux pairs du seigneur, parce que la chose était « claire, et qu'il n'y avait qu'à compter les jours des « ajournements ou des autres délais; il n'y avait point

(1) Beaumanoir, LXII, 9 (II, 413).

(2) Beaumanoir, LXII, décrit minutieusement les formalités de l'ajournement et prévoit aussi le cas où le seigneur s'absentait pour éviter les sommations de ses hommes.

(3) Beaumanoir, LXII, 5 (II, 411).

« de jugement, et on ne faussait que sur un jugement. « Enfin le délit des pairs offensait le seigneur comme la « partie ; et il était contre l'ordre, qu'il y eût un combat « entre le seigneur et ses pairs, mais comme devant le « tribunal suzerain on prouvait la défaute par témoins, « on pouvait appeler au combat les témoins et par là on « n'offensait ni le seigneur ni son tribunal (1). » Il faut d'ailleurs observer qu'on n'appelait point toujours le seigneur lui-même de défaute de droit ; par exemple quand les hommes du seigneur avaient différé ou évité de rendre la justice, c'étaient eux qui étaient atteints du défaut et qui devaient combattre.

§ V. *Effets de la défaute de droit.* — Les effets du déni variaient suivant les cas. Si on appelait les pairs du seigneur et qu'ils succombassent, ils payaient à la fois amende au suzerain, au seigneur et à l'appelant ; s'ils triomphaient, l'appelant perdait son fief et payait amende au suzerain et aux pairs. Si au contraire on appelait contre le seigneur lui-même, les effets étaient à peu près les mêmes, mais, comme le cas était plus grave, le vassal qui se résignait à faire cet appel et qui succombait payait une amende à la volonté du seigneur, ainsi que cela fut jugé dans une affaire entre les Gantois et le comte de Flandre (2).

Nous n'avons pas longuement insisté sur la procédure de défaute de droit, parce que nous avons dit que ce n'était point un appel proprement dit. En effet, nous ne trouvons pas ici de sentence rendue et attaquée devant un nouveau tribunal, ce qui est la condition essentielle de tout appel.

Malgré cela, on a soutenu avec conviction que la dé-

(1) Montesquieu, XXVIII, 28; Beaumanoir, LXI, 53, (II, 396).
(2) Beaumanoir, LXI, 33, 34, 71 (II, 387, 405) ; *Olim* (1279), II, 142.

faute de droit était un appel et voici pourquoi. Cette procédure fut toujours admise en droit féodal, car c'était la sanction de l'obligation du seigneur de rendre justice au vassal ; et, comme elle offrait l'idée d'un recours à un tribunal supérieur, on a pu croire, surtout en la voyant nommer par les textes « *Appel de défaute de droit* », que c'était bien un appel ou une des formes de l'appel à son origine.

Nous avons essayé de montrer que cette opinion n'était pas juste, mais elle contient une certaine part de vérité, lorsqu'elle affirme que la procédure de défaute servit à constituer l'appel véritable. C'est qu'en effet le recours pour défaute de droit offrait naturellement l'idée du tribunal supérieur auquel on pourrait s'adresser, non seulement lorsqu'on n'obtenait point justice, mais encore quand on se croyait lésé par un jugement. Nous avons soutenu, il est vrai, que l'appel se constitua sous l'influence des circonstances et des besoins nouveaux, mais ce n'est ni une contradiction, ni une opinion trop hardie que d'admettre que la facilité avec laquelle on pouvait s'adresser en cas de déni au seigneur suzerain dut avoir une influence sur l'application d'un semblable procédé pour le faussement (1).

Nous ne cachons point d'ailleurs que cette confusion faite par les auteurs modernes entre le faussement et le déni n'est pas nouvelle. Nous la trouvons consignée dans Beaumanoir. Et ce fait est d'autant plus intéressant, qu'il constitue la meilleure preuve à donner des rapprochements intimes, qu'eurent ces deux institutions pendant notre période (2).

(1) Voyez un texte intéressant de Beaumanoir, LXII, 12 (II, 416).

(2) On appliqua même à la défaute la distinction entre l'appel sans ou avec vilain cas, Beaumanoir, LXVII, 12 (II, 460).

Nous aurions voulu, dans ce court aperçu sur la procédure du déni de justice, donner plus de documents de la pratique, puisque nous savons qu'il en fut largement usé. Mais les textes sont rares et les querelles que ces dénis faisaient naître se tranchaient plus souvent par les guerres privées que par la procédure régulière. Cependant nous possédons sur la matière un jugement fort précieux de la cour du roi rendu en 1224 et nous ne pouvons mieux faire que d'y renvoyer (1).

Chapitre IV. — Conclusion.

La période que nous venons de traiter était la plus obscure de tout ce travail. Elle n'était peut-être pas aussi délicate à bien délimiter que celle qui va suivre, parce que nous n'y trouvons pas des changements aussi considérables, mais le manque de documents contemporains, l'incertitude des auteurs ont surtout contribué à rendre les questions plus obscures.

Pouvons-nous dire maintenant qu'il y eut un appel tel que nous le comprenons aujourd'hui, ainsi que le demandent quelques historiens? Evidemment non ; car à d'autres temps, d'autres mœurs et d'autres institutions. Mais ce qu'il est permis de considérer comme probable, c'est que la procédure du faussement était une voie de recours, un appel limité dans son développement et son organisation par le mode de preuve du temps, le duel. Cela est si vrai, que, dès l'instant où le combat fut supprimé comme mode de preuve, nous voyons l'appel se constituer du même coup, s'organiser, se développer en suivant l'essor que la nouvelle administration royale lui

(1) Boutaric, *Actes du Parlement*. Arrêts antérieurs aux *Olim*, I, CCCIII.

permettait de prendre. Cette institution ne fut pas créée par la royauté, ce ne fut pas un procédé ingénieux inventé par les rois contre la noblesse, comme on l'a dit. Ces explications ne sont pas à la hauteur de la révolution considérable qui s'opéra au XIIIe siècle et nous préférons admettre que, si l'appel s'organisa si promptement à la fin de ce siècle, c'est que les principes en existaient auparavant, gênés, paralysés par le combat judiciaire, mais déjà arrêtés et prêts à produire tous leurs effets, quand ce mode de preuve serait supprimé.

Nous n'avons parlé dans toute cette période que de l'état des institutions dans la France du Nord, parce que les textes que nous possédions se rapportaient surtout à cette partie de notre territoire. Dans le Midi, on peut croire que l'appel s'était maintenu, grâce aux traditions romaines et aussi aux institutions plus développées que les villes méridionales possédaient.

Un texte intéressant, du monastère de Farfa, nous prouve que l'appel fonctionnait en Lombardie au XIe siècle (1), et lorsque nous savons les rapprochements nombreux que la France du Midi eut à cette époque avec l'Italie et l'Empire, il ne serait pas impossible d'admettre qu'un tel exemple dût avoir une certaine influence sur l'admission de l'appel. D'ailleurs, quelques villes du Midi usaient de cette procédure, puisqu'en 1084, nous en trouvons un exemple dans le Languedoc (2).

Nous ne voulons point terminer cette partie de notre étude sans rappeler que la plupart des auteurs qui ont écrit sur la Féodalité, ont déclaré que l'appel n'y existait pas. On a fait valoir, en ce sens, ces considérations :

(1) Muratori, *Scriptores*, II *b*, 499 ; Cf. Savigny, *Römisch Recht in mittelalter*, II, 229.

(2) *Histoire du Languedoc*, V, 642, 1063.

1° que les Assises ordonnent tout d'abord de faire exécuter immédiatement toutes les sentences : « *Quia judicata sine alteratione aliqua debent executioni mandari* (1) ; » 2° que les Assises disent formellement qu'il n'y avait point d'appel et prévoient même un autre procédé pour en tenir lieu : « *Et en nostre court n'a point d'apeaux, si come il en a en court d'Iglize, et por ce tout ce qui est jugié, sans retenail, seit bien, seit mal ensi s'en vail outrement*... (2). »

Nous reconnaissons la force de ces objections. Toutefois, nous ferons observer : 1° que le premier texte ne tranche rien, car l'appel peut exister sans avoir effet suspensif, comme nous en trouverons des cas nombreux dans la période suivante (3) ; 2° que le second texte, qui paraît si formel, n'est pas plus probant. Car l'auteur dit simplement que l'appel n'existait pas à Jérusalem, comme il était organisé dans les cours ecclésiastiques « *si come il en a en la court d'Iglize* », ce que nous sommes les premiers à reconnaître, puisque nous disons que c'était le faussement qui tenait lieu d'appel. Quant à la question des « *retenails* », elle n'a aucun rapport avec celle de l'appel et on peut fort bien admettre dans un système de procédure l'existence simultanée de ces deux procédés.

Enfin, et c'est ainsi que nous terminerons cette discussion, il nous a semblé pouvoir conclure par un argument tiré du texte même qu'on nous oppose. Il est si vrai que le faussement tenait lieu d'appel, que c'était même la forme originaire de l'appel, et que la seule cause qui l'empêchait de constituer un appel, tel que nous l'en-

(1) *Assises des Bourgeois*, c. 104 (II, 75).
(2) *Assises, haute Cour*, c. 61 (II, 537).
(3) Cf. Coutume de Forcalquier dans *Coutumier général*, II, 1205.

tendons, résidait dans le mode de preuve usité dans les cours féodales, que justement dans les cours ecclésiastiques auxquelles les Assises font allusion, cette preuve n'existait pas et pour cela le véritable appel y fonctionnait.

Dans le plan que nous nous étions tracé, nous voulions dire en quelques mots ce qu'était devenue la *reclamatio ad regis definitivam sententiam*. Elle disparut tout d'abord avec les institutions centrales de l'administration carlovingienne, mais le principe en subsista. Les documents manquent pour affirmer que les grands feudataires durent souvent attirer à leur cour les procès qui les intéressaient particulièrement ou qui touchaient à des personnes qu'ils favorisaient, mais à partir de la fin du XIIe et surtout du XIIIe siècle, à mesure que l'administration royale se développa, elle nous a laissé dans les chartes et les ordonnances les traces d'une procédure analogue à la *reclamatio* carlovingienne et qui s'était formée sous l'empire des mêmes besoins. C'est ainsi qu'en 1180 le roi accorda à l'abbé de Figeac le droit d'avoir ses appels exclusivement jugés par le tribunal royal et, un peu plus tard, le même privilège est donné à la nouvelle commune de Noyon (1). Ce sont là des faits du même genre que ceux qui avaient créé la *reclamatio*, puisque, dans les deux cas, nous trouvons également une charte, un privilège qui concédait le droit de faire juger les procès devant le roi. Ce fut là l'origine de ces privilèges de *committimus* qui devinrent plus tard des abus et nous ne serions pas éloigné de rapprocher ces institutions des évocations nombreuses qui commencèrent au XIIIe siècle et finirent par donner naissance à la théorie des cas royaux.

(1) Lenormant, *Des voies de recours*, p. 97.

Toutes ces questions ne rentrent pas dans notre sujet et nous n'en reparlerons plus ; nous avons seulement voulu montrer ce qu'étaient devenues les institutions du régime carlovingien que nous avons étudiées et constater que, pour toutes, l'appel, le déni et la *reclamatio*, on ne comprenait leur marche et leurs transformations que par une application constante de cette grande règle qui nous a toujours guidés : dans les mêmes circonstances et en présence des mêmes besoins, les mêmes institutions se reproduisent.

LIVRE TROISIÈME

Période royale. — 1200-1280 (1).

TRANSFORMATION DU FAUSSEMENT EN APPEL.

CHAPITRE Ier. — Introduction.

On a regardé l'introduction des appels en France au XIIIe siècle comme une révolution importante (2). Cela

(1) SOURCES. — Comme pour la période précédente. *Beaumanoir, de Fontaines,* les *Etablissements*, les *Assises*, les *Olim*, le *Livre de Jostice et de Plet.* En outre, les nombreux textes donnés par M. Giraud dans les *Essais sur l'histoire du droit français,* 2 v. in-8°, 1846. — Boutaric, *Actes du Parlement de Paris*, 2 v. in-4°, 1863-72. — Bouquet, *Scriptores*, etc. Teulet, *Le trésor des Chartes*, 3 v. in-8°. — Ducange, *Glossarium.* — Bourdot de Richebourt, *Coutumier général*, 4 v. in-f°, etc., etc.
BIBLIOGRAPHIE. — Meyer, Warkœnig, Schœffner, Pardessus, Bernardi, Henrion de Pansey, *De l'Autorité judiciaire en France*, 2 v. in-8°. — Fayard, *Essai sur le Parlement de Paris*, 4 v. in-8°, 1878. — Boutaric, *Philippe-le-Bel*, in-8°, Paris, 1863. — Boutaric, *Saint-Louis et Alphonse de Poitiers*, in-8°, Paris, 1873. — Dom Vaissette, *Histoire du Languedoc.* — Giry, *Histoire des institutions de Saint-Omer*, 1 v. in-8°, Paris, 1879. — Rivier, *Histoire des institutions de l'Auvergne*, 2 v. in-8°, Paris, 1876. — Fournier, *Les officialités au moyen âge*, in-8°, 1880. — Dareste, *Histoire de l'administration en France*, 2 v. in-8°, 1848, etc., etc.

(2) Montesquieu, XXVIII, 29.

est certain si on considère combien les procédés nouveaux pour appeler et attaquer un jugement étaient différents des précédents ; mais ce serait peut-être une erreur de croire que les appels furent introduits à cette époque et que leur origine, ainsi qu'on le dit souvent, ne remonte qu'au XIIIe siècle. Nous préférons, comme nous l'avons fait jusqu'ici dans ce travail, considérer ces modifications si importantes comme le résultat des situations différentes et voir dans ces institutions modifiées la suite et la continuation des précédentes. Nous consacrerons dans cette période un chapitre spécial à la question de l'origine des appels.

La révolution, si on veut parler comme Montesquieu, fut la conséquence de deux évènements qui dominent l'histoire du droit d'appel au XIIIe siècle : 1° le remplacement du duel judiciaire par la procédure par enquête ; 2° la formation à côté de la hiérarchie féodale d'une administration et d'une hiérarchie royale.

Quoique cette période ouvre l'histoire de l'appel dans le droit français proprement dit, nous ne donnerons pas ici les divisions que nous avons adoptées à cet égard. Nous avons renvoyé cet exposé et la justification de ces divisions à la période suivante, parce qu'il nous a semblé qu'au lieu de faire commencer nos divisions rigoureuses à l'époque insaisissable d'une transformation juridique, nous devions les faire partir du jour où l'appel fut définitivement constitué. Dans ce chapitre, pour bien préciser la portée des deux réformes dont nous venons de parler, nous avons divisé la matière en deux parties principales, traitant l'une de l'organisation judiciaire de l'appel, l'autre de sa procédure, et, dans chacune de ces parties, nous examinerons l'état des institutions précédentes à la fin du XIIe siècle et les nouvelles institutions modifiées.

Enfin dans chacune de ces subdivisions, il faudrait encore pour plus de clarté distinguer le midi et le nord de la France. Mais, comme nous n'avons pas toujours de textes précis pour établir cette distinction, nous n'en parlerons que quand les documents nous le permettront.

S'il nous était possible de remplir ce cadre, nous pourrions espérer donner une idée assez complète de l'appel au XIIIe siècle et de la nouvelle marche qu'il allait suivre; mais la difficulté de bien saisir dans les textes les transitions successives, le peu de clarté des auteurs, même les meilleurs, de cette époque, et les confusions dans lesquelles ils tombent, contribuent à rendre cette partie de notre travail fort délicate, notre marche plus hésitante et nos conclusions moins certaines.

CHAPITRE II. — De l'origine des appels.

S'il fallait croire quelques auteurs déjà anciens, l'appel serait une institution primitive aussi naturelle que le droit de défense : « *Ab eodem fonte naturæ oritur defensio quam jus positivum constituit in appellatione adversus gravamine* (1). » Nous ne pouvons lui attribuer une origine si reculée, et les faits que déjà nous avons présentés suffisent pour démontrer que l'appel a toujours suivi une voie parallèle au développement de l'administration et de la civilisation d'un peuple.

Dès lors, on a voulu rechercher quelle était l'origine des appels, comment ils s'étaient établis, sous quel prince et par quel législateur. Si on suivait la méthode généralement usitée dans un certain nombre d'ouvrages sur les institutions, on dirait « que le droit d'appel avait

(1) Scaccia, *Tractat. de Apellat. quest.*, 16.

été aboli à la fin de la première race » (1), mais que « Louis IX, prince politique, aussi profond qu'il était habile législateur, comprit parfaitement toute la puissance de l'appel d'origine romaine et il avait organisé un tribunal supérieur auquel chacun pouvait toujours recourir » (2). Les explications de ce genre sont fort aisées, car elles paraissent expliquer les faits en ne faisant que les constater.

Il nous a semblé qu'il en était autrement et que les institutions ne pouvaient ni se créer instantanément sans précédents, ni être imposées par un prince ou un législateur quel qu'il fût ; mais qu'elles résultaient des besoins d'une époque, des nécessités présentes que le prince et le législateur ne faisaient que consacrer en promulguant une loi.

Nous n'avons donc pas encore une explication.

D'autres auteurs ont présenté sur la question de l'origine des appels des considérations du plus haut intérêt. Ainsi, on a voulu voir cette origine : 1° dans la plainte de défaute de droit avec ses diverses hypothèses, parce qu'elle donnait l'idée d'un recours à un tribunal supérieur (3) ; 2° dans la coutume qui permettait au suzerain d'envoyer des pairs de sa cour au vassal quand il en manquait, ou d'évoquer l'affaire à son propre tribunal, ce qui aurait facilité l'immixtion dans la justice du seigneur et mieux fait voir la possibilité d'un recours (4) ; 3° dans la coutume, d'ailleurs discutée, d'après laquelle toute justice du vassal cessait en présence du suzerain, ce qui aurait fait d'autant mieux sentir la supé-

(1) Henrion de Pansey, *De l'Autorité judiciaire*, I, 24.
(2) Fayard, *Essai sur le Parlement de Paris*, I, 66.
(3) *Actes du Parlement*, I, préface, V.
(4) De Fontaines, XXII, 14; Meyer, *Institutions judiciaires*, III, 98.

riorité du dernier; 4° dans la coutume qui rendait le tribunal du suzerain compétent pour tout débat entre le vassal et le seigneur sur des questions qui se rattachaient aux devoirs féodaux (1), etc. et tous les autres motifs qui peuvent provenir des conséquences de ce fait, qu'à côté de la justice du seigneur il y avait au-dessus celle du suzerain (2).

D'autres ont rappelé qu'au XIIIe siècle les études de droit romain avaient commencé à reprendre sérieusement et que ce droit offrait aux légistes un système et un modèle de hiérarchie organisée. Ils n'auraient fait qu'appliquer ce qu'ils trouvaient dans leurs livres et leurs commentaires (3).

D'autres ont préféré expliquer ce développement des appels par une influence ecclésiastique. A ce moment, en effet, le droit canon, dans toute sa force, réglait minutieusement les questions de hiérarchie, et il n'y aurait eu rien d'étonnant à ce qu'on ait appliqué en matière civile et laïque les principes et les règles que l'on voyait si souvent pratiqués ailleurs (4).

Certains ont fait remarquer que l'appel s'était aussi formé par suite des rapports de surveillance qu'exerçaient certains officiers sur d'autres (5).

Enfin on a dit avec raison que, dans l'organisation féodale, il n'y avait pas de place pour les vilains, les serfs et les villes, que par suite, si l'appel par le faussement existait pour tous ceux qui se trouvaient dans des liens de vassalité, il ne fonctionnait pas pour les autres, et

(1) Warkœnig, III, 102; Meyer, III, 104.
(2) Meyer, III, 106 et s.
(3) Mably, *Observations*, LIV, 2; Bernardi, *Origines de la législation française*, 359; Rapetti, *Livre de Jostice et de Plet*, *Préface*.
(4) Meyer, III, 107.
(5) Warkœnig, III, 103.

de là serait née une tendance à assimiler tout le monde à cet égard. Cela est fort juste, mais n'explique pas l'origine de l'appel (1).

Toutes ces diverses raisons sont ingénieuses, renferment une grande part de vérité et contribuent à éclaircir le problème, mais on ne peut pas dire qu'elles l'aient résolu et voici pourquoi. Si on prend chacune de ces considérations en particulier, on s'aperçoit facilement que l'appel ne fut pas créé spécialement pour parer à tel ou tel inconvénient auquel on fait allusion et qu'il ne fut pas, par exemple, une copie du droit romain, car il est toujours impossible d'appliquer à un pays les institutions d'un autre, si les circonstances et les besoins ne sont justement favorables à l'introduction de ces institutions. Ainsi donc, il ne faut pas rechercher dans les différents aperçus que nous avons brièvement résumés l'origine des appels, mais y voir ces circonstances nouvelles et ces besoins divers qui permirent à l'appel de se transformer et de se constituer sur une plus grande étendue.

Cela nous semble d'autant plus certain que, dans la période purement féodale, nous avons reconnu l'existence d'un appel, d'un recours pour mal jugé qui ne s'exerçait, il est vrai, que dans un cercle très-restreint, mais qui existait. Le peu de sécurité de ces temps, le danger du combat judiciaire, la crainte, si on voulait fausser, de voir le seigneur commencer une guerre privée pour se venger, purent arrêter les parties qui voulaient former un appel. Mais quand ces guerres privées eurent été prohibées ou restreintes, lorsque le duel eut été remplacé par l'enquête, enfin quand l'administration nouvelle, qui se développait à côté de la royauté, eut

(1) Meyer, III, 87.

contribué à donner plus de sécurité et fourni les éléments nécessaires pour pouvoir appeler, alors l'institution prit de nouveau son essor et se développa rapidement grâce à toutes ces circonstances, grâce aussi à ce qu'antérieurement il existait des facteurs et des éléments susceptibles de se développer. En un mot nous voyons l'origine de l'appel, tel qu'il fonctionnait à la fin du XIIIe siècle, dans la procédure du faussement de jugement, modifiée par les faits et les circonstances que nous avons mentionnés.

CHAPITRE III. — De l'organisation judiciaire en matière d'appel.

Ce chapitre est divisé en deux paragraphes : 1° état de l'organisation à la fin du XIIe siècle ; 2° de la nouvelle organisation royale. Nous serons assez brefs sur le premier point, car les développements que nous avons donnés dans la période précédente ont déjà suffisamment fait connaître la question.

§ I. *Etat de l'organisation à la fin du* XIIe *siècle.* — La hiérarchie féodale, qui provenait des rapports successifs de vasselage, rendait possibles les appels au supérieur, et nous avons vu qu'il pouvait en être ainsi en cas de faussement ou de défaute.

Quelles autorités pouvaient donc connaître de ces appels ? Il est difficile de répondre précisément à cette question, car la hiérarchie féodale n'était pas réglée dans ses degrés et on pouvait avoir une foule de suzerains ou d'arrière-vassaux avec lesquels on avait rarement à rendre la justice. Chaque grande seigneurie formait en réalité un ensemble et un tout, qu'on ne franchissait point, parce qu'il n'y avait pas d'autre centre et des institutions pour y rattacher les provinces. Aussi ce serait, selon nous, une conception fausse de regarder l'appel comme remontant de degré en degré jusqu'au roi. C'étaient peut-être les principes, tels que Beaumanoir les formulait (1), mais il n'écrivait qu'en 1283, après la transformation de l'appel. Auparavant et en fait, il n'en pouvait être ainsi que fort rarement et seulement dans les domaines particuliers du roi.

Le cercle de l'appel était donc restreint et cela découlait du mode de preuve par le combat. Puisqu'on ne pouvait fausser de nouveau ce qui une première fois avait été tranché par un combat, il en résultait que la procédure du faussement se passait dans la majorité des cas devant le suzerain du seigneur faussé, sans qu'on pût remonter plus haut, pas même au roi.

Si nous possédions des documents de la pratique de cette époque, nous pourrions bien dire que de tel seigneur on appelait à tel autre ; mais nous ne pourrions pas résumer le système judiciaire de la France en matière d'appel en déclarant qu'on appelait d'officiers toujours les mêmes à d'autres et ainsi de suite. Cette régularité et cette uniformité ne peuvent se former que dans une administration assez développée, et le système féodal était justement contraire à cette tendance vers l'unité.

Le rôle de la royauté ne fut pas à l'origine différent de celui des grands feudataires parmi lesquels le roi était compté. Elle avait une cour, *curia regis*, où on recevait les appels de même que dans celles des autres grands feudataires; mais elle était restreinte dans sa compétence et son influence aux terres que le roi possédait et qui furent quelques temps après les pays d'obéissance le roi. Ce n'est donc que plus tard, quand le pouvoir royal augmenta, que les domaines de la couronne s'étendirent

(1) Beaumanoir, XXXIV, 41 (II, 22).

et que des officiers furent créés pour les garder, que l'administration se forma et que l'appel sortit du cercle restreint dans lequel la féodalité le confinait.

§ II. *De la nouvelle administration royale.* — Ce serait faire l'histoire de la royauté que de dire comment et pourquoi elle se développa au XIIe et au XIIIe siècle ; telle n'est pas notre intention.

Nous constaterons seulement que l'accroissement des possessions territoriales des rois de France amena nécessairement une augmentation de leur influence au point de vue judiciaire. Il devint dès lors nécessaire, à mesure que les possessions s'accrurent, de les administrer, d'y faire rendre la justice, et d'y envoyer pour cela des officiers royaux. Telle fut la première origine de l'administration royale. On se tromperait, si on croyait que dans les grands fiefs il n'existait pas une certaine organisation judiciaire; mais, comme l'obligation et la charge de rendre la justice avaient été inféodées, étaient devenues des droits lucratifs, dont chaque seigneur se regardait comme propriétaire, il ne pouvait être question ni d'officiers soumis à une surveillance efficace, ni d'administration simple, uniforme, dont chaque membre serait relié à un centre commun.

L'administration royale eut au contraire pour but de créer sur le territoire de la couronne et dans chaque province, à mesure qu'elle y fut réunie, une organisation judiciaire simple, une, dont les officiers étaient révocables, concentrée à Paris par le Parlement et qui devint par suite l'adversaire de l'organisation féodale.

Cette formation lente et progressive de l'administration royale fut une des transformations les plus saillantes de notre époque et dans sa préface aux *Olim*, M. Beugnot en a parfaitement marqué le caractère : « Ce chan-

« gement dans l'administration judiciaire ne fut point « l'effet d'une innovation méditée par un prince sage ou « un ministre éclairé. Il est même douteux que ses résul- « tats aient été entrevus par ceux sous les yeux et par le « moyen desquels il s'opéra, car ce qui se passait dans « les tribunaux était la conséquence de la restauration « de l'autorité royale (1). »

Cette nouvelle administration se révéla surtout par la formation d'une hiérarchie fixe et uniforme qui comprenait les prévôts, les baillis, le Parlement et le roi. Nous passerons en revue chacun de ces tribunaux.

1. *Les prévôts et leur tribunal.* — Le premier degré dans la hiérarchie royale était occupé par les prévôts. On les appelait aussi baillis, en les confondant avec d'autres officiers, qui furent ensuite plus nettement déterminés, ou viguiers dans le Midi.

Ces officiers jugeaient les causes non féodales des bourgeois, des roturiers, des vilains, qui jadis ne pouvaient point user de la procédure du faussement. On trouve trace des prévôts dès 1057, puis en 1115, 1168 (2), mais leurs attributions, leur compétence, comme leur mode de nomination, ne furent réglés qu'aux XIIIe et XIVe siècles (3).

Les prévôts n'exercèrent à l'origine qu'une compétence de première instance, et nous n'aurions pas à en parler s'ils n'étaient devenus, par la suite, des juges d'appel à l'égard des juridictions seigneuriales qui leur étaient inférieures. Il n'entre pas dans notre plan de traiter ici en détail de ces officiers subalternes, nous avons marqué leur place dans la hiérarchie nouvelle et nous ajouterons seulement

(1) *Olim.*, I, LXVII.
(2) *Ordon.*, I, 2; I, 15; II, 381.
(3) Pardessus, *Organ. judic.*, 280-84.

quelques mots sur un seul de ces prévôts, dont la fortune fut plus grande et le rôle plus élevé. Ce fut le prévôt de Paris. De bonne heure, cette prévôté fut soumise à un régime spécial, et Joinville nous apprend qu'elle fut rachetée et remise en sa main par saint Louis (1), tandis que toutes les autres se vendaient. On attribua à ce tribunal une compétence beaucoup plus étendue que celle des autres prévôts, et cela parce qu'à Paris il n'y avait point de bailli ; le *Garde de la prévosté de Paris* en tint lieu. A ce titre, il connaissait des appels des chatellenies voisines de Paris, et son tribunal prit peu à peu une importance considérable et donna naissance au Châtelet de Paris, dont nous déterminerons plus tard la place dans l'ensemble des institutions judiciaires du XIVe siècle.

2. *Les baillis et leur tribunal.* — La création la plus importante et la plus utile de cette époque fut celle des bailliages et des baillis, parce que cette institution servit d'intermédiaire entre les officiers les plus subalternes et la cour suprême, le Parlement.

La plus ancienne trace que nous en ayons se trouve dans le célèbre testament de Philippe-Auguste, de 1190 : « *Et in terris nostris quæ propriis nominibus distinctæ sunt baillivos nostros posuimus qui in baillivis suis, singulis mensibus ponent unum diem, qui dicitur assisia, in quo omnes illi, qui clamorem faciunt, recipient jus suum per eos et justitiam sine dilatione et nos, nostra jura et nostram justitiam* (2). »

On ne connaît pas l'acte de création des baillis et on ignore toutes les villes dans lesquelles ils furent placés (3),

(1) Bouquet, XX, 296.
(2) *Ordon.*, I, 18.
(3) Pardessus, *Organ. judic.*, 245.

mais cela importe peu pour nous, car c'est surtout leur rôle qu'il faut nettement faire ressortir.

Les baillis furent créés pour plusieurs motifs. Tout d'abord pour permettre au roi de s'assurer des provinces et des villes où ils étaient placés. Le bailli n'était pas toutefois chargé uniquement de maintenir une province, il réunissait tous les pouvoirs, administratifs, financiers, judiciaires, car à cette époque il n'existait point dans les fonctions la séparation et les délimitations précises que nous sommes habitués à rencontrer aujourd'hui. De plus, le bailli devait rendre compte de son administration et pour cela se présenter à Paris quand il était convoqué : « *Præcipimus insuper ut ex die sint ante ipsos de singulis villis nostris et baillivi nostri qui assisias tenebunt ut coram eis recitent negotia terræ nostræ* (1). » C'était là le même principe qui jadis avait fait instituer les *missi*. On voit ainsi comment se constitua cette hiérarchie nouvelle et ce centre administratif puissant auquel chacun s'adressait en dernier lieu. Ce sont, on le sait, les deux conditions essentielles de tout développement des appels.

Les suites de ce que nous venons d'exposer trop brièvement sont faciles à saisir pour l'histoire du droit d'appel. A mesure que la hiérarchie s'organise, l'appel suit une marche analogue ; et, plus l'administration se complique, plus l'appel se transforme et prend place au milieu des institutions régulières. Ce qu'il y a d'intéressant à faire observer, mais de fort délicat à exposer, c'est cette simultanéité dans toutes ces modifications qui servirent à constituer l'appel tel que nous le connaissons au XIVe siècle. Création des baillis, constitution du Parlement à Paris, formation d'une hiérarchie, suppression du duel

(1) *Ordon.*, I, 18.

judiciaire, apparition de l'amendement de jugement, tous ces changements se tiennent ensemble de si près et réagissent tellement l'un sur l'autre qu'il est impossible de comprendre ce grand mouvement du XIIIe siècle, si on ne tient ensemble dans sa main tous les fils divers qui correspondent à chacune de ces institutions.

Nous ne dirons rien de la nomination des baillis, de la manière dont ils rendaient la justice (1), des formes qu'ils observaient, etc., parce que ces questions sont réglées par des ordonnances et des textes très connus et elles ne rentrent pas dans l'histoire de l'appel. Une différence essentielle existait entre ces officiers et les prévôts. Ces derniers ne jugeaient que les roturiers et les bourgeois, tandis que les baillis étaient juges des nobles lorsqu'ils avaient entre eux des différends ou lorsque le roi était partie au procès (2). Leur circonscription comprenait donc le territoire des nobles et, par suite, tout le territoire sur lequel ils résidaient (3). Ce fut la première division administrative de la France qui fut faite d'une manière uniforme et qui embrassa tous les territoires si divers de condition, d'étendue et d'importance que la féodalité avait créés.

3. *La Cour du roi. Le Parlement.* — Le tribunal le plus élevé était la cour du roi. C'était la cour féodale, que le roi, comme seigneur, devait tenir dans ses domaines, c'est-à-dire dans les pays d'obéissance le roi, et en cela elle ne différait en rien des autres cours tenues par les grands barons dans leur fief (4).

On y jugeait les cas de défaute de droit et les fausse-

(1) Beaumanoir, I, c. 1, *De l'office du bailli.*
(2) *Livre de Jostice et de Plet*, t. XIX, *De l'office au baillif.*
(3) Boutaric, *Philippe-le-Bel*, 171.
(4) Sur l'origine de la cour du roi, il faut voir Beugnot, *Olim.*, I, préface, VI et s.

ments de jugement, mais de bonne heure on y porta des procès en demandant *amendement* de la sentence. C'est du moins ce qu'on peut conclure d'une charte de l'abbaye de Figeac par laquelle le roi confirme à l'abbé le droit de porter ses appels devant le roi. Nous ne voulons pas décrire les différentes transformations de cette cour jusqu'au jour où elle devint le Parlement. Cette histoire a déjà était faite par Beugnot, Pardessus, Boutaric et d'autres ; il nous suffira de dire que, d'abord exclusivement composée de barons, elle fut tenue peu à peu par des officiers de la couronne et des gens du roi qui apportèrent dans leurs fonctions d'autres idées et d'autres principes. Plus tard, on n'y rencontre que des légistes.

Nous connaissons dans l'histoire de cette cour le point de départ et d'arrivée, mais nous ne savons pas exactement comment elle parvint à prendre cette situation prééminente sur tout le royaume. Ce n'est pas expliquer la difficulté que de dire qu'elle grandit en influence à mesure que la royauté augmenta en puissance et en autorité, car on ne fait que reculer la question. Nous distinguerons entre les pays d'obéissance le roi et ceux hors l'obéissance le roi. Pour les premiers la question est fort simple : la cour du roi formait à leur égard le tribunal souverain, comme la cour du duc de Bretagne ou de Bourgogne l'était aussi pour les Bretons et les Bourguignons. Pour les seconds, il faut admettre que le fait de l'hommage leur donnait à l'égard du roi de France une situation de vassal qui entraînait certaines obligations et qui, notamment en cas de contestation, pouvait aboutir à un jugement du roi ou de sa cour. Ils reconnaissaient donc la supériorité de la cour du roi. Il est vrai qu'en réalité ces grands vassaux étaient indépendants, suzerains chez eux et dans une situation supérieure aux vassaux directs du roi de France ; mais, par le seul fait qu'ils reconnaissaient un supérieur, ils n'eurent jamais ni la situation, ni l'autorité du roi (1).

Notre opinion est confirmée par des textes très probants. Ainsi à propos d'une contestation de 1156 entre le comte d'Auvergne et son neveu, le roi d'Angleterre, supérieur direct comme duc d'Aquitaine, déclara que, s'il avait refusé de rendre justice, la cour de France aurait été compétente (2). Plus tard, en 1224, dans un procès entre le sire de Nesle et la comtesse de Flandre, le premier appela *de defectu juris ad curiam regis*, et le document qui nous a été conservé montre que, malgré les représentations de la comtesse qui offrait de faire justice, la cour se reconnut compétente et jugea l'affaire (3).

Enfin les Établissements montrent le progrès fait par la cour du roi lorsqu'ils disent : « *Et ce est hors de l'obéissance le roi et il veigne en la court le roi par ressort, ou par apel, por défaute de droit ou por faus jugement ou por recréance véée, ou por tort ou por grief ou por véer le droit de sa cort* (4), » donc, dans tous ces cas, la cour du roi était compétente pour ceux qui ne se trouvaient point dans les domaines de la couronne (5).

Les textes précédents prouvent que la cour du roi était compétente en matière de défaute de droit, et nous pourrions affirmer que ce fut toujours un principe incontestable de droit féodal. En était-il de même pour l'appel véritable ?

Les Établissements dans le passage cité « *ou por faus*

(1) Pardessus, *Organ. judic.*, 32.
(2) Pardessus, *Organ. judic.*, 40.
(3) Teulet, *Le trésor des Chartes*, arrêt de 1224.
(4) *Etablissements*, II, 15.
(5) Boutaric, *Actes du Parlement*, Préface, V ; Pardessus, *op. cit.*, 79, 85.

iugement » ne paraissent pas en douter. Cependant nous savons que, si les barons ne firent aucune réclamation à l'égard des plaintes de défaute de droit qui allaient en cour du roi, ils s'élevèrent très fortement contre les appels qu'on y adressait. Il y a d'ailleurs une très grande différence entre ces deux institutions, et Pardessus l'a fort bien précisée. « Dans l'appel, on défère à une juri- « diction supérieure le jugement rendu par un juge in- « férieur ; la cause, déjà jugée en première instance, « l'est de nouveau. L'appel suppose l'existence d'un « jugement dont on demande la réformation. La dé- « faute de droit suppose que le procès n'a pas été ou « n'a pu être jugé ; le recours au suzerain, dans ce cas, « a pour objet qu'il statue sur ce procès, dont son vassal « n'a pas pris connaissance, et c'est, dans la vérité des « mots, une évocation. Ce recours, qui, par la nature « des choses, ne pouvait être porté que devant le roi, ne « subordonnait pas, à proprement parler, la juridiction « de ces seigneurs à celle du roi ; il n'avait lieu précisé- « ment que parce qu'ils refusaient d'user de leur droit « de justice...... (1). »

On comprend donc les hésitations des seigneurs. La règle pour les appels ne fut jamais aussi bien établie que pour la défaute, et nous voyons même dans un arrêt de 1259 la cour du roi reconnaître qu'elle ne devait pas recevoir l'appel d'un jugement rendu dans un lieu où cette voie de recours n'était pas autorisée par la coutume (2). Néanmoins, le droit d'appeler s'établit peu à peu pour tous ; et on peut dire qu'il en fut ainsi à la fin du XIIIe siècle. Il est intéressant de noter que, justement à la même époque, des tribunaux supérieurs se consti-

(1) Pardessus, *op. cit.*, 79.
(2) *Olim*, I, 453.

tuèrent dans les provinces et les pays hors l'obéissance le roi, auxquels on adressa les appels de chaque province et pour lesquels c'est une question de savoir si leurs décisions étaient ou non souveraines.

Nous connaissons ce qu'on entendait par la cour du roi. Qu'était-ce maintenant que le Parlement? Les rois avaient pris l'habitude de réunir leur cour et les personnes qu'ils y appelaient aux grandes fêtes religieuses qui attiraient beaucoup de leurs vassaux. C'était un moyen de rendre l'exercice de la justice plus facile et plus solennel. Ces réunions, *concilium*, *congregatio*, s'appelèrent aussi *parlamentum*, mot sans signification technique à cette époque et usité pour désigner toute assemblée où l'on avait un objet quelconque à débattre, prirent un caractère judiciaire plus prononcé à mesure que la royauté progressa. Ducange a donné à cet égard dans ses dissertations sur Joinville des détails auxquels nous renvoyons.

La cour du roi le suivait toujours dans ses voyages, de là ce caractère ambulatoire qu'elle conserva longtemps. La nécessité des choses entraîna cependant sa fixation à Paris. Déjà le testament de Philippe-Auguste pouvait faire pressentir ce changement en 1190 : « *Volumus ut charissima mater nostra A., regina, statuat cum charissimo avunculo nostro et fideli Guillelmo remensi archiepiscopo, singulis quatuor mensibus ponent unum diem parisius in quo audiant clamores hominum regni nostri et ibi eos finiant ad honorem Dei et utilitatem regis* (1). » Mais ce fut surtout le besoin d'une division du travail qui amena la création des baillis, puis la séparation de la cour du roi en différentes branches qui eut

(1) *Ordon.*, I, 18.

aussi pour effet de faire résider définitivement à Paris ce Parlement ambulatoire, afin qu'il servît de centre administratif commun pour tous les officiers royaux envoyés dans les provinces. On a dit quelquefois que ces réformes furent l'œuvre de saint Louis, nous préférons dire que cette évolution s'acheva simplement sous son règne.

En effet, toute institution, avant d'être modifiée en droit, l'est en fait par l'usage et la pratique. Ainsi un acte de 1224 laisse entrevoir qu'il y avait une partie de la *curia regis* exclusivement chargée des affaires judiciaires ; Joinville confirme ce fait en disant : « *Quand il revint de parler aux prélatz il vint à nous qui l'attendions à la Chambre aux plaitz*, » donc il y avait deux chambres. Enfin ce fait que les arrêts contenus dans les *Olim* commencent en 1256 et ne renferment aucun document d'ordre purement administratif (1) prouve que, sous saint Louis, la séparation de la section judiciaire était un fait accompli. Tout n'était pas encore réglementé, car ce ne fut qu'au commencement du XIVe siècle que les différentes cours émanées de la *curia regis* primitive reçurent leur organisation comme telles, mais la séparation était faite.

Quant au point de savoir quand la cour devint sédentaire à Paris, il a été fort discuté. La plupart des auteurs ont attribué cette sage réforme à Philippe-le-Bel, mais on peut dire que ce fut sans motifs. Aujourd'hui la critique est fixée. En rejetant le diplôme de 1220 en faveur de l'abbaye de Tiron, qui est certainement faux, mais en tenant compte de la tendance indiquée par le testament de Philippe-Auguste, il résulte d'ordonnances

(1) Pardessus, *op. cit.*, 95 et s.

de 1256 et 1277 que c'est sous saint Louis que la cour ou le parlement devint sédentaire à Paris (1).

4. *Cours provinciales.* — Il s'établit dans les provinces de même que dans les domaines de la couronne de grandes cours judiciaires qui dérivaient aussi des anciennes cours féodales. L'Echiquier de Normandie, les Grands-Jours de Champagne, etc. étaient des tribunaux supérieurs pour ces provinces, comme le Parlement de Paris l'était pour l'Isle de France. Nous ne pouvons ici faire l'histoire de ces cours, ce qui serait fort délicat et fort long, nous dirons seulement qu'on admet en général qu'elles dépendaient de la cour du roi et en relevaient. On voit dès lors quelle était la place de ces tribunaux dans la hiérarchie judiciaire, et on saisit aussi les traditions d'après lesquelles devaient plus tard s'établir les parlements provinciaux (2).

§ III. *État de l'organisation judiciaire dans le Midi.* — Plusieurs causes contribuèrent à donner au midi de la France un autre aspect et d'autres institutions que dans le nord. La législation romaine qui s'y était en partie conservée, le régime municipal si fortement développé tel que nous le trouvons aux XIIe et XIIIe siècles, enfin l'état avancé de culture dans lequel les provinces méridionales se trouvaient relativement à celles du nord, influencèrent sur leur organisation politique et judiciaire.

Si on se place avant toute incursion des Français dans le midi, et avant que les nouveaux principes d'administration royale eussent été introduits dans le Languedoc, on peut constater l'existence de l'appel dans les villes municipales ou au moins dans certaines. Les statuts

(1) Pardessus, *Organ. judic.*, 90.
(2) *Vdie* Beugnot, *Olim*, II, préface, I; Warkœnig, *op. cit.*, I, 345; Pardessus, *op. cit.*, 121 ; Boutaric, *Philippe*, IV, 213.

d'Arles (1162-1200) (1), la coutume de Montpellier (1204) (2) et d'autres documents de la même époque ne laissent à cet égard aucun doute. Des textes un peu postérieurs permettent de donner plus de renseignements. Ainsi à Nîmes et à Avignon, le viguier recevait les appels du juge et, à partir de 1251, le sénéchal ceux du viguier (3). La coutume de Montsaunès de la fin du XIIIe siècle nous apprend que les habitants de cette commanderie du Temple pouvaient appeler ou devant le maître de la province de Gascogne ou devant le *judex appellationum* de la baillie (4). On rencontre de semblables *judices appellationum* dans les *statuta Roberti Siculi regis* du XIIIe siècle (5) et dans les privilèges de la ville d'Apt : « *In nostro auditorio primarum vel secundarum appellationum coram judicibus in eis per nostram magestatem ordinatis* (6). »

Les textes épars et sans unité que nous venons de citer ne permettent pas de saisir quelle était l'organisation judiciaire du midi et des villes municipales en matière d'appel. Nous avons heureusement pour le Languedoc des ouvrages considérables et des documents fort précieux qui permettent d'être mieux fixé.

L'appel existait à Toulouse ainsi que cela est montré par son ancienne coutume qui défend d'appeler pour une somme inférieure à vingt livres (7).

Les juges du premier degré dont on pouvait appeler étaient en matière civile les prévôts pour le Poitou et la

(1) Giraud, *op. cit.*, II, 185.
(2) Giraud, *op. cit.*, I, 59.
(3) *Revue du droit historique*, 1877, I, 234.
(4) *Recueil de législation de l'Académie de Toulouse*, VIII, 124.
(5) Giraud, *op. cit.*, II, 73.
(6) Giraud, *op. cit.*, II, 144.
(7) Bourdot, *Coutumier général*, IV, 1045.

Saintonge, les bayles en Auvergne, les juges pour le midi, et dans quelques villes les consuls. En matière criminelle, on appelait des consuls, car les villes municipales, jalouses de la juridiction pénale, mirent tous leurs efforts à la conserver (1).

Un règlement d'Alphonse de Poitiers, de 1254, apporta plus d'uniformité et de précision, et il fut reglé qu'on appelerait à Toulouse des consuls devant le viguier, du viguier devant le sénéchal et de tous les autres juges devant le sénéchal : « *Item quod a consulibus Tolose appelletur ad vicarium domini consulis et quod judex curie vicarii cognoscat de omnibus illis appellationibus auctoritate vicarii; quod a sententiis domini vicarii appelletur ad senescallum et quod judex qui continue est cum senescallo Tolose, cognoscat de illis appellationibus, autoritate senescalli, quod a sententiis latis a singulis judicibus qui habent speciales judicaturas appelletur ad senescallum in cujus senescallia sunt constituti, et de illis appellatio cognoscat judex senescalli* (2). »

Cette simplicité dans la réglementation des appels a fait dire à M. Boutaric : « Autant les juridictions de pre- « mière instance étaient diverses et multipliées, autant « les juridictions du deuxième degré étaient uniformes et « peu nombreuses. Il n'y avait par sénéchaussée qu'une « seule cour d'appel, celle du sénéchal » (3). Il est, en outre, fort remarquable que le sénéchal ne jugeait pas lui-même, comme les baillis le faisaient dans le nord, ils avaient pour cela un *judex appellationum, juge d'appeaux*, dont il est si souvent fait mention dans les textes du midi de la France. Cette séparation dans les

(1) Boutaric, *Saint-Louis et Alphonse de Poitiers*, 352, 358.
(2) Règlement d'Alphonse, *Histoire du Languedoc*, VIII, 1357.
(3) Boutaric, *Alphonse de Poitiers*, 364.

pouvoirs prouve que la science administrative était beaucoup plus avancée dans le midi que dans le nord.

La situation des autres provinces méridionales était la même que celle du Languedoc. Les sénéchaux royaux de Beaucaire et de Carcassonne connaissaient également des appels, mais ne jugeaient point par eux-mêmes, on ne peut citer que ceux de Poitou et de Saintonge qui procédaient comme les baillis, bien qu'ils fissent partie du gouvernement d'Alphonse (1).

Les sénéchaux n'étaient pas juges souverains; on appelait de leurs sentences au parlement d'Alphonse : « *A sentenciis latis per senescallum tam in principalibus causis quam in causis appellationum vel per judices quibus ipsius senescalli causas commiserint, ad dominum comitem appelletur* (2). »

Nous ne pouvons retracer ici les causes qui amenèrent l'organisation de ce parlement, nous voulons seulement faire ressortir ce fait, si bien démontré par M. Boutaric, que le parlement d'Alphonse ne jugeait jamais les appels pour mal jugé ou pour défaute de droit. On en remettait la décision à des commissaires spécialement délégués pour chaque cause et qui ne faisaient point nécessairement partie de l'ordre judiciaire.

Pour l'appel, cela nous est prouvé par de nombreux documents et entre autres, par cette formule de commission : « *Alfonsus, causam appellacionis a nos interposite a Manfredo de Rabastenx, domicello, a sentencia lata per magistrum Guillelmum de Farno, judicem sevescallie Tolose, in causa appellacionis que inter dictum Manfredum ex una parte et Bertrandum de Rabastenx, militem, coram ipso vertebatur, vobis committimus audiendam et*

(1) Boutaric, *op. cit.*, 372.
(2) *Histoire du Languedoc*, VIII, 1357.

fine debuto terminandam (1). » Pour la défaute, cela est attesté par une requête de 1267 : « *Guillaume de Vernon, chevalier, requiert Monseigneur le conte et son conseil que li face amender les griés et les torz que li baillif de Poito fet a celui Guillaume... et de celi baillif ne li vost pas fere jugement...* » et la lettre de commission qui la suivit : « *Dilecto et fideli clerico suo Guichardo canonico cameracensi... causam appellacionis ad nos a Guillelmo de Vernoto, milite, interposite, a gravaminibus a senescallo Pictavense illatis, vobis committimus audiendam et fine debito terminandam* (2). »

Ces détails font suffisamment connaître l'organisation judiciaire du midi de la France. On a pu voir combien, à certains égards, ce système était différent de celui du nord et M. Boutaric, dans son bel ouvrage, a mieux que tout autre précisé cette distinction : « On voit donc que « ce parlement différait de celui du roi, qui avait pour « mission de recevoir les appels des justices inférieures « et surtout des juridictions seigneuriales. Cependant le « parlement d'Alphonse était évidemment une imitation « de la cour du roi ; toutefois le comte de Poitiers com- « bina deux institutions qui étaient restées distinctes « dans les domaines de la couronne, la cour de justice « et les enquesteurs. Il n'attira pas à sa cour le jugement « des appels ; loin de là, il les faisait juger sur les lieux « mêmes où la sentence frappée d'appel avait été rendue. « Ce système était plus favorable à la bonne administra- « tion de la justice que celui que les rois de France « adoptèrent de faire du parlement de Paris le centre où « tout venait aboutir ; mais, en agissant ainsi, ils suivirent

(1) Cité par Boutaric, *op. cit.*, 379, note 30. Voyez une semblable commission dans l'*Histoire du Languedoc*, VIII, 1198, (1247).
(2) Cité par Boutaric, *op. cit.*, 382.

« plutôt leur intérêt politique que celui des plaideurs. Il « ne faut pas oublier du reste que le parlement de Paris « n'admettait pas tous les appels et qu'il en renvoyait le « plus grand nombre devant des commissaires choisis « sur les lieux et délégués spécialement pour chaque « cause (1). »

Au-dessus du parlement d'Alphonse, il y avait encore une autre juridiction, celle du roi. Mais, comme saint Louis chercha toujours à régler d'une façon amiable les différends qui auraient pu naître entre son frère et lui, nous ne possédons aucun jugement aux *Olim* à cet égard; le principe n'en était pas moins certain. D'ailleurs, comme le fait remarquer judicieusement M. Boutaric, « de pareils « recours devaient être rares, car les Poitevins et « les Toulousains trouvaient, sans s'adresser au roi de « France, une hiérarchie de tribunaux capable de lasser « le plaideur le plus obstiné (2). »

§ IV. *Des juridictions municipales.* — Au XIIIe siècle, la France n'était pas seulement partagée au point de vue de la juridiction entre le roi et les différents vassaux, il fallait encore compter les juridictions municipales et ecclésiastiques qui ne rentraient pas dans l'organisation féodale.

Pour les premières, nous venons de voir que dans les villes du midi les appels fonctionnaient soit par souvenir et tradition de la législation romaine, soit parce que l'état avancé de ces populations leur rendait nécessaire une juridiction de ce genre. Dans le nord, la question est plus difficile, car les documents nous font défaut. On a dit que, puisque ces juridictions municipales ne rentraient pas

(1) Boutaric, *op. cit.*, 405. Voyez aussi Molinier dans *Hist. du Languedoc*, VII, 526.
(2) Boutaric, *op. cit.*, 419, 421.

dans la hiérarchie féodale, on ne pouvait rencontrer ici les objections contre l'appel que les seigneurs mettaient en avant contre le roi (1). Cela est exact, mais ne nous explique point s'il y avait ou non un recours organisé contre les sentences des magistrats municipaux.

En fait, l'appel dut exister et voici pourquoi. Les communes s'établirent surtout par des chartes concédées par le seigneur, et il était rare, on peut même dire qu'il était défendu que le seigneur aliénât une partie de son fief sans au moins retenir la suzeraineté et le ressort.

Nous ne pouvons dans les limites restreintes de ce travail rechercher dans toutes les chartes de commune si l'appel et son développement y suivirent une marche à peu près uniforme. Nous avons seulement constaté qu'ici, comme pour les autres juridictions, nous trouvons d'abord en usage le faussement du jugement remplacé ensuite par l'amendement. Il en était ainsi à Saint-Omer : « *Si scabini a comite vel a ministro comitis submoniti, falsum super aliqua re judicium fecerunt, veritate scabinorum atrebatensium sive aliorum qui eamdem legem tenent, comes eos convincere potuit et si convicti fuerint ipsi et omnia sua in potestate comiti erunt* (2). »

Plus tard les rois s'efforcèrent de faire rentrer les juridictions municipales dans la hiérarchie nouvelle qu'ils avaient organisée et en effet nous trouvons dans les *Olim* un certain nombre de jugements rendus par des magistrats municipaux dont on appelle aux baillis puis en dernier lieu au Parlement.

§ V. *Juridictions ecclésiastiques.* — Nous avons déjà annoncé au commencement de cette étude du droit français que nous n'avions pas l'intention de traiter des juri-

(1) Pardessus, *Organ. judic.*, 354 et s.
(2) Cité par M. Giry, *Hist. des instit. munic. de Saint-Omer*, 201.

dictions ecclésiastiques, car le sujet est lui-même trop vaste et trop important.

Cependant nous résumerons en quelques lignes les principes les plus certains du droit canon de manière qu'on puisse comparer l'état du droit civil et de la législation canonique et savoir ce que la première emprunta à la seconde.

Tout d'abord la possibilité du recours ne fait aucun doute. Beaumanoir en constatait déjà l'existence : « *Et de ces apiax de crétienté se plet est devant le dyen on peut apeler à l'évèsque et de l'évèsque à l'arcevèsque et de l'arcevèsque à l'apostole, mais du juge envoié de par l'apostole pot-on pas apeler que par devant l'apostole* (1). » Nous avons vu en outre que les assises de Jérusalem s'exprimaient formellement à cet égard et si on voulait plus de détails sur le fonctionnement et la compétence de chacun des tribunaux ecclésiastiques, on les trouverait dans les archives législatives de Reims publiées par M. Varin, ou aux titres *De Appellationibus* dans Guillaume Durand ou le *corpus juris canonici* (2).

Ce qui nous intéresse n'est pas précisément l'organisation judiciaire des tribunaux d'église, car la hiérarchie nouvelle se créa sans emprunter grand'chose à ces tribunaux, mais la manière de procéder dont on usait devant ces cours.

Il serait difficile de contester la similitude frappante des principes du droit canon avec ceux du droit romain dans le dernier état de la législation et cela s'explique aisément quand on connaît la manière dont se formèrent les collections canoniques. Mais il est plus délicat de préciser et de trancher si ce fut par le droit canon que les principes

(1) Beaumanoir, II, 30 (I, 59).
(2) *Archives législatives de Reims*, 4 v. in-4°; *Collect. des doc. inéd.* 1850.

de la procédure romaine s'introduisirent dans notre droit. Examinons d'abord les règles principales de cette procédure. En principe tout le monde pouvait appeler pourvu qu'on y eût intérêt et dans tous les cas. On avait seulement discuté s'il était permis d'appeler dans les causes de peu d'importance. Mais Tancrède et Guillaume Durand s'étant prononcés pour l'affirmative leur opinion devint celle de la plupart des canonistes qui suivaient en cela les traditions romaines (1).

L'appel devait avoir lieu dans les dix jours (2), mais on trouve des textes qui ne donnent que cinq jours. Il devait avoir lieu *gradatim* et *sine omisso medio* du juge inférieur au juge supérieur, sans cela la cause était renvoyée au juge compétent. Nous n'examinerons pas les exceptions qui purent être apportées à ce dernier principe par suite de la situation spéciale que prit le Saint-Siège, cela rentrerait dans une exposition suivie de la compétence des tribunaux d'église que nous n'avons point l'intention de faire (3).

La procédure était pour ainsi dire calquée sur les règles romaines. L'appelant devait remettre au juge *a quo* un *libellus appellationis* où étaient indiqués les moyens et causes de l'appel, puis demander des *litteræ dimissoriæ* ou *apostoli* par lequel le juge se dessaisissait de la cause. Il remettait ensuite au juge *ad quem* le *libellus appellationis* et les apôtres au moyen desquels le juge d'appel prenait connaissance de l'affaire et décidait.

Telle était fort résumée la procédure canonique. On peut ajouter que l'affaire devait être jugée dans un certain délai, un an ou deux ans, suivant les cas, sous peine de

(1) Cf. Fournier, *Officialités*, 215.
(2) *Corp. can.*, C. 2, Q. 6, c. 28.
(3) Cf. Fournier, *op. cit.*, 216 et s.

déchéance. Il était permis de renoncer à l'appel jusqu'au moment où le juge supérieur était saisi.

Les effets de l'appel étaient les mêmes qu'en droit romain. L'appel était dévolutif et suspensif. Quant au jugement sur appel, il pouvait changer entièrement la condition des parties ; en ce sens que le juge supérieur pouvait modifier la première sentence comme il lui plaisait et quand même une seule des parties aurait appelé. C'est là une règle que nous avions aussi constatée dans le droit romain.

Les règles que nous avons trop brièvement résumées offrent une grande analogie avec les principes de la procédure d'appel dans le midi de la France, mais se rapprochent beaucoup moins du droit de la France du nord au XIIIe siècle. Cela n'est d'ailleurs point surprenant. La procédure d'appel, les règles de l'amendement de jugement furent tout d'abord calquées sur les principes du faussement de jugement et dérivèrent des traditions germaines, tandis que le droit canon et la législation méridionale empruntaient leurs règles au droit romain. Telle est la cause de la séparation profonde qu'on peut observer entre les modes de procéder dans le droit féodal et dans le droit canon et qui a fait dire à quelques historiens que l'appel n'existait point dans le droit du XIIe et du XIIIe siècle et qu'il fut introduit grâce à une influence des tribunaux ecclésiastiques.

Nous avons déjà montré que cette explication de l'origine de l'appel n'était pas juste selon nous, et nous avons essayé de prouver que le faussement était un appel dont les règles se dégagèrent mieux quand le duel eut été supprimé. Sans revenir sur ces points déjà examinés, nous pouvons nous poser la question de savoir comment s'introduisirent dans le droit français les principes romains qui y dominèrent à partir du xve et du xvie siècle.

On dit d'un côté que ces règles furent empruntées au droit canon dont l'étude était en honneur dans les universités et dont on pouvait voir l'application journalière dans les tribunaux d'église. D'un autre côté, on peut dire également que les rapports plus fréquents entre le midi et le nord, la création au Parlement de Paris d'un auditoire de droit écrit, enfin l'étude du Digeste et des jurisconsultes romains purent avoir une influence réelle sur la marche de notre procédure, sans qu'il y ait eu emprunt à la législation canonique. Cette dernière opinion pourrait à la rigueur s'appuyer sur l'antagonisme réel qui existait entre les tribunaux royaux et les cours d'Église et dont on trouve déjà la trace dans Beaumanoir : « *Bone coze est et profitable et selonc Dieu et selonc le siècle que cil qui gardent la justice esperituel se mêlassent de ce qui appartient a l'esperitualité tant solement et laissassent justicier et esploitier à le laie justice les cas qui appartiennent a la temporalité* (1). »

Ces opinions trop entières ne doivent pas être l'expression de l'exacte vérité et il est probable que les modifications essentielles qui s'introduisirent dans la procédure d'appel du xiiie au xve siècle furent à la fois le résultat du développement naturel de la procédure déjà existante et d'une influence du droit romain et du droit canon. En effet, que les principes de la procédure du xiiie siècle aient subsisté en partie, c'est ce qui ne sera nié par personne, mais d'un autre côté l'adoption de la procédure par écrit et la prépondérance qu'elle prit dans les causes d'appel amenèrent rapidement un

(1) Beaumanoir, XI, 12 (I, 156) ; XI, 30 (I, 170).

accroissement dans les délais d'appel, l'emploi des *apostoli*, des lettres d'appel et de relief d'appel, etc., usage provenant directement ou indirectement du droit romain.

Pour conclure on peut considérer comme certain que le droit canon eut une influence sur la formation de la procédure d'appel ; mais, comme le droit canon n'était lui-même que l'expression du droit romain, c'est plutôt cette dernière législation qu'on peut regarder comme ayant exercé sous diverses formes et de différents côtés à la fois une action prépondérante sur notre procédure à partir du XIVe siècle.

Comme nous ne reviendrons plus sur l'appel en droit canon, nous avons placé dans ce paragraphe tout ce que nous avions à dire sur cette question. Peut-être aurait-il été plus logique de traiter séparément de l'organisation et de la procédure d'appel en droit canon, mais nous avons préféré grouper ensemble toutes ces notions fort résumées de manière à leur donner plus de cohésion et plus d'ensemble.

§ VI. *Le roi et son rôle au point de vue judiciaire.* — En dehors de la cour du roi, et des officiers royaux, le roi lui-même jouait un rôle dans l'organisation judiciaire, il formait comme une sorte de tribunal suprême auquel on adressait un recours facultatif et gracieux qui a été rendu populaire surtout par saint Louis. Cette situation du roi le plaçait au-dessus de toutes les juridictions possibles du royaume, féodales, municipales, ecclésiastiques ; et c'est grâce à ce caractère que l'administration royale et la hiérarchie judiciaire des tribunaux royaux prit peu à peu plus d'autorité et d'influence. Comme le roi était en principe compétent pour tout le royaume, ses officiers, ses représentants le devinrent également et ainsi se forma peu à peu cette unité judiciaire qui commença à être complète au XIVe et au XVe siècle. La diversité des tribunaux que la féodalité avait créés, en même temps qu'elle poussait si loin les distinctions entre les personnes, s'effaçait peu à peu sous l'action du pouvoir royal dont la tâche et le rôle furent de tout unifier, de tout faire rentrer dans une même organisation et une administration uniforme.

Ce rôle exceptionnel du roi n'était pas sans inconvénients et ce fut la cause de nombreux conflits, qui se révélèrent surtout au XIVe et au XVe siècle, mais dont les germes existaient, puisqu'il était permis au roi de remettre en question ce que sa cour avait décidé.

C'était ainsi que Beaumanoir se représentait le rôle du roi dans la définition célèbre qu'il nous a laissée de la royauté (1) et nous savons par un jugement des *Olim*, qu'en pratique, par une sorte de révision, le roi pouvait faire réformer par le Parlement ou par son conseil les jugements que sa cour avait rendus. La royauté formait donc un tribunal suprême, mal défini, peu précis et qui laissait une certaine place à l'arbitraire. Ce caractère fut accentué par cette tendance qui faisait de la royauté une autorité vers laquelle tout le monde jetait les yeux, ce qui attirait à la cour du roi des affaires autrefois exclusivement réservées à la compétence des tribunaux féodaux. Cette tendance, en effet, si elle contribua à augmenter le pouvoir royal, servit aussi à fausser tous les ressorts et les règles de la justice, même de la nouvelle organisation royale.

Ainsi le roi accorda des privilèges d'appel devant sa cour : « *Pierres empetra du roi qu'il poeit de chacune*

(1) Beaumanoir, XXXIV, 41 (II, 22).

chose apeler au roi (1) » et bientôt il permit aussi de se faire juger directement en première instance par le Parlement. Alors commencèrent les abus qui dérivaient tout naturellement de ces privilèges, et aussi ces nombreuses réclamations des seigneurs contre les usurpations du roi et de ses officiers, qui se prolongèrent pendant tout le XIVe siècle.

CHAPITRE IV. — De la procédure d'appel.

§ I. *Du faussement de jugement.* — « *Si aucuns viaut fauser jugement ou païs là où fausemenz de jugement afiert, il n'i avra point de bataille, mais li clains et li responz et li autre errement dou plait seront raporté en nostre court et selonc les erremenz dou plet, l'en fera tenir ou dépecier le jugement et cil qui sera trové tout en son tort l'amendera par la costume de la terre* (2). » Ce texte important des Établissements confirme la distinction que faisait Beaumanoir : « *Et il a grant différence entre les apiax qui sont fait des jugemens des baillis et les apiax qui sont fet des jugemens des homes. Car s'on apèle des jugemens ès baillis en le court où il jugera, il ne font pas lor jugement bon par gages de bataille, ainçois sont porté li errement du plet sor quoi li jugement fu fes en le court du segneur sovrain... Et ainsi n'est il pas de cix qui apèlent du jugement que li home font car li apiax est démené par gages de bataille* (3). »

Ces deux textes établissent sans conteste cette trans-

(1) *Livre de Plet*, I, 4, § 1. Nous avons déjà vu de semblables privilèges pour l'abbé de Figeac et la commune de Noyon dans Lenormant, 97; on peut en voir un autre pour l'évêque de Clermont publié dans *Hist. des instit. de l'Auvergne*, par Rivier, I, 473.

(2) *Etablissements*, II, 16.

(3) Beaumanoir, I, 14 (I, 29).

formation de l'appel par faussement de jugement, ils ne sont d'ailleurs qu'un écho de la célèbre ordonnance de 1260, qui supprimait le duel comme mode de preuve dans les pays d'obéissance le roi et le remplaçait par la preuve par témoins : « *Si aucun veut fausser jugement ou pais où il appartient que jugement soit faussé, il n'y aura point de bataille, mes les claimes et les respons et les autres destrains de plet seront apportés en notre court et jugé selon les errements du plet* (1). »

Nous ne pouvons mieux montrer que par la reproduction de ces textes comment la procédure du faussement se transforma grâce à la suppression du duel judiciaire. Cette abolition se fit donc à la même époque où nous avons vu s'établir la hiérarchie nouvelle, créée par la royauté et pour les mêmes territoires, de sorte qu'à la suite de ces diverses réformes, l'appel, tel que nous le connaissons, ou plutôt tel que l'ancien régime le pratiqua, fut constitué avec ses degrés, sa hiérarchie, son rôle et sa procédure.

Les noms, il est vrai, furent encore conservés et Montesquieu a justement observé : « Saint Louis maintint cet « usage de fausser, mais il voulut qu'on pût fausser sans « combattre, c'est-à-dire que, pour que le changement « se fît moins sentir, il ôta la chose et laissa subsister les « termes (2). »

§ II. *De l'amendement de jugement.* — La procédure était à peu près semblable à celle du faussement quand cette dernière eut été modifiée.

Il est probable qu'avant la suppression du duel judi-

(1) *Ordon.* 1260, § 8 (I, 93). Cf. *Olim*, I, 494 : « *Rex amovit duellum e terra sua.* » On peut voir des exemples postérieurs de duel dans Henrion de Pansey. *Autorité judiciaire*, I, 59.

(2) *Esprit des Lois*, XXVIII, 29.

ciaire dans le domaine royal cette procédure existait pour les bourgeois et roturiers qui ne pouvaient point combattre. On avait toujours la faculté de s'adresser personnellement au roi dans le plaid qu'il tenait lui-même, pour faire réformer les sentences de ses officiers.

Tel était le principe de l'amendement. Les détails que nous connaissons de cette institution et qui viennent de Beaumanoir, de Fontaines, du Livre de Plet et des Etablissements sont assez confus car ils ne distinguent point suffisamment l'appel de faux jugement, l'amendement et la supplication.

Le faussement de jugement contenait toujours une injure, « *apiaus contient félonie et iniquité* », disent les Etablissements (1), d'où la nécessité de se dégager des liens de l'hommage à l'égard de celui dont on voulait fausser la sentence. Cette procédure n'étant pas possible contre les officiers royaux à cause des conséquences qu'elle entraînait, on avait recours à un autre moyen que nous trouvons désigné sous le nom de supplication, et cela probablement même à l'époque où le duel n'était pas aboli, ou ne l'était que dans les domaines du roi.

Quand donc employait-on l'amendement? Cette procédure fut, selon nous, usitée parallèlement à la supplication. Cette dernière avait été le moyen tout d'abord employé devant les officiers royaux et la cour du roi : « *Et se li jugemenz a esté donnez en cort de prévot ou de bailli ou de roi, il doit demander amendement de jugement en souploiant, car supplication doit être faite en court le roi non mie apel* (2). » Mais elle se spécialise surtout pour les recours adressés au roi lui-même. L'amendement, au contraire, fut le moyen général usité

(1) *Etablissements*, II, 15.
(2) *Etablissements*, II, 15.

devant les tribunaux seigneuriaux et autres pour éviter le combat judiciaire. Ce fut la nouvelle procédure employée dans les cours féodales qui suivirent les principes posés dans les Ordonnances et les Etablissements.

Il résulte de ceci que la différence n'existe que dans les mots entre supplication et amendement, tandis qu'elle est réelle entre ces deux termes et l'appel qui signifiait, à cette époque, appel par gages de bataille. C'est là ce qu'a voulu dire l'auteur du Livre de Plet, quand, sous la rubrique « *d'apiaux, de supplication et de faus jugemenz* » (1), il déclare « *que segont la coustume de France l'on ne doit pas appeler, car ce n'a esté pas usé, on doit demander amendement au sovrain.* »

L'auteur ajoute des détails que les Etablissements avaient négligés. Ainsi, dans sa requête au souverain, le demandeur devait indiquer l'objet du litige, la sentence faussée, la date du jugement et le motif qui poussait à appeler : « *L'on doit dire la cause resonable por quoi li jugement est mauvès* (2). » Un texte surtout est fort remarquable, mais on peut croire qu'il est inspiré par le droit romain : « *Qui apèle de malvès jugement n'a pas aucion contre les juiges, ne contre les juigeors, au els riens demander, mes le demandes et les dèffanses apartiennent as parties averses* (3). » C'était là un principe qui ne fut universellement reconnu que beaucoup plus tard, au XVIe siècle; mais le seul fait que nous le trouvions ici, formulé dans des livres destinés à l'enseignement et aux universités du temps, montre quel grand pas on avait fait depuis le XIIe siècle, époque à laquelle le juge devait non seulement soutenir

(1) *Livre de Jostice*, XX, 16.
(2) *Livre de Jostice*, XX, 16, § 2.
(3) *Livre de Jostice*, XX, 16, § 1.

la bonté de son jugement, mais combattre et risquer son existence pour prouver qu'il était bon si on l'attaquait.

Résumons en quelques lignes cette procédure d'après les *Établissements* et le *Livre de Jostice et de Plet.* Ces textes nous apprenent : 1° qui pouvait appeler : « *Nuns hons coustumiers ne puet jugement fère, ne fausser, ne contendre* (1), » autrement ce recours était ouvert à tous; 2° dans quels cas : « *Et se aucune des parties se sent agrevée par jugement que l'on lor ait fait à tort et à grief qui soit aperz* (2) ; » 3° à quel moment : « *Il en doit tantost appeler sans demeure, sans délai, car ces choses jugiées en cort de baronie desquels l'en n'apèle tantost sont tenues estables selon l'usage de la cort laie et selon droit escrit, et il n'avrait point d'amendement se li jor passait* (3) ; » 4° à qui on devait appeler : « *Au chief seignor ou en la cort le roi où l'on fait les loïaux jugemenz ou en la cort de celui de qui il tendra de degré en degré* (4) ; » 5° quelles étaient les formes de l'appel : « *Et si l'on requiert au bailli li doit dire : « Sire, il me semble que cist jugement me griève et qu'il n'est mie droiz, et por ce en requier-je amendement et que vos me metez terme et faites tant de bones gens venir qu'ils quenoissent si li amendement i est ou non par gens qui le puissent faire et voient selonc bon droit et l'usage de baronie* (5) ; » 6° quels en étaient les effets : « *Si le demandeur défaut de prueve et que li jugement fu si bon et si loiaus qu'il n'y aïst point d'amendement* (6) » il paiera une amende variable, suivant qu'il est noble ou non. Dans le cas contraire, si le juge-

(1) *Etablissements*, I, 142 (I, 373).
(2) *Etablissements*, II, 15.
(3) *Etablissements*, II, 15 et I, 85.
(4) *Etablissements*, II, 15.
(5) *Etablissements*, I, 85.
(6) *Etablissements*, II, 15.

ment est prouvé comme mauvais celui qui l'a rendu paie une amende et perd sa juridiction sur le plaignant (1).

Si le bailli ne voulait pas faire l'amendement «*il en puet apeler devant le roi, qu'il lou jugement voie ou face veoir et se il est contre droit qu'il le dépiece et s'il n'est contre droit qu'il le face tenir et entériner par la coustume dou pais* (2). »

Une fois devant le roi, le procès était terminé : « *Porce qu'on ne le peut pas fausser car il ne troverait qui lor en feïst droit car li rois tient de nului fors Dieu et delui* (3). »

Il serait intéressant de connaître aussi précisément que possible la date de cette transformation du faussement en amendement; mais le défaut de textes ne permet pas d'arriver à des conclusions très certaines. La plus ancienne mention, que nous trouvions, des appels dans le nord de la France est celle qui résulte d'une charte de 1186 pour l'abbaye de Figeac (4). Mais il y a quelques doutes sur l'authenticité de ce document, et de plus elle n'est pas très explicite; enfin, il faut remarquer que c'est une concession à un abbé, par conséquent, à une personne qui était régie par le droit canon, qui jugeait *secundum jura legalia et decretalia*, comme le dit la charte et nous savons déjà que, dans le droit canon, le faussement n'était pas admis. Par conséquent, nous n'admettrons pas, comme M. Lenormant, qu'*appellare*, dans ce cas, veuille dire fausser; nous croyons qu'*appellare* signifiait appeler, comme cela avait lieu en droit

(1) *Etablissements*, II, 15; ancienne coutume de Champagne, § 43, *Coutumier général*, III, 216.

(2) *Etablissements*, II, 15.

(3) *Etablissements*, I, 125.

(4) Lenormant, *Voies de recours*, 98.

canon. M. Lenormant cite encore une charte, extraite du Cartulaire du chapitre de Noyon et dans laquelle l'appel à la cour du roi est formellement mentionné : « *Philippus, Dei gratia, noverint universi quod si episcopus noviomensis habuerit querelam contra communiam vel contra aliquem de communia de querela sua propria, decernimus et volumus ut judicium fiat per liberos homines episcopi, sub hac conditione quod si judicium illud placuerit communie vel illi de quo conqueritur episcopus, stabile erit et gratum habebit. Si vero displicuerit, ad nos poterit appellare, et tum tale judicium tenebunt quale curia nostra eis dixerit* (1). » Quoique ce texte soit beaucoup plus formel que le premier, nous pouvons remarquer qu'ici encore il s'agit de juridiction ecclésiastique.

En réalité, la première mention sérieuse et générale est celle contenue dans le testament de Philippe-Auguste, en 1190 : « *Assisia in quo omnes illi qui clamorem faciunt, recipient jus suum.* » Dès lors, on peut dire que l'appel sans combat, l'amendement existe dans les domaines de la couronne, mais ce n'est encore qu'une conjecture très probable, car rien ne prouve que ce mot *clamorem* n'indique pas un appel par gages de bataille. Malgré ces doutes, on peut admettre que dans le commencement du XIIIe siècle la procédure de l'amendement commença à se généraliser. Cela résulte de ce fait que Beaumanoir et de Fontaines, qui écrivaient au milieu du XIIIe siècle, constatent cette modification du faussement; donc elle existait auparavant, mais il faut croire que ce changement dans la législation n'avait eu lieu qu'en fait avant l'ordonnance de 1260, qui consacra la réforme. Le premier jugement que nous possédions d'une

(1) Lenormant, *loc. cit.*, 98.

sentence cassée comme *pravam et falsam* par la cour est de 1264 (1).

CHAPITRE V. — De la défaute du droit.

La procédure et les règles de la défaute ou du déni de justice restèrent exactement les mêmes qu'auparavant. Cependant la suppression du duel judiciaire comme mode de preuve produisit ici aussi quelques modifications, mais bien moins sensibles que pour le faussement. L'ordonnance de 1260, § 9, disait : « *Se aucuns veut appeler son segneur de défaute de droit, il convendra que la défaute soit prouvée par tesmoins, non pas par bataille* (2). »

Nous avons déjà reproduit les quelques lignes de Montesquieu qui expliquent comment, dans la procédure de la défaute d'après le pur droit féodal, le duel n'avait lieu qu'avec les témoins, ce qui n'empêchait pas les parties de s'adresser au suzerain et de remonter de degré en degré. Rien ne fut donc changé dans l'organisation même du recours, les parties s'adressèrent comme auparavant au suzerain ; mais, au lieu de contredire les témoins en les combattant, elles le firent en produisant d'autres témoins. On voit donc combien les suites de la réforme de 1260 furent différentes pour le faussement et la défaute : dans le premier cas la suppression du duel judiciaire entraînait des modifications essentielles dans la situation des parties en cause, dans le second elle ne changeait rien à cet égard et ne produisait d'effet que par rapport aux témoins.

(1) *Olim* (1264), I, 200, x.
(2) *Ordon.* (1260), § 9, I, 93.

Chapitre VI. — Conclusion.

La période que nous venons d'étudier est capitale dans l'histoire du droit d'appel. C'est le moment où, par suite des grandes modifications que nous avons indiquées, l'appel véritable se dégage des formes qui l'embarrassaient et le gênaient et c'est aussi le point de départ de toute la nouvelle théorie de l'appel. Quelques-uns, frappés du contraste manifeste entre cette période et la précédente au point de vue du droit d'appel, en ont conclu qu'auparavant ce droit n'existait point, mais qu'il avait été organisé par la main puissante de saint Louis. Il est incontestable que les documents positifs qui nous renseignent sur l'amendement de jugement datent de ce règne, mais nous espérons avoir démontré que l'ordonnance de 1260 ne fit que consacrer législativement une situation de fait antérieure et que l'amendement de jugement ne fut que la transformation et la suite du faussement.

Certes, nous ne pensons pas à contester le rôle prépondérant que la royauté eut sur l'organisation des appels ; au contraire, nous avons cherché à démontrer que ce fut par la création d'une nouvelle hiérarchie royale, dont les conditions et les liens étaient différents de la hiérarchie féodale, que les appels s'étaient constitués ; mais nous croyons que ce serait se faire une fausse idée du rôle de la royauté au XIIIe siècle, si on pensait qu'elle entreprit résolument et de propos réfléchi cette modification dans nos institutions judiciaires. M. Beugnot, dans quelques lignes remarquables que nous avons citées, reconnaissait combien la conduite de la royauté avait été inconsciente ; et nous ne pouvons mieux faire que nous ranger à cette opinion. En un mot, on peut dire que les rois et en particulier saint Louis furent les témoins de ces réformes sur l'appel, qu'ils en furent les législateurs puisqu'ils les consacrèrent par leurs ordonnances, mais on ne pourrait admettre qu'ils aient créé ces changements, pas plus qu'ils n'auraient pu les empêcher.

Faut-il maintenant expliquer ce qui a contribué à former cette conception un peu forcée du rôle de la royauté ? Ce sont les faits eux-mêmes. Au XIIIe siècle, l'appel est toujours adressé au roi, il est jugé par la cour du roi, c'est toujours le roi qui décide ; on a conclu que c'était aussi la royauté et les rois qui furent les promoteurs de la réorganisation des appels. Mais, qu'on le remarque, car ce point est fort important, on ne s'est pas demandé s'il pouvait en être autrement, si dans les domaines de la couronne il était possible de s'adresser à l'origine à un autre qu'au roi lui-même. Et cependant c'était le cas ; de même qu'à Rome, au moment de la formation des appels, c'est à l'empereur qu'ils sont adressés, de même que dans la période franque c'est au roi qu'ils vont, de même aussi dans la période royale c'est au roi qu'ils furent d'abord interjetés et cela parce que les intermédiaires n'existaient point. Plus tard, des baillis, un parlement, puis des cours souveraines furent organisés et l'appel put franchir plusieurs degrés ; mais cela n'eut lieu que lorsque l'administration se compléta et désormais plus cette organisation se perfectionnera, plus la hiérarchie se complètera et plus aussi le rôle de la royauté diminuera et s'effacera. Ces considérations qui peuvent paraître superflues, ces rapprochements qui semblent peut-être téméraires, confirment tellement les principes que nous avons posés dans notre introduction générale que nous avons cru ne pas devoir les négliger. L'appel pour cette période comme pour les autres a donc suivi une marche analogue et parallèle au développement de l'administration proprement dite, dont il n'était d'ailleurs qu'un des rouages.

LIVRE IV

Période royale. — 1300-1450 (1).

ORGANISATION DE LA HIÉRARCHIE JUDICIAIRE ET DE L'APPEL.

Chapitre Ier. — Introduction.

La procédure d'appel et les règles de compétence en matière d'appel ne purent être établies d'une manière fixe et stable qu'au moment où il n'y eut plus aucune contestation sur l'existence même de l'appel.

Cette époque est précisément celle à laquelle nous sommes parvenus. Dans les chapitres précédents, nous avons été occupés plutôt à résoudre la question de savoir si l'appel existait réellement, qu'à fixer et à préciser les

(1) Sources : *Recueil des ordonnances des rois de France*, 21 v. in-f°. — *Coutumier général*, par Bourdot de Richebourg, 4 v. in-f°. — Giraud, *Essais sur l'Histoire de France* (textes de coutumes). — Marnier, *Anciens usages de Picardie*, in-8°, 1840. — *Les coutumes d'Anjou et du Maine*, par Beautemps-Beaupré (publication non terminée). — *Les décisions de Jean Desmares*, dans Brodeau, *Commentaire de la coutume de Paris*, 1658, t. II. — Dubreuil, *Stylus Parlamenti*, édit. Dumoulin, 1542. — *Le grand coutumier de Charles VI*, édit. Dareste et Laboulaye, in-8°, 1869. — Bouteiller, *La Somme rurale*, in-8°, 1621. — Beautemps-Beaupré, *Le livre des droiz et des commandemens d'office et de justice*, in-8°, 1865. — *Les Olim*, in-4°. — Varin, *Archives législatives de Reims*, 1840, etc., etc.

Bibliographie : Mêmes auteurs qu'auparavant et en outre : — Picot, *Histoire des Etats généraux*. 4 vol. in-8°, 1872. — Desmazes, *Le Parlement de Paris*, 1860. — De Bastard, *Les Parlements de France*, 2 v. in-8°. 1858. — Klimrath, *Travaux sur l'histoire du droit*, 1843, etc., etc.

règles mêmes de cet appel; et cela se conçoit, car la première question dominait entièrement la seconde. Nous savons maintenant que l'appel existait et qu'il commença à se développer d'une façon régulière à partir de la fin du règne de saint Louis. Un grand nombre d'arrêts du Parlement tirés des *Olim*, des Ordonnances, enfin des textes de coutumes ou des commentaires des auteurs permettent d'en chercher d'abord les règles dans la théorie et la législation et d'en suivre l'application dans la pratique.

A vrai dire, on pourrait croire que l'histoire des appels commence à la fin du XIIIe ou avec le XIVe siècle; et c'est justement ce qui a été admis par un grand nombre d'auteurs qui avaient été frappés des différences de l'appel dans notre période et celle qui la précédait. La précision dans les règles de procédure, la réglementation de la hiérarchie des juridictions, enfin la fixation de toutes les conditions essentielles de l'appel se trouvent dès le XIVe siècle, tandis qu'auparavant le sens du mot appel n'était pas certain, et une confusion très grande régnait dans les institutions comme dans les termes, de sorte que si plus tard on peut constater des modifications et des changements, on peut dire qu'ils furent le résultat du simple développement logique et naturel des premiers principes posés.

Cette différence dans la matière et dans la difficulté du sujet en exige une dans la méthode à employer. Désormais nous ne mettrons point tous nos efforts à rechercher si l'appel existait et si les conditions nécessaires à son fonctionnement pouvaient ou non être réalisées. Ce sont là des points certains, indiscutables, et il ne reste plus qu'à déterminer quelles étaient les conditions, les formalités et les suites de cet appel. Nous reprendrons donc le plan que nous avions adopté pour le droit romain, et nous suivrons l'appel depuis le moment où il est formé jusqu'à celui où il produit tous ses effets. Ainsi, pour chaque période, nous rechercherons 1° qui pouvait appeler ; 2° dans quels cas on pouvait ou non appeler ; 3° dans quels délais l'appel pouvait être formé ; 4° quelle était la procédure d'appel devant le juge inférieur, les formes ou manières d'appeler, les règles de l'ajournement et les délais dans lesquels on devait le faire ; 5° quels étaient les tribunaux compétents en matière d'appel ; 6° quelle était la procédure d'appel devant le tribunal supérieur ; 7° enfin quels étaient les effets de l'appel. Ces divisions contiennent assurément toutes les questions auxquelles l'appel peut donner lieu. Nous n'espérons pas arriver à les résoudre, car ce serait un travail trop long et trop considérable, nous nous attacherons surtout à donner pour chaque section des règles précises toujours appuyées sur les textes les plus certains.

Il nous reste à déterminer les différentes périodes que nous aurons à étudier. Nous n'avions eu jusqu'ici rien à justifier, parce que chacune des divisions adoptées s'imposait d'elle-même, par suite des grands évènements politiques qui les séparaient. Mérovingiens, Carlovingiens, Féodalité, telles seront toujours les divisions fondamentales de tout travail sur l'histoire proprement dite, sur l'histoire du droit, des institutions, etc., parce que ces divisions ne correspondent pas seulement à un changement de dynastie, mais à des modifications profondes dans toute l'organisation et la culture du pays.

A partir de saint Louis, des distinctions semblables n'existent plus. On peut dire, il est vrai, qu'il y eut des Capétiens, des Valois, des Bourbons, mais il est plus difficile d'affirmer qu'à chaque changement de dynastie correspondent des modifications sérieuses dans le régime de la France. Cela est si vrai que, pour l'histoire du droit d'appel, nous sommes obligés d'adopter des divisions toutes différentes. Celles que nous avons suivies ne seront pas déterminées par les modifications diverses de la procédure d'appel, car elle en subit fort peu ; mais par les changements qui eurent lieu dans l'organisation judiciaire et la hiérarchie administrative par laquelle les appels devaient passer. Nous retrouvons ici le principe dont nous avons déjà vu des applications importantes : l'appel dans son développement suit toujours une voie parallèle à celle de l'administration proprement dite.

Ces périodes seront les suivantes : 1° La période déjà vue de transformation de l'appel du commencement du XIIe siècle à la fin du règne de saint Louis. 2° La période d'organisation des appels, 1300-1450. Ces limites sont fixées par l'histoire du Parlement de Paris, et elles comprennent l'histoire de l'appel et de l'organisation judiciaire correspondante, jusqu'au moment où, par suite de l'extension de la royauté, on fut obligé de créer en France plusieurs Parlements tous souverains comme celui de Paris. C'est la période des Ordonnances royales; car, dans ces dates données, ces documents constituent à peu près la seule source législative. 3° La troisième période, 1450-1549, comprendra l'histoire de l'organisation judiciaire des appels jusqu'au jour où les Parlements, ne pouvant eux-mêmes suffire, on créa, pour faciliter l'administration de la justice, des tribunaux présidiaux. Cette période est aussi caractérisée au point de vue des sources législatives; car à côté des Ordonnances royales, c'est le moment où on rédigea les coutumes. 4° Enfin la quatrième période s'étendra de la création des présidiaux à la Révolution française.

CHAPITRE II. — Qui pouvait appeler?

Nous ne trouvons pas au XIVe siècle les exceptions et les inégalités que nous avons constatées antérieurement. En principe, tout le monde peut appeler en matière criminelle ou civile.

Ainsi l'appel pouvait venir : 1° soit d'une des parties qui était condamnée en matière pénale ou qui se croyait lésée en cause civile ; 2° soit des deux parties à la fois : « *A quo judicio utraque pars ad nostram curiam appellavit* (1) ; » 3° soit du procureur du roi seul ou avec une des parties : « *A qua condempnacione procurator noster dicte senescallie tanquam a modica et dictus magister tanquam a nulla vel iniqua ad nostram curiam appellaverunt* (2). »

En outre l'appel, au lieu d'être fait par la partie ellemême, pouvait l'être par un de ses parents : « *Il est droit que si aucun homme est condemné par aucune justice il puet apeler au souvrain juge ou un autre de son lignage pour lui* (3). » Cela est confirmé par un jugement fort intéressant des *Olim* où nous voyons un neveu appeler pour son oncle (4) et une femme pour son mari en prison (5) : « *A quo judicio uxor dicti H. ad nos appellavit.* »

Enfin des procureurs pouvaient appeler au nom de leurs mandants. Cela est attesté par un jugement des

(1) *Olim* (1313), III, 901, 64.
(2) *Olim* (1315), III, 968, 33.
(3) *Droits et commandements de Justice*, n° 285, 644.
(4) *Olim* (1309), III, 491, 96.
(5) *Olim* (1316), III, 1070, 10.

Olim où on discute sur les pouvoirs du procureur : « *Pro eo maxime quod a dicto judicato per procuratorem ad nos legitime fuerat appellatum ; prefato Guillelmo replicante quod si per procuratorem de facto fuerat appellatum, prædicta appellacio recipi non debebat pro eo quod potestatem appellandi non habebat procurator.* » Il y eut enquête sur le point de savoir « *si dictus procurator potestatem habebat appellandi* » et les commissaires prononcèrent affirmativement dans l'espèce (1).

Le grand coutumier de Charles VI vers 1350 et Bouteiller vers 1380 reconnaissaient le même usage (2).

Certaines personnes étaient tenues dans certains cas d'appeler. Ainsi le tuteur pour son pupille, « *mais faire le doit par le conseil des proïsmes et amis du pupille de par le père et de par la mère* ». S'il n'appelait pas, quand il l'aurait fallu, ou qu'il appelât à tort, le pupille pouvait plus tard recourir contre lui (3).

Telles sont les principales règles de ce chapitre, il ne nous reste plus qu'à énumérer ceux qui ne pouvaient pas appeler, c'est-à-dire : 1° les hérétiques « *nonobstantibus appellacionibus predictorum nequitie filiorum cum omne appellacionis beneficium expresse fit hereticis et credentibus ac eorum receptatoribus, fautoribus interdictum* (4) » ; 2° les contumax (5) ; 3° les juifs dans certains cas (6) ; 4° les parjures (7) ; 5° certains grands criminels, « *condampnez à mort pour meffaiz, le robeur de chemins, si aucuns avait ravi une pucelle, qui aurait*

(1) *Olim* (1318), III, 1286, 64 ; (1291), I, 567 ; (1313), III, 832, 12.
(2) *Gr. Coutum.*, III, 72, p. 585 ; Bouteiller, II, 14, p. 775.
(3) Bouteiller, I, 13, p. 59.
(4) *Ordon.* 1298, I, 330.
(5) *Olim* (1286), II, 39, 3.
(6) *Ordon.* 24 janvier 1309, I, 471.
(7) *Ordon.* décembre 1254, I, 75.

commis de crime ou traïson contre la roïale majesté ou contre son seigneur... et en autres cas criminels on puet apeler (1) » ; 6° les appelants ordinaires s'ils laissent passer les délais ou ne remplissent pas les conditions exigées.

Il est intéressant de noter que le moyen-âge était plus prévoyant qu'on aurait pu le croire puisqu'il existait alors des juges chargés d'aller dans les prisons savoir si on voulait appeler. C'est du moins ce qui résulte d'une commission du Parlement au juge de Lyon en 1392 (2).

Enfin il faut signaler que, s'il était permis à tout le monde d'appeler, il n'était pas possible de le faire devant tout tribunal. Chacun devait s'adresser aux juges de sa province. Cette question de la compétence des tribunaux d'appel, et particulièrement de la place que devait avoir la cour du roi par rapport aux justices des seigneurs, fut un des grands sujets de querelle à la fin du XIIIe et au XIVe siècle. Souvent le roi fut obligé de défendre aux justiciables d'appeler à sa cour au préjudice des tribunaux seigneuriaux, ce qui constituait une limitation à la faculté d'appeler. Des lettres du 2 mars 1316, adressées aux Bretons, résument toute cette question : « *Significavit nobis, Dux Britaniæ, conquerendo... quod nonnulli sui subditi, dum ipsius curiæ ad nostram appellent, pendentibus hujusmodi appellationibus, jurisdictione ipsius ducis se eximunt et faciunt se deffendi per gentes nostros, sic ipsius forum per diversa diffugia evitando et multum prejudicium inferendo eidem... Quare mandamus vobis ut appellantes ipsos in casibus legitimis sub protectione regia exemptione hujusmodi gaudere permittatis. In aliis vero*

(1) *Droits et commandements*, n° 762 (II, 195).

(2) *Cartulaire municipal de Lyon*, n° 112 : « *Provision du Parlement comme le juge du ressort puet oler deux fois sepmaine ès prisons de Lion pour savoir les apelans ou qui voudront apeler.* »

casibus... eos non intelligimus a jurisdictione dicti ducis fore virtute dictarum appellationum exemptos (1). » On voit que la tendance des populations était de se rapprocher du roi et de se faire juger devant les justices royales. Mais le roi de France, pour des motifs politiques, ne pouvait vexer continuellement les seigneurs dont il avait besoin et c'est ce qui légitima les lettres que nous venons de citer et dont on retrouve de nombreux exemples dans les Ordonnances.

Chapitre III. — Dans quels cas peut-on appeler?

Pierre de Fontaines avait déjà formulé, pour le nord, le principe de cette matière : « *Quant aucuns se sont grevez par jugement, que l'en li fait, il en puet apeler selonc les lois escrites...* (2) » et en 1380 la règle n'avait pas varié : « *Se aucune des parties se sent agrevée du jugement, si on doit apeler devant le juge souverain* (3). » Dans le midi, les coutumes de Montpellier disaient également : « *Si, pendente lite, quis litigatorum dixerit se esse gravatum vel lesum vel in jure suo diminutum possit conqueri homino...* (4) » et, à la fin du XIIIe siècle, un texte déclarait formellement : « *Volumus quod in questionibus mobilibus et condempnacionibus pecuniariis per curiam faciendis semel tantum possit ad majorem judicem appellari, in criminalibus vero puta de morte, membrique mutilatione et questionibus de terris, castris baronum; bonis stabilibus aliis jurisdictionibus possint ad senescallum appellare...* (5). »

(1) *Ordon.*, I, 633. Cf. *Ordon.* 25 mars 1302, I, 369.
(2) Fontaines, XX, 15, p. 297.
(3) *Droits et commandements*, § 231 (I, 401).
(4) Giraud, *loc. cit.*, I, 59.
(5) Giraud, *loc. cit.*, II, 73.

Bref, la règle est certaine, dans le droit coutumier on peut appeler « *a quocumque judico* (1) » et dans le droit écrit « *de quibuscumque questionibus et litibus* (2). » Cela s'appliquait au droit criminel, comme au droit civil.

Nous ne nous arrêterons pas à apprécier les diverses classifications des appels qui ont été présentées par Bouteiller, Masuer, etc.; cela n'offre aucun intérêt, car c'étaient des appréciations purement personnelles (3). Voici quelques espèces pour lesquelles l'appel fonctionnait et où il y aurait pu avoir doute. Ainsi on pouvait appeler 1° des jugements des arbitres, mais non dans le midi (4); 2° d'un compromis (5); 3° d'une élection de magistrats municipaux, comme nous en trouvons tant d'exemples dans le *Livre de Jostice et de Plet* (6); 4° sur la question de savoir s'il y aurait appel par gages de bataille ou non (7); 5° en matière fiscale (8); 6° lorsqu'on allait être mis à la torture, comme le montre un procès verbal du Châtelet : « *Et ainsi come commandé fu à Oudin de Rochefort qu'il méist icelle à la question, elle déist que du tort que ledit prévost li faisoit, attendu que elle se dist estre femme de bone famme et renommée et que desdites accusations elle estoit pure et innocente, elle appeloit en la court de Parlement* (9) ; » 7° enfin l'appel était permis en cas d'un jugement interlocutoire, mais avec une dis-

(1) *Olim* (1286), II, 39, 6.
(2) *Privilège d'Apt.* (XIIIe), Giraud, *loc. cit.*, II, 144.
(3) Bouteiller, p. 773 et s., les divise en : appel volage, de grief advenir et du jugement prononcé; Masuer les classe ainsi : appel judiciaire, extrajudiciaire, d'exécution, et les judiciaires se subdivisent en verbaux, de procez, par écrit.
(4) *Olim* (1308), III, 289, 24; *Ordon.*, décembre 1363, § 4, III, 649.
(5) *Olim* (1309), III, 404.
(6) *Livre de Jostice*, I, 5, 18.
(7) *Olim* (1308), III, 496.
(8) *Olim* (1299), III, 35, 45.
(9) *Registres criminels du Chatelet* (1390), I, 334.

tinction. Dans le midi cet appel était toujours permis, ce qui éternisait les procès; dans le nord, il fallait que le grief résultant de cet interlocutoire fût irréparable, et qu'on suivît certaines formes de procédure réglée par les ordonnances (1).

Resterait à savoir ce qu'on entendait par appel volage et quand il était admis, mais comme il règne une certaine incertitude sur cette question et que ces appels furent tantôt reçus et prohibés, nous en traiterons dans une section spéciale.

Il y avait aussi des cas où on ne pouvait pas appeler. L'appel était interdit quand on ne remplissait pas les conditions exigées par les coutumes et les ordonnances. C'est ce qu'exprime Desmares quand il dit : « *Nul ne fet à recevoir appelant se il appelle de grief quelconque se y n'y a eu sentence ou jugement duquel il appelle* (2). »

En outre l'appel était prohibé pour certaines causes spéciales que nous allons passer en revue. Ainsi il était interdit d'appeler : 1° des commissaires d'enquête nommés par le Parlement, car cela aurait éternisé les procès (3); 2° des tribunaux ecclésiastiques, aux baillis et sénéchaux, l'appel devait être porté directement au Parlement (4) ; 3° des sentences du Parlement (5); 4° « des exécutions faites pour le paiement de ce qui est dû au roi par rapport au domaine ou autrement (6) » ; 5° de

(1) *Olim* (1308), III, 300, 41; (1309), III, 500, 109; (1315), III, 1006; *Ordon.*, 14 août 1314, VI, 23, et 12 juillet 1409, IX, 451 ; *Coutumier de Charles VI*, III, 72, p. 590 : « *Item est a savoir que de grief irréparable quel qu'il soit prononcé par manière de sentence soit interlocutoire ou deffinitive, l'on peut apeler en pais coustumiers.* »

(2) Desmares, § 358, *in* Brodeau, *Cout. de Paris*, II, 607. Cf. *Ordon.*, janvier 1303, § 3, I, 393; Bouteiller, II, 14, p. 776 : « *Apel fait avant sentence rendue ou pour doute de chose advenir, ne vaut.* »

(3) Bouteiller, II, 2, p. 681.

(4) *Olim* (1290), I, 308.

(5) *Ordon.*, 23 mars 1302, I, 366; décembre 1344, § 6, II, 278.

(6) *Ordon.*, 28 janvier 1383, VII, 48.

défaute de droit des officiers royaux (1) ; 6° contre une exécution en général (2) ; 7° dans le midi l'appel était interdit contre les décisions des arbitres (3) ; 8° si on avait perdu le bénéfice de l'appel, par exemple en se rendant parjure (4) ; 9° si la somme était trop minime, quand il y avait un chiffre fixé : « *Noverint quod usus est Tolose condemnatus principaliter in minori summa viginti solid. Tholosan. expensis litis non computatis, non auditur appellans nec est ejus in hoc casu appellatio admittenda* (5) ; » 10° l'appel n'était pas reçu dans les causes des hérétiques (6) ; 11° en cas de contumace (7) ; 12° en cas de taxation d'amende : « *Si c'est en tauxation d'amende la partie n'a remède fors soi traire devers le roi, afin qu'il pardonne* (8) ; » 13° si on avait exécuté volontairement le premier jugement : « *Nul ne fet a recevoir comme appelant de ce de quoy il a obéi et obtempéré volontairement* (9) ; » 14° si on avait renoncé à l'appel, ce qui était toujours permis : « *L'on puet comprometre de composition et renoncer à tout amendement ou appellacion* (10). » Un texte des *Olim* laisse croire qu'il fallait pour renoncer l'assentiment de la cour, mais dans ce cas ce n'est point étonnant, puisque les parties étaient déjàc onstituées et le procès commencé (11), etc., etc.

(1) *Style du Parlement*, XXII, p. 66.
(2) *Droits et commandements*, § 281.
(3) Privilèges de Forcalquier (1366), *Cout. général*, II, 1205.
(4) *Ordon.*, décembre 1254, I, 75.
(5) *Cout. gén.*, IV, 1045.
(6) *Ordon.* 1298, I, 330.
(7) *Olim* (1286), II, 39, 4.
(8) *Style de Normandie*, § 26.
(9) Desmares, § 359, *in* Brodeau, *loc. cit.*
(10) *Grand Coutumier*, IV, 4, p. 606 ; Bouteiller, II, 14, p. 776 ; *Olim* (1271), II, 97, 32.
(11) *Olim* (1299), II, 435, 14 : « *Dicte partes in nostra curia constitute a prosecutione dicte causam appellacionis totaliter destiterunt et de voluntate et licentia curie recesserunt.* »

Chapitre IV. — De l'appel volage (1).

Cet appel était une sorte de ruse, à l'aide de laquelle, quand on se défiait d'un tribunal ou qu'on ne voulait pas être jugé par lui, on transférait à la juridiction supérieure le jugement des affaires de première instance. Bouteiller, à la fin du xive siècle, explique fort bien ce procédé : « *De cet apel volage est communément usé en Laonnois plus que ailleurs, et cecy se fait si tost que aucun est adjorné devant juge au jour ou devant en soit, ce que cause soit encommencée ou non, et dire, sire juge, vous m'avez faict adjorné par devant vous à la requête de tel, si qu'on me dict, si ay cause d'apeler de vous et de vostre juridiction et pour ce en appelé je d'appel volage. Et le doit ainsi nommer à l'appel faire, et pour soustenir mon appel volage, je vous adjorne par devant monseignor le baillif de Vermandois ou son lieutenant à Laon au jour de la prochaine assise* (2) ».

Quoique cet usage ait été pratiqué en Vermandois, nous n'en trouvons aucune mention dans de Fontaine et Beaumanoir, et d'un autre côté, au xvie siècle, cet usage n'existait plus, ce que nous apprenons par une note de l'éditeur de Bouteiller en marge du chapitre cité ci-dessus. Le cercle d'application de cet appel s'étendit donc au commencement du xive au xvie siècle.

Pendant cet intervalle, cet appel passa par des péripéties très diverses. Le plus ancien texte qui le mentionne

(1) On a comparé cet appel volage avec notre recours pour suspicion légitime (542, I, C.), mais il existe deux différences. Notre recours n'est admis qu'en matière correctionnelle et criminelle et l'affaire au lieu d'être portée à un tribunal supérieur, va à une Cour d'un même degré.

(2) Bouteiller, II, 14, p. 773.

est un jugement des *Olim* de 1269 : « *Audita carta hominum de grandelayn et diligenter inspecta, determinatum fuit quod ipsi tenebuntur venire per appellationem apud Laudunum et ibi litigare* (1) », suivi d'un autre semblable en 1271 (2).

Les appels volages existaient donc à la fin du règne de saint Louis.

Après la mort de ce prince, il y eut une réaction féodale, et les barons, ayant repris quelque influence, s'opposèrent à ces appels, qui étaient contraires à leur juridiction. Il est probable qu'en fait cette institution fut supprimée, ce qui est attesté par un texte fort curieux des *Olim*, dans lequel le bailli se plaint de ce que les appels ne fonctionnent plus. Nous citons ce texte, qui caractérise fort bien la lutte des officiers royaux contre la féodalité et les justices seigneuriales : « *Le bailli de Vermandois propose de prover contre l'évesque de Laon que le roi est en possession des appels en ce pays, et cela parce que ledit évêque empêchait les appels. Or dit le bailli que le dit évesque qui ore est à Laon, a aucune fois desfendu à des homes que il n'apelassent à uns l'autre, il les contraignoit, ou par prise de cors, de chataux, ou par semons ou par escomuniemens et moult autre manière ; et par ces faits ils n'osoient apeler ne poursivir leur apiaux. Et ainsi par ces manières qui sont mie raisonnable, il s'est mis et bouté en une saisine de tenser ses homes de cors du Laonnois des apiaux de Laon et de défendre il ne viegnent mie et ce ont-il fait en troublant et en empeschant la saisine et la droiture le roi* (3). »

Malgré les réclamations du bailli, ces appels restèrent

(1) *Olim* (1269), I, 553, 8.
(2) *Olim* (1271), I, 875, 26.
(3) *Olim* (1282), II, 218, 46.

abolis jusqu'en 1296, ce qui est attesté par un autre texte des *Olim* (1) ; mais ils furent rétablis lorsque Philippe le Bel reprit l'œuvre et la tradition un instant troublée de saint Louis. L'ordonnance de Toussaint, 1296, rétablit ces appels et fit droit aux plaintes du bailli. On y masquait sous des considérants d'utilité générale le désir de voir les justices féodales primées par celles du roi : « *Dominus rex... credens quod de consensu omnium fieri potest et fuit, modo plenius et melius super hoc informatus, intellexit dictas appellationes in favorem hominum illius patriæ et utilitatem fuisse introductas, volens quod illud quod redebat fuisse in eorum commodum in dampnum ipsorum redundet, voluit quod in omnibus locis in Laudunenso, in quibus appellationes esse consueverant eisdem appellationibus utatur eo modo quo fuit consuetum* (2). » Telle fut la réponse des légistes aux barons et aux évêques féodaux.

La situation resta telle jusque vers le milieu du XIVe siècle. Il faut avouer qu'un tel procédé pouvait servir à constituer la justice royale au préjudice des juridictions seigneuriales et rendre quelques services aux habitants pour l'instant ; mais, si ce principe des appeaux volages avait été généralisé, il aurait promptement dégénéré en abus. Aussi, soit sous l'influence de cette crainte, soit parce qu'une nouvelle réaction féodale eut lieu sous Philippe VI contre les légistes et leur esprit, un nouveau mouvement se manifesta pour la suppression de ces appels, et ils ne s'en relevèrent plus.

Il n'y eut point de mesure générale, mais à partir de 1332 commence une série d'Ordonnances spéciales pour chaque ville ou chaque pays et qui réglait les conditions

(1) *Olim* (1296), II, 398, 5.
(2) *Ordon.* 1296, I, 328.

sous lesquelles cet usage serait aboli (1). Les rois, tout en améliorant l'ordre judiciaire, cherchaient à tirer profit des concessions qu'ils accordaient. Voici, résumées

(1) Voici la liste de ces Ordonnances :

27 nov. 1332,	*Ordon.*,	IX, 208, pour le Laonnois.
août 1332,	—	II, 81, pour Launay-en-Porcien.
juill. 1335,	—	II, 25, pour Condé-en-Laonnois.
août 1351,	—	II, 441, pour le Laonnois.
janv. 1367,	—	V, 93, pour Bourg-sur-Aisne et la prévôté foraine de Laon.
juill. 1367,	—	V, 29, pour Rozoy-en-Thiérache.
août 1367,	—	V, 68, pour les arbalétriers de Laon.
déc. 1369,	—	V, 247, pour Chaouse, Bouillaux, Vieux-sur-Aisne-en-Laonnois.
23 avril 1372,	—	V, 470, pour le chapitre de Reims.
avril 1372,	—	V, 720, pour la prévôté de Soissons.
août 1373,	—	V, 635, pour le chapitre de Laon.
mars 1374,	—	VI, 101.
mars 1374,	—	VI, 11, pour le chap. de Tours-sur-Marne.
déc. 1374,	—	VI, 84, pour le couvent de Saint-Vincent de Laon.
déc. 1374,	—	VI, 86.
janv. 1378,	—	VI, 381, pour Bucy-en-Soissonnais.
sept. 1378,	—	VI, 349, pour la prévôté foraine de Laon.
sept. 1378,	—	VI, 215,
août 1380,	—	VI, 475, p. la Freite-Béliart-en-Laonnois.
août 1380,	—	VI, 489, pour la Bruyère-en-Vermandois.
févr. 1381,	—	VI, 642, pour l'abbaye de Saint-Pierre au mont de Châlons.
sept. 1382,	—	VI, 667, pour Crespy-en-Laonnois.
juill. 1386,	—	VII, 140, pour l'abbaye d'Auvilliers-en-Laonnois.
mars 1388,	—	VII, 189, pour la ville de Laon.
déc. 1388,	—	VII, 215, pour la prévôté foraine de Laon.
nov. 1393,	—	VII, 586, pour l'abbaye de Beaulieu-en-Argonne.
1394,	—	VII, 703, pour Chéret-en-Laonnois.
janv. 1395,	—	VIII, 56, pour l'abbaye N.-D. de Soissons.
sept. 1395,	—	VIII, 21, pour Margival et Serches-en-Laonnois.
nov. 1395,	—	VIII, 638, pour l'abbaye de Laon.
déc. 1395,	—	VIII, 26, pour le chapitre de Soissons.
mai 1396,	—	VIII, 72, pour la prévôté de Laon.
juill. 1398,	—	VIII, 273, pour Landouzy-en-Thiérache.
janv. 1402,	—	VIII, 526, pour l'abbaye de Saint-Denis.
nov. 1402,	—	VIII, 547, pour Cerny-en-Laonnois.
juin 1407,	—	IX, 246.
sept. 1408,	—	IX, 371, pour l'abbaye de Saint-Thibaut de Bazoches.
mars 1413,	—	X, 144, pour l'abb. de St-Martin de Laon.

en quelques lignes, les conditions presque toujours les mêmes de ces Ordonnances :

Sur les réclamations des habitants ou du seigneur justicier, dont on évitait la juridiction par l'appel volage, le roi chargeait un commissaire, ordinairement le receveur du bailliage, de traiter avec une ville ou une abbaye pour leur territoire. Le receveur se rendait sur les lieux et on discutait les conditions. En général, les habitants se rachetaient de cet appel en payant immédiatement une somme variable, et en s'engageant à payer une redevance annuelle de deux ou trois sous par feu. Les habitants étaient tenus solidairement au paiement ; s'ils allaient demeurer dans d'autres villes, ils ne jouissaient plus de ce privilège, mais il ne leur était pas défendu de poursuivre ainsi ceux qui n'étaient point exempts de ces appels. Dans chaque concession, on avait soin de mettre que ces appels étaient supprimés : « *Réserve à nous faite des appeaux de défaute de droit et de faux et mauvais jugement.* »

Malgré ce mouvement très accentué, les appeaux volages existaient encore dans la première moitié du XVe siècle (1). Le temps seul et aussi la prépondérance toujours plus grande que prenait la hiérarchie des tribunaux royaux les firent peu à peu disparaître.

CHAPITRE V. — Du délai d'appel.

Dans la procédure d'appel la plus simple, il y avait trois délais rigoureux à observer. Le délai pour interjeter

(1) V. *Ordon.* mai 1396, VIII, 72, et la note de Laurière sur l'Ordon. d'août 1372, II, 81. A partir de 1407, *Ordon.* IX, 208, on frappa d'une amende ceux qui interjetaient des appels volages, après leur suppression.

l'appel, celui pour faire l'ajournement et le délai de péremption.

Nous ne parlerons pour l'instant que du premier. Les règles déjà constatées pour la procédure du faussement nous ont appris qu'on devait former son appel immédiatement, car, pour pouvoir fausser les juges tous ensemble ou nominativement, il importait de ne point les laisser se séparer. Ce principe resta longtemps en vigueur dans notre ancienne législation et dans le droit coutumier de notre période il était universellement admis.

Le vieux Style du Parlement déclare en effet : « *Si appellatio emittatur in patria consuetudinaria a sententia lata a judice, statim appellandum est antequam judex surgat a sede pro recedendo vel recedat, alias reputabitur non appellans* (1). » Les *Olim* renfermaient déjà la même règle ; on doit appeler « *statim si presens, si absens quam cito sententia ad ejus noticiam devenierit* (2) » ; ainsi que l'ancien coutumier de Bourgogne : « *Qui ne apèle de vive voix à la personne du juge, quant la sentence est donnée, li appelacion ne vaut* (3). »

Plus tard, le coutumier de Charles VI, les coutumes d'Anjou et Bouteiller reconnaissaient la même règle pour le XIVe siècle : « *On doit apeler incontinent que la sentence est rendue, que les clercs appellent illico, si l'appelant ou son procureur est absent, lors doit apeler si tost après que le peut venir à sa cognoissance et doit le plutôt après qu'il peut venir au juge et faire son apel et ce peut-il faire ou que le juge soit en jugement ou dehors* (4). »

Les textes réglaient les cas où on était absent, ou em-

(1) *Stylus Parlamenti*, XXII, 2, p. 63.
(2) *Olim* (1286), II, 39, 3.
(3) *Cout. de Bourgogne* (1270-1300); Giraud, *loc. cit.*, II, 284.
(4) Bouteiller, II, 14, p. 774; Cf. *Cout. de Charles VI*, III, 72, p. 581; et *Cout. d'Anjou*, § 99, III, 47.

pêché, ou en prison, etc. Il était alors permis de présenter « *justas causas absentiæ* (1), » ou de faire appel chez un tabellion, là où on se trouvait, d'en prendre expédition et de faire signifier l'appel au juge attaqué (2).

Les usages du midi différaient de ceux du nord et on peut voir dans le Style de Dubreuil combien le droit romain avait plus profondément touché les provinces méridionales, qu'il ne l'avait fait dans les pays coutumiers. Voici quelle était la règle : « *Si quis appelletur a sententia lata in patria juris scripti, si quidem incontinenti, et inter acta sufficit dicere, appello, etiam si sine alia verborum expressione et sine scriptura fiat, dum tamen de hoc constare possit per acta, sed secus si post quod potest facere : dum tamen appellet infra decem dies, quia tunc oportet quod appellet in scriptis et quod causas legitimas in eadem inserat, quæ si probatæ essent, deberent legitimæ reputari* (3). »

On voit que la différence consistait en ceci : dans les pays de droit écrit, on pouvait appeler de deux manières ou *illico*, *incontinenti apud acta*, ou dans les dix jours et par écrit ; tandis que, dans le nord, par suite de la tradition des formalités du combat judiciaire, on ne pouvait appeler qu'*illico*. La législation du midi était plus sage, car elle laissait aux parties le temps de réfléchir sur le parti qu'elles auraient à prendre et ce sont ces principes qui ont fini par l'emporter dans notre droit. Il faut dire d'ailleurs que, dans le droit coutumier, on avait rendu facile aux plaideurs, négligents d'appeler *illico*, la possibilité de continuer leur procès. Ils n'avaient pour cela

(1) *Olim* (1286), II, 39, 4 ; (1316), III, 1070, 10.
(2) Bouteiller, I, 20, p. 87.
(3) *Stylus Parlamenti*, XX, 3, p. 63.

qu'à demander en chancellerie des lettres de relief d'*illico* et on les accordait pendant trente ans.

Chapitre VI. — De la compétence des tribunaux d'appel.

L'appel étant formé, il fallait, avant de commencer toute procédure par l'ajournement, connaître quel était le tribunal compétent pour juger l'appel. De là, la nécessité de résumer aussi brièvement que possible les règles de la hiérarchie judiciaire de 1300 à 1450.

L'administration royale, pendant notre période, fit de si grands progrès qu'on commençait à la considérer comme l'ordre régulier et ordinaire, par opposition aux juridictions seigneuriales ou ecclésiastiques, dont la compétence et l'importance diminuaient chaque jour davantage. Cette administration royale comprenait trois degrés, les prévôts, les baillis, le Parlement de Paris. Cette hiérarchie paraît au premier abord fort simple, mais dans la pratique tout se compliquait. Ainsi les prévôts pouvaient eux-mêmes être juges d'appel, ce qui créait un degré de plus ; les baillis pouvaient avoir une attribution spéciale pour un cas particulier ; enfin le Parlement jugeait certaines affaires directement, etc., ce qui constituait autant d'exceptions à la règle générale.

Pour plus de précision, nous passerons en revue chacun des officers compétents en matière d'appel.

§ I. *Juridictions seigneuriales.* — Les barons avaient conservé leurs justices, bien qu'ils ne la rendissent plus en personne. Ils étaient, en effet, entourés d'officiers royaux, dont le seul désir et le seul but était de miner peu à peu leur juridiction afin d'établir l'unité complète dans l'organisation juridiciaire. Aussi notre période est féconde en plaintes adressées au roi par les grands vassaux soit contre les officiers royaux, soit contre la chancellerie royale qui accordait des lettres d'appel au Parlement dont l'effet était d'exempter le porteur ou le privilégié de la juridiction du seigneur. Nous avons déjà cité une lettre en réponse aux plaintes du duc de Bretagne (1), et les ordonnances à cet égard sont fort nombreuses... Ainsi, en 1315, le roi défend aux prévôts et officiers royaux d'ajourner devant eux les hommes des seigneurs justiciers (2) ; il déclare qu'il n'accordera plus de lettres à ceux qui diront avoir interjeté appel pour être exempts de la juridiction d'un seigneur (3). En 1351 il reconnaissait à ces mêmes seigneurs le droit de juger les appels de leurs sujets (4) : « *Volumus quod subditi prelatorum baronum et aliorum altam judiciam habentium de cetero appellent ad ipsos*. »

Cependant le roi lui-même, quelque satisfaction qu'il voulût donner à ses grands vassaux, ne pouvait empêcher ni arrêter cette tendance qui faisait marcher la France vers l'unité judiciaire. Aussi voyons-nous souvent dans les actes de la royauté une contradiction manifeste. D'un côté, elle protège les juridictions seigneuriales contre les empiètements de ses officiers, de l'autre elle proclame des principes qui tendaient à détruire ces justices. On ne peut expliquer cette situation que par l'état politique et les ménagements qu'il fallait avoir.

Avant de passer aux juridictions royales, il est intéressant d'observer que la formation d'une hiérarchie judiciaire par la royauté eut son contrecoup dans les domaines des barons. Nous voyons en effet dans notre

(1) V. p. 219.
(2) *Ordon.*, pour Champagne, § 5, I, 573.
(3) *Ordon.*, pour Bretagne, § 8, I, 620. Cf. *Ordon.* février 1303, § 17, I, 403 ; 24 mars 1318, I, 654 ; 12 mai 1318, I, 654 ; juin 1328, II, 118.
(4) *Ordon.* octobre 1351, § 61, II, 461.

période se constituer des degrés sur les territoires des grands vassaux. Et cela n'a au fond rien de très étonnant. Comme le roi ne possédait en France qu'une partie du territoire, il est certain qu'un mouvement aussi considérable que celui qui exista au XIVe siècle vers un ordre politique mieux réglé et une administration mieux établie ne pouvait se produire seulement sur les terres du roi.

La tendance étant générale, les effets le furent aussi, et c'est ce qui nous explique la formation d'une hiérarchie judiciaire sur les terres des grands vassaux.

Quelle était donc cette organisation judiciaire des seigneurs?

Nous rencontrons d'abord des prévôts seigneuriaux, puis des juges des premières appellations qui furent créés surtout pendant notre période, enfin au-dessus pouvait exister une cour, vestige de l'ancienne cour des grands feudataires, mais qui était désormais, par suite du ressort (1), subordonnée au Parlement de Paris. Il faut joindre à cela cette distinction de la justice en haute, moyenne et basse qui s'introduisit vers cette époque et qui permettait aussi les appels, ainsi que nous l'a montré un texte de 1351 que nous avons cité plus haut.

On voit que cette organisation de la justice dans les grands fiefs correspondait assez bien à la hiérarchie royale et c'est ce qui explique qu'à chaque réunion de province la royauté n'avait pour ainsi dire qu'à changer

(1) Cette formation du ressort entre les Cours des grands vassaux et le Parlement était la conséquence de la modification profonde qu'avaient subie ces fiefs... Il ne faut pas oublier en effet qu'au XIVe et au XVe siècle il n'existait plus de grands feudataires souverains comme au XIe siècle; les grands vassaux étaient en majorité des princes auxquels on avait concédé en apanage des provinces déjà réunies à la couronne. Et ces concessions n'avaient lieu que réserve faite du ressort.

les noms des officiers, car les choses existaient déjà. Les faits que nous venons d'avancer sont prouvés par un grand nombre de textes. Nous avons relevé dans les Ordonnances de 1319 à 1419 plus de quinze documents qui mentionnent la création de juges des premières appellations ou qui confirment ceux qui pouvaient exister déjà (1) ; et, sur la formation des cours dans les apanages sous le nom de Grands-Jours ou autres, on pourra consulter les Ordonnances que nous citons en note (2).

Ainsi donc, dans les terres des seigneurs, l'appel tendait à se constituer et une hiérarchie se formait à mesure que les principes d'administration s'introduisaient à la place de l'arbitraire féodal. L'exposé de l'organisation judiciaire royale permettra de comparer les deux courants.

§ II. *Juridictions royales.* — La hiérarchie des tribunaux royaux avait peu varié depuis la période précédente. Prévôts, baillis, Parlement, tels sont toujours les degrés essentiels de l'administration judiciaire ; cependant, au dessus du Parlement et, à partir du commencement du xive siècle, quand s'opéra une première division dans la cour primitive du roi, nous voyons apparaître une nouvelle juridiction, le Grand-Conseil.

1. *Prévôts.* — Rien n'était changé à leur égard. Leurs fonctions étaient mieux fixées, leur mode de nomination réglé, enfin, la ligne de conduite qu'ils avaient à suivre

(1) Ces textes sont les suivants : juillet 1319, § 4, *Ordon.*, I, 694.
juin 1338, *Ordon.*, II, 121.
28 janv. 1350, — IV, 28.
janv. 1353, — IV, 276.
déc. 1366, — IV, 696.
6 sept. 1367, — V, 70.
8 sept. 1374, — VI, 35.
1375, — VI, 522.
août 1378, § 19 — VI, 342.
mai 1382, *Ordon.*, VI, 648.
23 mai 1383, — VII, 7.
juill. 1401, — VIII, 458.
30 janv. 1404, — IX, 38.
nov. 1408, — IX, 394.
Cf. Privilèges de Forcalquier *in Cout. général*, II, 1205; *Stylus Parlamenti*, XXIII, 4, p. 67.

(2) *Ordon.*, juil. 1352, IV, 112 ; juin 1328, II, 18 ; 22 nov. 1371, V, 435.

était tracée par de nombreuses Ordonnances (1), mais ils étaient toujours en principe des juges de première instance dans le domaine de la couronne, et d'appel à l'égard des justices seigneuriales ou municipales.

La prévôté de Paris avait seule reçu une organisation plus complète. Cela tenait au grand nombre d'affaires qu'on y portait, et à ce qu'elle jouait en réalité le rôle d'un bailliage sans en avoir le nom. On avait établi des conseillers rapporteurs et auditeurs, qui se partageaient le travail, consultaient le prévôt dans les cas difficiles, et du jugement desquels on appelait au prévôt lui-même (2). Du prévôt de Paris, l'appel se portait au Parlement.

2. *Baillis et sénéchaux.* — La compétence de ces officiers ne fut pas modifiée. Dans la période que nous traversons, on s'occupa surtout de préciser leur rôle, de fixer leur mode de nomination, de limiter leurs fonctions et leur compétence judiciaire, et de parer aux inconvénients qu'ils pouvaient faire naître. Il serait trop long de rapporter ici ces détails, qui ne sont pas tout à fait de notre sujet. Nous renvoyons à cet égard soit aux nombreuses Ordonnances qui concernent ces officiers, soit au chapitre des auteurs contemporains qui en traitent, soit enfin aux écrivains modernes qui se sont particulièrement occupés de l'histoire administrative de la France (3).

Relativement à leurs fonctions judiciaires, nous dirons qu'ils étaient compétents pour les causes des nobles, les ecclésiastiques, pour les appels des prévôts ou des cours seigneuriales, pour les cas royaux, et dans une foule

(1) *Ordon.* 23 mars 1302, I, 350.
(2) *Ordon.* 1er mai 1313, § 8, I, 518.
(3) *Ordon.* 23 mars 1302, I, 354; *Ordon.* sept. 1402, VIII, 1368; Bouteiller, I, 51; *Grand Coutumier*, III, 72, p. 581 et s. et dans les auteurs modernes voir Chéruel, Dareste de la Chavanne, Warkœnig, Schœffner, etc., etc.

d'affaires particulières que nous ne pouvons déterminer. Ils jugeaient ces causes dans des assises tenues tous les deux ou trois mois (1), et il leur était défendu, au moins jusqu'en 1413, de se faire remplacer par des substituts ou lieutenants qui n'auraient point offert les mêmes garanties (2).

3. *Parlement.* — Au dessus des baillis, venait le Parlement de Paris. Depuis que nous avons laissé son histoire, une première et profonde modification s'était opérée dans sa composition. La cour primitive du roi, où tous les pouvoirs étaient confondus, s'était partagée en plusieurs sections, et avait donné naissance à autant de juridictions différentes. Le Parlement, la Cour des comptes, le Grand-Conseil, la Chambre du Trésor, la Chambre des Monnaies, la Cour des Aides, telles sont les juridictions qui émanèrent de la Cour royale (3). Ce sectionnement commença sous le règne de saint Louis, mais il ne se fit point d'un seul trait. Il vint tout naturellement de la pratique journalière, qui faisait trouver plus commode de confier toujours le même genre d'affaires aux mêmes conseillers pour qu'ils les connussent mieux. Ce ne fut que beaucoup plus tard, au commencement du XIVe siècle, que ces divisions de fait furent sanctionnées légalement, et que ces sections donnèrent naissance à des cours détachées qui n'eurent plus entre elles aucun rapport.

Ces considérations nous expliquent plusieurs textes des *Olim* qui semblent fort singuliers; car nous y voyons qu'un appel interjeté au Parlement pouvait être

(1) *Ordon.* 23 mars 1302, § 26, I, 362; 1363, II, 759; 1388, V, 178. Cf. *Olim* (1211), I, 370, 16.
(2) *Ordon.* octobre 1351, II, 451.
(3) Pardessus, *Organ. judic.*, 133.

jugé par les gens de la Chambre des comptes ou de la Chambre des requêtes : « *Nos, vero quia Parlamentum nostrum extitit prorogatum, ad supplicationem dictorum victuariorum, volentes eos expensos et laboribus in hujusmodi relevare, dilectis et fidelibus gentibus nostris presidentibus, Parisius, in camera requestarum, mandavimus et commissimus quod ipsi quatuor vel tribus in eis ad hoc congregatis, vocatisque dictis partibus, preposito parisiensi et aliis evocandis, appellacionis hujusmodi causam audirent et fine debato terminarent, nec obstante prorogacione predicta* (1). » On voit par ce jugement que, s'il existait alors plusieurs chambres séparées dans le Parlement, ce n'étaient que des séparations de fait qui n'empêchaient point chaque chambre de faire partie du Parlement, et chacun des conseillers d'être considéré comme membre de la cour du roi, et de pouvoir comme tel aussi bien examiner les comptes, recevoir les requêtes, que trancher les appels qu'on adressait au roi.

Il n'est pas dans notre intention de suivre chacune des cours qui sortirent au XIVe siècle de la cour du roi et d'examiner quelles affaires et comment les appels y étaient jugés ; nous nous restreindrons au Parlement et au grand conseil qui furent seuls chargés de trancher les débats purement judiciaires.

La période que nous étudions est exclusivement celle de l'organisation du Parlement de Paris, qui était encore le seul. Aussi les ordonnances abondent sur la matière et répètent souvent les mêmes prescriptions pour mieux affirmer les mêmes principes. Nomination des magistrats, réglementation intérieure de la cour, division du parlement en trois chambres, grand-chambre, enquêtes et

(1) *Olim* (1315), III, 1046; (1315), III, 1047; (1317), III, 1176, 78, et III, 1526.

requêtes, occupations des conseillers..., etc., etc., tout est réglé, tout est visé dans les ordonnances minutieuses qui s'efforçaient de mettre un peu d'ordre où régnait encore beaucoup d'hésitation et de confusion (1). Ces détails auraient leur place dans une histoire du Parlement, nous n'y insisterons point et nous passons à la question qui nous intéresse vraiment : quelle était la compétence du Parlement?

La réponse n'est pas aisée : « Dire quelles étaient les « affaires traitées dans ce conseil supérieur, ses *besongnes*, « comme on les appelait, est bien difficile : le mot toutes « serait la meilleure réponse, car il n'est pas d'intérêt « public ni particulier, d'affaires d'Etat ou de mesures « municipales qui ne fussent de son ressort (2). » Il faut dire cependant que, en principe et dans la majorité des cas, le Parlement resta fidèle à son origine et aux causes qui l'avaient fait organiser, ce fut un tribunal d'appel où se portaient les recours des baillis, des justices seigneuriales, ecclésiastiques et municipales (3). Le peu de règles que nous possèdons sur la fixation des ressorts nous empêche de préciser davantage; et en outre les nombreuses exceptions au principe posé semblent presque le détruire. Ainsi le roi accordait souvent à des églises, à des seigneurs, à des villes, etc., le privilège de porter leurs affaires en première instance directement devant le Parlement (4). Il méconnaissait donc l'ordre judiciaire et les règles de la hiérarchie qu'il avait lui-même établis et ouvrait la porte à des abus si nombreux qu'ils nécessi-

(1) *Ordon.*, Toussaint, 1291, I, 320; 3 déc. 1319, I, 702; déc. 1320, I, 728; 11 mars 1344, II, 219; 27 janv. 1359, III, 385; nov. 1364, IV, 506; 16 déc. 1364, IV, 511; 14 août 1374, VI, 22; grande *Ordon.* de 1413.

(2) *Actes du Parlement de Paris*, Préface, VIII.

(3) *Ordon.* déc. 1363, III, 649.

(4) *Ordon.* 30 août 1350, IV, 177; 26 sept. 1396, VIII, 113; *Anc. Cout. de Bourges* (1350); *Cout. général*, III, 878.

tèrent des mesures restrictives. Rien n'est plus contraire à une bonne administration de la justice que ces troubles, ces exceptions, ces évocations perpétuelles. Cela fut si bien senti que, dans les Etats généraux, les personnes qui étaient les plus intéressées à la bonne justice, les membres du tiers, ne cessèrent de formuler des plaintes à cet égard et de réclamer la réforme de ces abus (1).

Nous n'avons parlé jusqu'ici que des cas les plus simples et nous avons supposé que l'appel allait de degré en degré au Parlement où il était jugé. Il n'en était point toujours ainsi : et les renseignements qui suivent feront comprendre combien il pouvait y avoir d'abus dans l'administration de la justice au XIVe siècle.

Le Parlement, qui était encombré d'affaires, avait conservé la coutume de déléguer la connaissance des appels à certaines personnes ou à des baillis : « *Remissio facta per parlamentum ad baillivum remensem de quadam appellacionis causa inter* (2) ; » et le roi, avant même que la cause fût portée au Parlement, usait de semblables procédés (3).

Le résultat de ces délégations spéciales était d'arrêter le cours régulier de la justice, de créer de nouveaux tribunaux et des tribunaux inutiles puisqu'ils ne jugeaient point en dernier ressort : « *Tandem cognitio de predicta appellacionis causa commissa, processus predicti, tam principalis causæ appellacionis factæ remissi fuerunt ad nostram curiam* (4). »

(1) Picot, *Hist. des Etats généraux*, I, 111, 223, 274.
(2) *Archives législ. de Reims* (1449) ; *Statuts*, I, 794.
(3) *Olim* (1286), II, 40, 11 ; (1296), II, 402, 11 ; (1307), III, 261, 49 ; (1313), III, 837, 47 : « *A qua sentencia dicti rei ad nos appellaverunt, que causa appellacionis fuit postea certis personnis commissa* » ; (1317), Boutaric, *Actes du Parlement*, n° 5070, 4751 ; (1318), Boutaric, *loc. cit.*, n° 5217, 5307 ; (1319), Boutaric, *loc. cit.*, n° 5745, 5772 ; (1376), Boutaric, *loc. cit.*, n° 7763.
(4) *Olim* (1313), III, 837, 17.

Nous ne pouvons mieux indiquer les inconvénients de ces procédés, qu'en donnant ici la marche que pouvait suivre une affaire au XIVe siècle. Ainsi dans un procès de 1300 il y eut : 1° sentence du baile de Montpellier; 2° appel au lieutenant du roi de Majorque à Montpellier ; 3° appel au roi ; 4° délégation de la cause au juge d'Aigues-Mortes ; 5° deuxième appel au roi ; 6° deuxième délégation au juge d'Aix ; 7° troisième appel au roi et jugement du Parlement, et il en fut à peu près de même dans un procès qui eut lieu en 1308 à Paris (1).

Cette manière de déléguer les causes avait pu être utile au XIIIe siècle pour rendre l'administration de la justice plus prompte et moins onéreuse aux habitants et lorsqu'il n'y avait pas encore d'organisation judiciaire fixe ; mais on n'aurait pas dû continuer d'user d'un semblable procédé, lorsqu'un ordre régulier de tribunaux et une hiérarchie réglée eurent été établis, puisque ces délégations les empêchaient justement de fonctionner.

Il existait encore d'autres abus. Et on peut dire que les meilleures intentions des rois pour la bonne administration de la justice étaient en contradiction avec les principes de la hiérarchie judiciaire des tribunaux royaux. En effet, si le Parlement pour une affaire spéciale faisait des délégations dont nous avons vu les mauvais résultats, le roi agissait de même, usait des mêmes procédés, mais sur une plus grande étendue, quand il nommait des commissaires réformateurs qui ne faisaient point partie de l'ordre régulier des tribunaux. Nous ne contestons pas que la mesure put être bonne pour l'époque, nous dirons même que ce fut un des remèdes portés contre les abus existants, mais nous savons que ce procédé dégénéra lui-même

(1) *Olim* (1300), III, 61, 30 ; (1308), III, 314, 60.

promptement en abus scandaleux qu'il fallut faire cesser, et, en tous cas, cela empêcha une plus prompte organisation des cours ou des parlements provinciaux, par suite une plus rapide réalisation de l'unité judiciaire (1).

Ce n'étaient point encore tous les abus de ces temps de formation, car il faut aussi mentionner cette lutte continuelle des officiers royaux contre les justices seigneuriales et ecclésiastiques. Ce fut ici surtout qu'on se servit de l'appel, qu'on en dénatura le caractère et qu'on en fit un instrument politique pour paralyser toute influence des barons. Notre période est remplie d'un côté par les plaintes des grands vassaux et de leurs officiers contre les empiètements et les violences des gens du roi (2), de l'autre par des ordonnances qui cherchaient à arrêter le trop grand zèle des officiers et à pacifier les querelles sans faire cependant des concessions trop importantes : « *Inhibemus districte omnibus senescallis, ballivis, et aliis officiariis ac ministris, universis ac singulis justicialibus et districtibilibus nostris quod dictos prelatos, personas ecclesiasticas et justitiam ecclesiasticam non impediant nec perturbent directe vel indirecte* (3). »

Enfin, joignez à tout cela que nous étions en guerre perpétuelle avec les Anglais, qu'au commencement du xve siècle, le Parlement de Paris ne put plus fonctionner et qu'il fallut suspendre en certains cas la faculté d'appeler (4), et on aura une idée exacte des inconvénients,

(1) Picot, *Hist. des Etats généraux*, I, 112.

(2) *Vide Olim* (1291), II, 318, 22; *Ordon.* mai 1315, § 7, I, 621; 2 mars 1316, I, 633; mai 1341, II, 162.

(3) *Ordon.* déc. 1315, § 10, I, 625; 23 mars 1302, I, 362; octobre 1351, II, 457; 26 janv. 1358, XII, 100.

(4) Mandement du 4 juin 1425; *Ordon.*, XIII, 103 : « *Et se il convenoit que lesdiz prévôts et jurés et appelans de Tournay poursuivissent chacun jour en notre dite ville de Poictiers leurs dictes causes d'appel, ils seroient en aventure d'estre grandement grevez et domagés et en grant péril de leurs*

des abus et des lacunes de l'administration judiciaire de 1300 à 1450 et des pérépéties par lesquelles l'appel dut passer avant de s'organiser sur une base stable et définitive.

Les difficultés que nous venons de mentionner un peu longuement eurent le bon résultat de faire plus vivement sentir la nécessité d'une bonne administration de la justice et de précipiter cette tendance vers l'uniformité des institutions judiciaires. Il ne faut point oublier, en effet, que les parlements provinciaux furent constitués sitôt après la fin de la guerre de Cent-Ans. Auparavant on avait pris, il est vrai, quelques mesures contre les abus. Ainsi : 1° on avait nommé à plusieurs reprises des commissaires spéciaux et sans appel pour réformer les abus, rechercher les malfaiteurs, etc., etc., (1) ; 2° on avait prescrit aux officiers royaux de ne pas chercher à empiéter sur les barons pour jeter ainsi du trouble dans l'exercice de la justice (2) ; 3° on avait restreint ou cherché à restreindre ce nombre considérable de « *gens du roi* », *effrenata multitudo*, qui vivaient aux dépens des justiciables : « *Præposito parisiensi præceptum fuit ut effrenata multitudo servientium suorum ad certum numerum reducat*... (3) ; » 4° on avait établi des enquêtes régulières sur la conduite des officiers royaux : « *De trois ans en trois ans le roi enverra des commissaires ou enquesteurs pour réprimer les abus de ses officiers* (4) ; » 5° on avait formellement défendu d'appeler *omisso medio :*

personnes, considéré les longs, dangereux et périlleux voyages qu'il faut tenir à venir dudit Tournay à Poictiers en travers toutes les Alemaignes. »

(1) *Vide Ordon.* 3 mars 1356, IV, 182; 8 mars 1367, V. 361; 28 février 1388, VII, 769; 21 janvier 1389, VII, 329 ; 11 mars 1390, VII, 405; 9 juillet 1391, VII, 441 ; 22 octobre 1425, XIII, 105; 30 janvier 1437, XIII, 257.

(2) Giraud, *op. cit.*, II, 54.

(3) *Olim* (1287), II, 272 et 872.

(4) *Ordon.* 19 mars 1314, I, 551 ; 1er mai 1313, I, 517 ; 30 mars 1350, II,

« *Ordonnons que si aucun sujet du royaume appelle de* « *juge sujet d'aucune sentence en la court de parlement ou* « *autre cour royale en délaissant le juge moyen, que celui* « *par devant qui il sera appelé soient les gens tenant ledit* « *parlement ou autres juges moyens, renvoient ladite* « *cause d'appel sans délai par devant le juge qui sans* « *moyen pouvait et devait en connaître* (1) ; » 6° enfin on avait déclaré que les sentences du Parlement seraient sans appel : « *Ordinamus quod judicata arresta et sententiæ que de nostra curia processerunt, teneantur a sine appellatione aliqua executioni demandentur* (2) ; » mais les Ordonnances qui édictaient ce principe renfermaient dans les mêmes paragraphes la violation de la règle.

Telle fut pendant notre période l'histoire de cette nouvelle hiérarchie royale. Nous y avons joint un aperçu des inconvénients qu'elle pouvait avoir et des abus qui se produisirent pendant cette époque de formation. Nous avons néanmoins laissé de côté nombre de questions intéressantes qui se rattachaient à notre sujet. Comment étaient organisés les appels dans les cours voisines du Parlement, quelle était la compétence de la Cour des comptes et des autres juridictions émanées de la cour du roi, quelle fut la conduite du Parlement à leur égard, quelle était l'organisation de l'appel dans les cours ecclésiastiques, qu'étaient-ce que les cas royaux? etc., etc. Tout cela se rattache à l'histoire de l'appel et en fait partie, si on se place à un point de vue très général,

392; 12 juillet 1393, VII, 567; *Olim* (1314), III, 913, 73 : « *Deputati a nobis ad inquirendum maleficiis et excessibus officialium nostrorum castelleti parisiensi.* »

(1) *Ordon.* mars 1356, § 59, III, 145, et *Grand Coutumier*, IV, 8, 641.

(2) *Ordon.*, 23 mars 1302, § 12, I, 359; déc. 1344, § 9, II, 215; oct. 1350, § 12, II, 455.

mais nous avons dû nous restreindre et sacrifier toute considération sur ces matières.

4. *Le roi et le conseil.* — Malgré les déclarations formelles, qui attribuaient aux décisions du Parlement une valeur absolue et souveraine, nous pouvons constater qu'en pratique il n'en était pas ainsi. Jamais les rois n'abandonnèrent le pouvoir judiciaire, qu'ils considéraient comme attaché à leur personne, et, depuis saint Louis jusqu'à la Révolution, ils formèrent toujours un dernier degré, un tribunal suprême ouvert à tous et pour toutes sortes d'affaires.

A l'origine, le Parlement avait joué le rôle de conseil du roi et il avait jugé ces recours suprêmes adressés à la justice royale. Mais depuis que cette institution était devenue un corps définitif et indépendant du roi, il se forma une cour nouvelle, plus rapprochée, plus dépendante de la royauté ; ce fut le conseil du roi. Ce conseil, conseil secret, grand conseil, conseil ordonné, ne fut réellement organisé qu'en 1318, lorsque la cour du roi se fondit en trois corps distincts, mais il existait de fait auparavant (1). On en peut constater des traces sous Philippe-le-Bel, et, à partir de ce moment, il tendit de plus en plus à s'organiser à mesure que le Parlement se constituait davantage (2).

Les fonctions de cette cour sont formulées dans une Ordonnance de 1302, et elles restèrent telles pendant toute notre période : « *Et si aliquis ambiguitatis vel erroris continere viderentur arresta curiæ, ex quibus merito suspicere indiceretur, correctio, interpretatio, revocatio vel declaratio eorumdem ad nos vel nostrum commune*

(1) *Ordon.* 18 juillet 1318, I, 656; 16 nov. 1318, I, 668.

(2) T. Beugnot, *Olim*, III, XIII ; Pardessus, *op. cit.*, 134 et 1 ; Boutaric, *Philippe-le-Bel*, 163.

consilium spectare noscantur vel ad majorem partem consilii nostri... (1). » Ces règles furent confirmées par des Ordonnances très détaillées de 1344 et 1351 (2). Des documents de la pratique, des jugements tirés des *Olim* nous apprennent comment les choses se passaient en fait, et nous ne pouvons mieux faire connaître ce procédé et ce recours qu'en transcrivant un semblable jugement. « *Ceterum, cum postmodum ex parte N. filii et heredes dicti H. defuncti, nobis fuerit supplicatum quod cum curia nostra, per facti ignorantiam, ut ipse dicebat, actis cause predicte ad plenum non vivis, consuetudinibusque notoriis et confessatis, seu probacionibus dicti H et susbtancialibus dicte cause per facti errorem admissis, predictum tulerat judicatum, quatenus super hoc apponeremus remedium opportunum. Nos vero, omnem errorem tollere et corrigere cupientes, de speciali gratia voluimus et mandavimus quod processus et acta tam principalis quam appellacionis causarum hujusmodi, iterato inspicerentur et diligentius examinarentur ut, si quod, in ipso judicato, per facti errorem, vel minus sufficientem visionem actorum et processorum predictorum inveniretur esse factum, illud corrigeretur et emendaretur et in melius reformaretur. Sed quia repertum est curiam nostram non errasse in aliquo in predictis, nec per facti ignorantiam deceptam fuisse, sed eam recte et legitime judicasse, predictum judicium iterato per curiæ nostræ judicium extitit approbatum et confirmatum* (3). » C'était là l'origine de la proposition d'erreur et de la cassation ; et c'était aussi une des principales attributions de ce conseil que de pronon-

(1) *Ordon.* 23 mars 1302, § 12, I, 359.
(2) *Ordon.* 1351, § 12, II, 155.
(3) *Olim* (1309) III, 458, 67. Cf. *Olim* (1291), II, 333, 22; (1318), III, 1435, 69; *Ordon.* 16 avril 1340, XVIII, 57.

cer sur les requêtes civiles et les propositions d'erreurs qui commençaient à se distinguer des appels. On peut résumer la compétence de cette cour en disant qu'elle tranchait toutes les questions de conflit, de contentieux administratif, les débats entre l'État et les particuliers, et enfin les nombreuses évocations qui lui étaient attribuées (1).

L'inconvénient de ces corps spéciaux, placés au sommet de la hiérarchie judiciaire, c'est qu'ils n'excluaient pas la compétence du roi et qu'ils ne servaient dès lors qu'à éterniser les procès. « Rien n'était plus contraire « aux règles de la justice, dit Beugnot, en parlant de la « proposition d'erreur, à la dignité du Parlement et à « l'intérêt des parties ; mais les rois, jaloux de leur auto- « rité judiciaire, accueillaient avec faveur ces recours « différents des voies de droit et dont l'effet était de « déconsidérer la justice souveraine du Parlement (2). »

Ainsi donc, malgré les déclarations qui avaient rendu les arrêts du Parlement définitifs, le roi restait compétent ; et, tant qu'il n'avait pas statué, il y avait encore un dernier espoir et un dernier jugement à tenter. C'est du moins ce qui résulte des paroles suivantes de Bouteiller qui peignent exactement le caractère de la royauté au XIVe siècle et qu'il est intéressant à ce titre de comparer avec la définition que Beaumanoir en avait donnée au XIIIe siècle : « *Si sachez que le roi de France est empereur en son royaume, peut faire ordonnance qui tiennent et vaillent loy, ordonner et constituer toute constitution : peut aussi remettre quitter et pardonner tout crime criminel, crime civil, donner grace et répit de dettes, légitimer, affranchir, anoblir, relever de négligences, donner*

(1) Pardessus, *Organ. judic.*, 142 et s.
(2) Beugnot, *Olim*, III, 961.

état en cause et généralement ce faire tout et autant que a droit impérial appartient (1). »

CHAPITRE VII. — Procédure d'appel.

Une fois que la compétence du tribunal d'appel était fixée, la procédure d'appel commençait. Elle se divisait tout d'abord en deux parties essentielles : 1° procédure devant le juge inférieur ; 2° procédure devant le tribunal d'appel.

§ I. *Procédure devant le juge inférieur.* — Cette procédure comprenait trois actes principaux : 1° l'appel lui-même ; 2° l'acte d'appel proprement dit ; 3° l'ajournement. Il est assez difficile de présenter cette matière avec beaucoup d'unité, car la distinction qui existait encore entre le droit écrit et le droit coutumier jette une certaine obscurité ; nous essaierons cependant de résumer les principes aussi clairement que possible.

1. *De l'appel.* — Le premier acte de la procédure était l'appel lui-même. Nous avons déjà vu comme il était interjeté et dans quel délai, il n'y a donc pas de nécessité d'y revenir.

2. *De l'acte d'appel.* — L'appel formé, on devait faire un acte d'appel. Nous croyons que cette condition s'appliquait au nord comme au midi. On a dit, il est vrai, qu'avant l'Ordonnance de 1330, il n'y eut dans le nord rien de certain, et qu'il n'y avait point d'autre ajournement que celui fait lors de la déclaration même d'appel (2). Ce n'est point notre avis, et nous croyons que la différence entre le nord et le midi consistait uniquement

(1) Bouteiller, II, 1, p. 646 et 653.
(2) Warkœnig, *op. cit.*, III, 556.

dans les délais et les formalités, mais non dans les conditions essentielles de l'appel.

D'ailleurs, les ordonnances de 1330 et 1334, qui parlent des ajournements en cas d'appel, supposent qu'il y a des lettres à cet égard, donc il fallait rédiger un écrit.

Pour le midi, cela ne forme aucun doute et résulte de deux jugements des *Olim* dont l'un est fort intéressant par les souvenirs de droit romain qu'il renferme (1) et des *Statuta Roberti Siculi regis* qui recommandent aux *notarii* de délivrer rapidement les actes d'appel aux parties « *ut acta appellantibus mox tradantur* (2) ». Il en était de même dans le Périgord (3) et le Dauphiné, et il est permis de croire que cela résulte aussi d'un jugement très précieux du Parlement de 1286 sur lequel nous allons revenir (4).

Quoi qu'il soit, on peut considérer comme certain qu'à partir du milieu du XIVe siècle, c'était la règle.

Cet acte d'appel, qu'il fût fait dans le midi ou dans le nord, devait contenir certaines mentions essentielles et à peine de nullité. Ainsi : 1° on devait dire dans le midi qu'on appelait *tanquam a nulla,* ou *tanquam ab injusta et iniqua* et dans le nord *tanquam a prava et falsa* (5). Les *Olim* confirment suffisamment cette règle, mais ils nous apprennent qu'elle était observée strictement, puisque dans une affaire on prétendit que l'appel de l'adversaire était nul comme ne renfermant point ces expressions consacrées. Nous citons en note ce jugement de 1286, on pourra ainsi en com-

(1) *Olim* (1316), III, 1088, 25.
(2) Giraud, *op. cit.*, II, 73.
(3) *Olim* (1314), III, 640, 8.
(4) *Olim* I, 402, 6.
(5) *Stylus Parlamenti,* XX, § 1, p. 63.

prendre toute la portée (1). Ce formalisme n'a d'ailleurs rien qui puisse nous étonner, si on veut bien se rappeler que nous avons considéré l'appel comme dérivant du faussement de jugement, dans la procédure duquel on avait à prononcer des paroles analogues et à suivre des formalités semblables. 2° Il fallait avoir un motif déterminé et sérieux pour appeler et l'indiquer dans son acte d'appel. « *L'on ne doist apeler sanz grief*, » disait le livre de Plet au XIIIe siècle (2), et Desmares, au XIVe, donnait comme règle que « *Nul ne fet à recevoir en appel, s'il appelle de grief quelconque* (3). » Cest sans doute en vertu de cette règle que nous voyons énoncer par quelques mots dans presque tous les actes d'appel contenus dans les *Olim*, les motifs du recours. « *A quo judicato tanquam nullo vel si aliquod erat tanquam falso et pravo*, » « *tanquam a nimia*, » « *tanquam a modica*, » « *tanquam a minima, a nulla, ab iniqua*, » « *tanquam a modica taxatione*, » telles sont, entre bien d'autres, les mentions souvent répétées dans ces jugements. Ces formalités se maintinrent longtemps, mais elles cessèrent cependant au XVIe siècle, et nous avons été étonnés de voir qu'un acte du Parlement du 21 juin 1568 punissait d'une forte amende une partie qui avait dit à son juge qu'il avait

(1) *Facto quodam judicio coram ballivo Turonensi contra... Super eo quod... Adjornatis itaque propter hoc partibus coram Rege, propositum fuit pro dicta domina quod ipsi abbas et conventus non debebant super hujus appellacione, audiri, cum in ipsa appellacione nullam fecissent penitus mencionem de falso seu pravo, sed simpliciter, non adjectis iis verbis falso et pravo seu eorum altero appellassent; ad quod respondebat procurator non ita fuisse sed quod in sua appellacione expresserat falsum et pravum vel saltem vel alterum eorumdem et hoc offerebat se probaturum. Tandem, hoc altera parte negante, receptisque super hoc testibus eorumdem, quia, per testes inde productos, probata fuit intencio eorumdem, pronunciatum fuit quod ipsi abbas et conventus de dicto judicio appellaverant tanquam de pravo et sic quassata fuit exceptio domine antedicte.*» *Olim*, I, 402, 6.

(2) *Livre de Jostice et de Plet*, I, 5, p. 18.

(3) Desmares, § 358, *in* Brodeau, *Cout. de Paris*, II, 667.

rendu un faux jugement, lorsque deux siècles auparavant on considérait comme une condition essentielle de l'appel le prononcé de ces paroles (1) ; 3° on devait indiquer le juge dont on appelait (2) ; 4° la sentence dont appel (3) ; 5° le jour où on a appelé (4), etc., etc.

3. *De l'ajournement.* — L'acte, dont nous venons d'énumérer les conditions, n'était en réalité que l'acte d'ajournement, aussi nous ne répéterons point ce que devait contenir un ajournement, nous dirons seulement comment il était fait.

De très bonne heure et à peu près au commencement du XIVe siècle, la coutume s'introduisit que l'appelant, pour ajourner son adversaire, devait obtenir des lettres de chancellerie qui l'y autorisaient. Cet usage est déjà visé par un arrêt des *Olim* de 1269 : « *Postquam litteras domini regis super hujusmodi citatione recepit* (5) » et il nous est attesté par des lettres au duc de Bretagne de 1315 (6) et par le Style de Dubreuil : « *Judex a quo appellatur non potest adjornare ad Parlamentum propria authoritate sine mandato curie vel commissione quod si fecerit quamvis pars appellata se presentaverit non teneatur procedere tanquam adjornata* (7). » On ne faisait exception que pour les appels interjetés par les procureurs du roi, et cette exception confirme la règle (8).

Cette formalité présente certainement quelque analogie avec ce qui se passait dans le midi, où, au lieu d'obtenir

(1) Bouteiller, p. 778.
(2) *Olim* (1286), II, 41, 18.
(3) *Olim* (1286), II, 410, 18.
(4) *Cout. d'Anjou*, (1437), § 100, t. III.
(5) *Olim*, I, 765, 31.
(6) *Ordon.* mai 1315, § 8, 12, I, 620.
(7) *Stylus Parlamenti*, XX, 8, p. 63. Cf. *Anc. Style de Normandie*, c. 23, *in Société des Antiq. de Normandie*, t. 18.
(8) *Mandement de Charles VI*, 10 septembre 1392.

ainsi des lettres d'appel du tribunal d'appel, on suivait la tradition romaine et on obtenait des *libelli dimissorii, apostoli*, *apôtres* du juge attaqué (1).

Beaumanoir ne fixait aucun délai pour appeler, il disait seulement que « *on doit porsivir son appel au premier parlement* (2). » Mais à mesure que cette cour judiciaire s'établit et que la procédure se fixa, il devint nécessaire de régler un terme après lequel on ne pouvait plus appeler.

Jusqu'au XIVe siècle il n'y eut rien de certain : 10, 15, 30, 40, 50 jours, tels sont les détails que nous avons rencontrés dans les textes (3). Une semblable incertitude entraînait de nombreux abus, dont il est fait mention dans l'ordonnance de 1330, qui y porta remède. L'art. 1er de l'ordonnance du 9 mars 1330 déclara qu'on devrait désormais faire son ajournement dans les trois mois de l'appel : « *Ut quicumque a judicibus nostris seu aliis subditis regni nostri ad nostram curiam duxerit appellandum intra tres menses continuos et tempore appellacionis emissæ adjornamentum impetrare et judices a quibus appellaverit adjornari seu citari ac parti appellatæ intimari facere* (4). » Cette règle fut confirmée par des ordonnances postérieures de 1344, 1365 et 1394 (5), et c'est celle que nous ont tramise tous les auteurs contemporains (6).

Malgré ces prescriptions, toutes les coutumes n'étaient cependant pas complétement uniformes, puisque nous

(1) *Olim* (1316), III, 1088, et *Ordon.* 12 juillet 1409, IX, 451.

(2) Beaumanoir, LXI, 66 (II, 403).

(3) *Olim* II, 837; *Statuts d'Arles*, Giraud, *op. cit.*, II, 185; *Constitutio curiæ aquensis*, Giraud, *op. cit.*, II, 18; *Cout. de Bourgogne*, Giraud, II, 286; *Assises de Romanie*, c. 196.

(4) *Ordon.* II, 51.

(5) *Ordon.* II, 213; IV, 599; VII, 679.

(6) *Cout. de Charles VI*, III, 72, p. 576; Bouteiller, IV, p. 14; I, 20, p. 87; *Cout. d'Anjou*, § 101, III, 47; *Droits et commandements*, § 626, II, 125.

voyons la coutume de Châtillon fixer à 10 ou 40 jours, selon les Styles, le délai utile pour faire son ajournement (1).

Si l'ajournement n'avait pas été fait dans le temps prescrit, il pouvait arriver de deux choses l'une : ou bien on avait eu pour cela des excuses valables, ou bien les retards provenaient de la négligence des officiers royaux, ou au contraire on avait laissé passer le délai par sa faute et l'appellation était déserte. Dans le premier cas on n'était pas déchu de son appel (2), mais il fallait justifier des excuses ; dans le second, l'autre partie pouvait demander l'exécution de la première sentence (3), et l'appelant était condamné à une amende, s'il avait déjà obtenu son ajournement, mais qu'il ne l'eut pas signifié (4). Il ne restait à la partie pour éviter la perte du procès qu'à demander au roi où à la chancellerie des lettres de relief d'appel, et nous savons qu'il pouvait les obtenir pendant trente ans, de même que pour les reliefs d'*illico* (5). Ces concessions, dictées par un pur intérêt fiscal, aboutissaient en pratique à apporter aux règles les plus utiles des exceptions qui les rendaient inutiles et éternisaient les procès.

Si l'appel avait été valablement fait et les délais observés, il restait à ajourner. Les règles s'étaient ici modifiées depuis Beaumanoir. D'après lui, il n'était pas nécessaire d'ajourner le juge inférieur : « *Ne convient-il pas ajorner le baillif qui ne veut car ils sont toz jors ajorné au parlement as jors de lor baillies* (6). » Au XIVe siècle,

(1) Giraud, *op. cit.*, II, 355.
(2) *Ordon.* 11 août 1408, IX, 366; *Cout. de Charles VI*, III, 72, p. 584; *Statuts d'Arles*, § 8, *op. cit.*, II, 185.
(3) Bouteiller, p. 778.
(4) *Ordon.* 9 mars 1330, II, 50.
(5) *Cout. de Charles VI*, III, 72, Bouteiller, p. 778.
(6) Beaumanoir, LXI, 66 (II, 403).

la position des baillis était mieux réglée et l'appelant devait ajourner le juge dont appel et intimer l'autre partie (1). Dans certains cas d'appel des tribunaux seigneuriaux, on devait ajourner le juge supérieur et le seigneur lui-même (2). C'était là un ancien vestige du pouvoir féodal qui disparut seulement au xve siècle. Dans les procès des mineurs, on ajournait le mineur ou le tuteur (3).

L'ajournement consistait à notifier l'acte d'appel aux juges et à la partie. Pour cela, on faisait tout d'abord timbrer son ajournement du sceau royal (4), on le remettait à un sergent (5), qui le signifiait au domicile des parties : « *Ad locum ubi pars vel judex habet domicilium et sunt cubantes et levantes* (6). » Si le sergent rencontrait les parties, « *elles prenaient relacion contenant la forme* « *de l'exploict;* » sinon on prévenait les voisins ou les juges du domicile (7).

Il y avait des règles spéciales pour ajourner les pairs de France, les ecclésiastiques, les chapitres, etc. (8), de même que certaines coutumes avaient formulé des principes beaucoup plus compliqués (9), mais nous ne pouvons entrer dans tous les détails d'ailleurs superflus de ces matières ; il nous a suffi d'avoir fait connaître la procédure qu'on pouvait peut-être appeler de droit commun.

(1) Bouteiller, I, 3, p. 14 ; *Stylus Parlamenti*, IV, 2, p. 9. Cela était exigé à peine de nullité. Et c'était le contraire en droit écrit, c'est-à-dire qu'on devait intimer le juge et ajourner la partie.

(2) Bouteiller, I, 3, p. 13, 16.

(3) *Styllus Parlamenti*, IV, 16, p. 11.

(4) *Ordon.* 1401, VIII, 483.

(5) *Cout. d'Anjou*, c. 105, III, 49.

(6) *Stylus Parlamenti*, II, 20, p. 7; *Cout. de Charles VI*, p. 680.

(7) *Cout. de Charles VI*, III, 72, p. 578.

(8) *Stylus Parlamenti*, I, § 1, 23; *Ordon.* décembre 1344, II, 213; *Cout. de Charles VI*, III, 72, p. 579.

(9) Voyez par exemple dans une *Ordon.* du 12 juillet 1409, IX, 450, pour le Dauphiné un règlement très intéressant.

§ II. *Procédure devant le tribunal supérieur.* — Lorsque l'ajournement avait été régulièrement fait, les parties n'avaient plus qu'à se présenter devant le tribunal d'appel pour soutenir leur prétention, et c'est là qu'il nous faut les suivre.

La procédure devant le juge supérieur commençait par la présentation des intéressés. C'était un souvenir de l'ancien appel par gages de bataille. La présentation n'était autre chose que la comparution des parties en justice : « *Oportet partes quæ parlamento nostro litigare debent se certis, modo, forma, seu qualitatibus presentare* (1), » disait le Style du Parlement, et les conditions de cette partie de la procédure étaient exigées à peine de nullité. Une ordonnance de 1344 mit un terme à cette rigueur inutile en décidant que, si les parties avaient comparu au jour des présentations, quand même il y aurait du défaut dans la qualité des présentations, l'affaire pourrait continuer (2).

Si on ne se présentait point, il fallait distinguer. Était-ce le juge qui ne comparaissait pas ? Il était frappé d'une amende. Était-ce la partie intimée? On donnait défaut contre elle, mais le juge pouvait soutenir son jugement (3).

Les présentations en appel se faisaient à certains jours fixes, déterminés à l'avance pour chaque sénéchaussée ou bailliage. On avait introduit cet usage pour mettre un peu d'ordre dans les affaires et pour ne pas obliger les officiers royaux, tenus d'assister aux procès, de séjourner trop longtemps devant le Parlement. En réalité, voici comment les choses se passaient. Le bailli, après

(1) *Stylus Parlamenti*, IV, 5, p. 20 ; *Ordon.* 1344, § 1, II, 213.
(2) *Ordon.* 1344, § I, II, 213.
(3) Bouteiller, I, 6, p. 33.

avoir reçu avis du Parlement de l'époque à laquelle commencerait l'examen des causes de son bailliage, faisait publier cet avis à son de trompe (1). Il se rendait ensuite personnellement au Parlement, quelques jours avant l'ouverture des causes de son bailliage, afin de s'entretenir à ce sujet avec les membres de la cour et de préparer ses réponses aux appels interjetés contre ses arrêts (2). S'il ne venait point, il pouvait être suspendu et sévèrement puni (3).

Les parties devaient comparaître dans le premier ou le second jour de leur bailliage, faire leur présentation, et ensuite leurs affaires étaient jugées d'après l'ordre des présentations (4). On ne passait à un autre bailliage que lorsque les affaires du précédent étaient terminées, et si une partie n'avait pas été expédiée par la faute de son avocat, ce dernier était puni d'une amende de dix livres (5).

La présentation accomplie, les parties devaient relever leur appel devant les juges qui étaient instruits de l'affaire par l'envoi des pièces du tribunal de première instance (6). Ces pièces étaient « *clos et scellés dans un sac* » et les parties devaient les reconnaître au moment du procès.

La cour examinait alors si l'appel devait ou non être admis : elle rendait un arrêt à ce sujet et passait ensuite au fond s'il y avait lieu (7).

(1) *Ordon.* 24 août 1401, VIII, 467.
(2) *Olim* (1312), III, 724, 13 : « *Mandatum fuit quod dictus seneschallus ad illam diem una cum actis et processibus ad dictam causam spectantibus interesset, dictam sententiam suam defensurus.* » *Ordon.* décembre 1320, § 3, I, 727.
(3) *Ordon.* décembre 1344, § 12, II, 218.
(4) *Ordon.* 17 novembre 1318, I, 673; décembre 1344, § 2, II, 210.
(5) *Ordon.* 20 novembre 1318, I, 673.
(6) *Ordon.* 16 novembre 1422, XIII, 2; Bouteiller, II, 14, p. 776.
(7) *Olim*, I, 1056, note 122; *Ordon.* décembre 1320, § 3, I, 728.

La procédure véritable d'appel commençait ici.

La marche du procès variait selon que l'appel était instruit verbalement ou par écrit. Dans le premier cas, l'affaire se terminait sur les plaidoiries qui avaient lieu immédiatement après la présentation ; dans le second « *viso processu dictarum partium curie nostre in scriptis traditur*, » les parties demandaient leur conclusion par écrit et l'affaire se jugeait sur rapport (1). « *Dès l'introduction de l'instance, l'appelant, en appellation verbale communiquera la sentence et les pièces dont il se voudra aider, et en procès par ecrit l'intimé fournira la sentence en forme pour venir conclure* (2). » Nous ne pouvons mieux représenter la marche de la procédure dans ces deux cas, qu'en citant un passage du Grand Coutumier de Charles VI : « *La manière de proposer appellation. Quant aucun advocat a à plaidoyer une cause d'appel laquelle il peut secourir et ayder par aucune coustume, pour ce que par adventure le jugement a esté donné contre aucune coustume du pays, il doit dire ainsi : « a cette fin que la sentence donnée et prononcée par tel soit dicte estre nulle et si elle est aucune, qu'elle soit faulce et mauvaise et que telle soit prononcée par le jugement de la court, etc... je présuppose premièrement aucunes coustumes lesquelles ma partie m'a donné à entendre estre notoires ou pais où le procès a esté fait et la sentence donnée qui sont telles. Et alors les doit dire bien a trait et ordonnément. Et après ce dire ainsi : les choses présupposées je viens à ma cause et à mon fait qui est tel, et lors doit réciter le procès sériatim, et le procès récité, doit dire les raisons pourquoy il dit la sentence estre nulle, et puis les autres raisons pourquoy si elle est aucune, elle est faulse mauvaise et inique ou injuste,*

(1) *Olim* (1311), III, 704, 66.
(2) *Ordon.* décembre 1363, III, 649 ; *Stylus Parlamenti*, V, 24, § 4.

et ce que j'ay proposé est vray, et dis que par vous doit estre ladite sentence déclarée nulle, et se aucune estoit... Et par conséquent bien appellé et mal jugé. Et se amende y eschiet, soit adjugé au roy et soit condempné es despens, etc. (1). »

Tel était le rôle de l'appelant. Quant à l'intimé : « *Tu peux prendre advis sur l'appellant ci-devant car il ne faut que faire conclusions contraires* (2). » Les textes que nous venons de citer se rapportent, il est vrai, au cas d'appellation verbale, mais dans celles par écrit les choses se passaient au fond de même, seulement, au lieu d'être dites par un avocat, elles étaient consignées dans des conclusions écrites. Cette analogie ressort suffisamment des *Olim* (3).

Il est d'ailleurs à noter que Bouteiller, dans un passage important, constate une tendance à mettre toute cause d'appel par écrit afin d'éviter que les avocats n'introduisent dans leurs plaidoires de nouveaux moyens ou dissimulent la vérité : « *Car en appellation verbale l'avocat peut fulcir et conforter le cas de quanque il pourra et scaura faire apartenant à sa cause* (4). »

Dans ces conclusions écrites ou verbales, on devait, en principe, user des mêmes moyens, employés déjà en première instance. Il régnait une certaine confusion à l'égard de l'admission des moyens nouveaux. Voici quelles étaient, selon nous, les règles généralement suivies. En pays de droit écrit, on pouvait toujours proposer en appel des moyens tout à fait nouveaux. Dans le

(1) *Grand Coutumier*, III, 74, p. 594. Cf. *Style de Normandie*, c. 22 : « *De proposer en cas de dolléance* »; Bouteiller, II, 14, p. 774; *Droits et commandements*, II, 216, § 797.
(2) *Grand Coutumier*, III, 75, p. 597.
(3) *Olim* (1315), III, 1023.
(4) Bouteiller, II, 14, p. 774.

droit coutumier, ces moyens, pour être reçus, devaient se rattacher au procès déjà jugé, « *si contenta sint in eodem processu* », et il était interdit de rien proposer de nouveau en appel, quand on avait déjà franchi un premier degré d'appel sans le faire (1).

Les détails que nous venons de présenter étaient particuliers à la procédure d'appel et c'est pour cela que nous y avons insisté. Le reste de la procédure était analogue à celle de première instance. Ainsi il pouvait y avoir enquête, « *et certi articuli in dicta causa appellacionis facti fuerunt et ad inquirendum super eis auditores certi fuerunt deputati* (2) », contre-enquête (3), déposition des parties, « *auditis confessionibus parcium per juramentum suum factis* (4) », production de pièces, « *litteris in modum probationis exhibitis et diligenter inspectis* (5) », délégation de la cause à un commissaire spécial (6), etc. Enfin il pouvait se produire en cause une foule d'incidents, comme la mort d'une des parties (7), le défaut simple ou réitéré (8), l'appel des commissaires chargés de l'enquête (9), demande d'abréviation de la cause (10), etc. Mais nous ne pouvons entrer ici dans des détails plus précis, car ce serait allonger de beaucoup notre étude et faire l'histoire de la procédure ordinaire de première instance, ce qui n'est pas de notre sujet.

(1) *Stylus Parlamenti*, XXIII, 1; XXIV, 3, p. 67, 68; Desmares, § 78, *in* Brodeau, *loc. cit.*, II, 568; *Grand Coutumier*, III, 73, p. 591.
(2) *Olim* (1308), III, 317, 63; (1315), III, 996, 58; *Ordon.* juillet 1319, I, 694; décembre 1320, I, 728; février 1350, IV, 43.
(3) *Olim* (1304), III, 113, 4; (1312), III, 763.
(4) *Olim* (1269), I, 802, 12.
(5) *Olim* (1306), III, 170, 26.
(6) *Olim* (1309), III, 358; (1317), III, 1135.
(7) *Olim* (1310), III, 550, 28; Boutaric, *Actes du Parlement* (1312), n° 4113; Marnier, *Anciens usages de Picardie*, 35.
(8) *Olim* (1312), III, 762, 47; Marnier, *loc. cit.*, 43, 71, 82; Bouteiller, I, 5, p. 26.
(9) *Stylus Parlamenti*, XXVII, 3, p. 73; Bouteiller, II, 2, p. 676.
(10) *Cout. d'Anjou*, III, c. 106, p. 49.

Nous supposons donc ces faits connus et nous arrivons au jugement. Les juges tranchaient le débat d'après la coutume du lieu où l'appel avait été fait, et non d'après la coutume du tribunal (1), ce qui nécessitait souvent des enquêtes préalables pour établir les coutumes, comme on en rencontre dans les *Olim* (2). Ils devaient simplement déclarer si on avait bien ou mal appelé. Voici d'ailleurs un texte de jugement de 1304 qui nous dispense de tout commentaire : « *Tandem auditis partibus hinc et inde et earum rationibus et defensionibus intellectis, mox etiam processu habito coram eodem preposito ...et testibus de novo super eis examinatis dictum fuit per curiam predictum illum bene appellasse et predictum illum male judicasse* (3). »

Chapitre VIII. — Péremption de l'instance d'appel.

La procédure dont nous venons de retracer les principales règles ne pouvait durer indéfiniment. Quoiqu'il n'y eût à cet égard rien de très fixe, on avait cependant établi certains délais, dans lesquels on devait terminer toute procédure commencée. Ainsi la *Constitutio curiæ aquensis* fixait ce terme à six mois « *a tempore latæ sententiæ* (4) », la coutume ancienne de Bourgogne à six semaines (5) et plusieurs textes des *Olim* ou des Ordonnances parlent de termes « *fatalia* », après lesquels on était déchu de son appel, mais ils n'indiquent pas d'une façon précise quels étaient ces délais (6).

(1) Beaumanoir, LXI, 72 (II, 406).
(2) *Olim* (1318), III, 678, 4.
(3) *Olim* (1304), III, 113, 4 ; *Stylus Parlamenti*, p. 358 : *De forma arrestorum.*
(4) Giraud, *op. cit.*, II, 18.
(5) Giraud, *op. cit.*, II, 284.
(6) *Olim* (1317), III, 1130 ; Boutaric, *Actes du Parlement*, (1324),

CHAPITRE IX. — Effets de l'appel.

Les effets de l'appel sont de diverse nature et se produisent à différents moments. L'appel produit ses effets quand il est interjeté et quand il est jugé. Nous examinerons d'abord les premiers.

§ I. *Effets de l'appel interjeté.* — Dans le droit français comme à Rome, l'appel, dès qu'il était formé, avait deux effets : 1° il était dévolutif, c'est-à-dire que la compétence de l'affaire dont appel était retirée au juge de première instance et attribuée au tribunal d'appel : « *Tandem dicta causa appellacionis ad magistros, dierum trecensium devoluta* (1) ; » 2° il était suspensif, c'est-à-dire qu'à partir du moment où on l'avait déclaré, la cause restait en état et le premier jugement n'était pas exécuté : « *Droit dit que puisque l'on a appellé, la chose doit remaindre en estat,* » dit un texte du XIVe siècle (2), et ce principe se trouve confirmé par le très ancien coutumier de Bretagne (3), par une Ordonnance de 1392 (4), et enfin par Bouteiller : « *Doit scavoir que depuis l'appel faict qu'il soit faict à droit ou non, tout doit estre tenu par le même point qu'il estoit en jour et heure de l'appel sans rien muer et innoverpar le juge ne par partie appelée, ne appelant. Et qui le feroit, ce seroit attemptat et l'amenderoit li fais* (5). »

Il n'y avait à cet égard aucune exception en matière criminelle, car nous savons que les principes et la pro-

n° 7506 ; *Ordon.* 22 mars 1302, § 13, I, 359 ; 19 mars 1314, § 14, I, 352 ; juin 1338, § 32, II, 127.

(1) *Olim* (1318), III, 1211, 12.

(2) *Droits et commandements*, § 290 et 275.

(3) *Anc. Cout. de Bretagne*, § 173, *in Cout. général*, IV, 239.

(4) *Ordon.* sept. 1392, § 25, VII, 503.

(5) Bouteiller, II, 14, p. 774.

cédure d'appel étaient encore les mêmes pour le droit civil et le droit pénal. Aussi voyons-nous un appel fait par une femme au moment où elle allait être mise à la question arrêter cette procédure : « *Oy lequel appel, ledit monseigneur le prévôt dit et ordonna qu'elle feust remis en la prison de laquelle elle avait été extrait, et que autremant quand de présent, ne fust contre elle procédé* (1). » Toutefois l'appel n'empêchait pas un malfaiteur d'être arrêté et mis en prison (2).

Ces règles et ces effets étaient justes et utiles, mais ils n'étaient pas respectés. Les textes de notre période abondent en renseignements de toutes sortes sur ces *attentata* et sur les violations qu'on apportait au principe de la suspensivité. Il est vrai que la justice royale punissait sévèrement ces violences. En 1309, le prévôt d'Issoudun avait fait pendre un condamné malgré son appel, il fut frappé d'une amende de 200 livres, et on rendit aux héritiers le corps et les biens du défunt (3). En 1309, même fait et condamnation à 4000 livres d'amende (4). En 1318, le roi mande au sénéchal de Toulouse d'ajourner le duc de Guienne au prochain parlement, pour répondre à la plainte d'un seigneur auquel on avait brûlé ses châteaux, parce qu'il avait fait appel au roi d'une sentence du duc (5). En 1370, on connaît les violences exercées sur des appelants par le roi d'Angleterre, duc de Guyenne, et la réunion de cette province prononcée pour ce fait par une Ordonnance du 14 mai 1370 (6). Enfin, aux deux extrémités de notre période, une Ordonnance de 1309 et

(1) *Registres criminels du Châtelet* (1390), I, 334; II, 299, 415, etc.
(2) *Ordon.* 1er octobre 1393, VII, 581.
(3) *Olim* (1309), III, 491, 96.
(4) Boutaric, *Actes du Parlement*, n° 3529.
(5) Boutaric, *loc. cit.*, n° 5446.
(6) *Ordon.*, VI, 508.

Bouteiller résument cette situation en recommandant aux juges et officiers royaux : « *Ut appellantes a vobis vel executoribus vestris non carceretis nec faciatis incarcerari sed eorum legitimis appellacionibus deferatis* (1). »

Telle était la première série des effets de l'appel, et encore ils n'étaient pas absolus, car la suspensivité pouvait être levée par une Ordonnance dans les cas où cela était regardé comme nécessaire. Le premier jugement était alors exécuté, nonobstant l'appel (2).

§ II. *Effets de la procédure et du jugement d'appel.* — La seconde catégorie des effets que l'appel pouvait produire résultait de la décision sur l'appel. Toutefois, avant de les indiquer, il faut noter que l'appel pouvait se terminer sans jugement, et par suite ne pas produire les résultats dont nous parlons.

Il en était ainsi : 1° quand les parties ne s'étaient pas présentées, ou avaient fait défaut, l'appel était alors mis à néant (3) ; 2° si les parties n'avaient pas interjeté appel devant le juge compétent, car elles étaient alors renvoyées devant ce dernier (4); 3° lorsque l'affaire n'était pas jugée « *quia placuit domino regi* (5) »; 4° lorsque les parties avaient renoncé à leur appel. Ce cas demande quelques explications. En principe, il fut toujours permis de renoncer à son appel, sans qu'il y eût de délai fixé à cet égard, il fallait seulement avoir l'assentiment de la cour et payer les frais déjà faits (6). Il paraît que de grands abus s'introduisirent au commencement de notre période, sous l'apparence de renonciations, au moyen des-

(1) *Ordon.* 24 janv. 1309, I, 471 ; Bouteiller, II, 14, p. 775.
(2) *Vide Ordon.* janvier 1350, § 6, IV, 36 ; 12 nov. 1384, VII, 93; 12 mai 1386, VII, 147 ; 24 octobre 1390, VII, 376; 18 mars 1446, XIII, 499.
(3) Bouteiller, I, 6, p. 33.
(4) De Fontaines, XXII, 15, p. 293; *Ordon.* 1363, § 3, III, 649.
(5) *Olim* (1307), III, 261, 48.
(6) *Olim* (1299), II, 435, 14.

quelles on prolongeait les délais réglementaires d'appel et d'ajournement. Aussi l'Ordonnance de 1344, confirmée par celle de 1354 (1), déclara que désormais ceux qui voudraient renoncer à leur appel devraient le faire dans les huit jours de la déclaration d'appel, sinon ils paieraient une amende de 60 livres. Cette nouvelle réglementation ne supprima point elle-même tous les abus, car une Ordonnance de 1364 vint déclarer que même ceux qui renonceraient dans la huitaine paieraient l'amende (2).

Ces principes sont ceux des différents auteurs de notre époque (3), qui complètent nos renseignements en nous indiquant comment se faisaient les renonciations d'appel.

La renonciation se faisait devant le juge *a quo*, en présence d'un notaire (4), on la signifiait à la partie adverse au moyen de lettres qui devaient contenir plusieurs mentions énumérées par l'Ordonnance de 1344 (5). Nous avons déjà dit qu'il fallait payer une amende, mais elle pouvait être levée par le roi (6) ; lorsque les parties avaient transigé etc., etc. Dans tous ces cas, il n'y avait point de jugement prononcé par le tribunal d'appel, donc pas d'effets qui pussent en résulter (7).

Arrivons enfin à l'hypothèse la plus régulière : il y a eu appel, les parties ont rempli toutes les formalités et le jugement a été prononcé. On ne peut prévoir que deux cas : ou bien la cour prononçait *bene judicasse et male appellasse*, et alors les parties étaient renvoyées

(1) *Ordon.* 1344, II, 213; 24 nov. 1354, IV, 312.
(2) *Ordon.* novembre. 1364, IV, 508; 18 novembre 1365, IV, 599.
(3) *Stylus Parlamenti*, p 136; *Cout. de Bourgogne*, Giraud, *op. cit.*, II 284 ; *Grand Coutumier*, III, 73, p. 592; Bouteiller, II, 14, p. 776.
(4) *Cout. d'Anjou*, § 103, III, 48; *Droits et commandements*, § 296.
(5) *Ordon.* déc. 1344, § 3, II, 213.
(6) Boutaric, *Actes du parlement* (1337), n° 7971.
(7) *Olim* (1314), III, 935, 95; Boutaric, *loc. cit.* (1321), n° 6249.

devant le juge *a quo*, la première sentence exécutée sur-le-champ (1), et l'appelant à tort payait une amende (2) ; ou bien la cour déclarait au contraire *male judicasse et bene appellasse*, et alors se produisaient les résultats que tout appelant comptait obtenir. Ces effets étaient les suivants : 1° l'appelant, si nous supposons l'arrêt rendu en sa faveur, gagnait son procès et cela profitait à tous ses « *consors* (3) », s'il en avait. On pouvait cependant scinder le profit de l'appel, comme nous en avons un exemple dans un jugement de 1313 (4) ; 2° il se faisait rembourser les frais du procès par la partie adverse (5) ; 3° et on devait lui restituer la chose en litige avec les fruits perçus, ou les arrérages échus depuis le jour de l'appel (6). Dans certains cas, ces fruits étaient même déposés en main souveraine ou on fournissait caution à leur égard (7) ; 4° il recevait une amende payée par l'intimé, et dont les deux parties devaient auparavant consigner le montant ; 5° enfin il était exempt de la juridiction de celui qui l'avait mal jugé.

La jurisprudence dans ce dernier cas n'avait pas été toujours la même. D'après les Assises de Jérusalem, le seigneur, qui faisait défaut de droit ou mauvais jugement à son homme, était privé de sa juridiction, non seulement à l'égard de cet homme, mais aussi à l'égard de tous ses vassaux. Ces règles logiques du pur droit féodal ne furent pas appliquées en France où le seigneur perdait seulement à l'origine toute juridiction sur son vassal. Cela résulte, de ce fait, que le vassal était dégagé de tout

(1) *Olim* (1299), III, 13, 21 ; (1312) III, 806, 94.
(2) *Grand Coutumier*, III, 72, p. 587 ; Bouteiller, II, 40, p. 857.
(3) *Droits et commandements*, § 190.
(4) *Olim* (1313), III, 829.
(5) *Ordon.* 16 octobre 1364, IV, 511.
(6) *Olim* (1308), III, 352, 100 ; (1309), III, 404 ; (1313), III, 881.
(7) Marnier, *Anciens usages de Picardie*, 35.

lien et obligation envers son seigneur, et de plusieurs textes qui indiquent même une seconde modification dans la pratique française. Ainsi, en 1287, l'évêque de Limoges, appelant au sénéchal de Poitou, prétendait « *se eximere dicta appellacione pendente, in omnibus aliis querelis a jurisdictione dicti senescali* (1), » et dans un appel pour défaut de droit : « *Curia nostra dominam eamdem absolvit ab homagio fidelitate et ab obedientia quibus ipsa dicte comitisse astricta erat, decernendo predicta homagium fidelitatem et obedientiam dicteque cause principalis cognitionem ad nos devenire debere* (2). »

Telle fut, en effet, l'évolution à cet égard. Tout d'abord, on était exempt de toute juridiction seigneuriale (3), puis on le fut seulement *pendente appellatione*, mais pour toutes les causes possibles (4) ; enfin, dans les derniers temps du XIVe siècle, une distinction nouvelle apparut : on n'était jamais exempt de la juridiction des officiers royaux, sauf pour la cause elle-même d'appel ; on ne pouvait l'être que des justices seigneuriales, et alors pour toutes les causes qui pouvaient naître *pendente appellatione* (5). C'est pour cela qu'on recommandait aux parties de ne point se laisser juger dans d'autres affaires par les juges seigneuriaux, car on aurait été censé renoncer à son appel en acceptant cette juridiction (6). Pour éviter cette conséquence « *la court baille ung prudhomme qui est gardien et juge en toutes les causes pendant son appellation* (7). »

(1) *Olim* (1287), II, 265, 22.
(2) *Olim* (1311), III, 683, 47.
(3) *Vide* Beugnot, *Olim*, III, 1533, note ; *Anc. cout. de Bourges*, § 26, *in Coutumier général*, III, 878.
(4) *Olim* (1310), III, 523, 22.
(5) *Grand Coutumier*, III, 72, p. 586 ; *Droits et commandements*, § 964, II, 295.
(6) *Droits et commandements*, § 613, II, 121.
(7) *Grand Coutumier*, III, 72, p. 589.

Ce n'étaient point là les seuls effets de l'appel. En outre : 1° la partie perdante était tenue de payer une amende au roi. Ces amendes n'existaient pas en pays de droit écrit où elles ne furent introduites qu'au XVIe siècle et nous savons que pour les pays coutumiers « *non est certa determinatio amendæ* (1) ». La règle à peu près générale était, que tout juge royal ne payait jamais d'amende quand il avait mal jugé, cette charge n'était imposée qu'aux officiers seigneuriaux. Cette amende, amende de fol appel, était de 60 livres.

Ces principes ne doivent cependant pas être regardés comme absolus, puisqu'une Ordonnance de 1350 cherche à calmer les justes craintes des juges royaux, qui, effrayés par les amendes arbitraires que le Parlement infligeait en cas de mauvais jugement, ne voulaient point rendre de jugement (2). Elle renouvela la règle précédente (3). Ces amendes pouvaient se modérer avec l'assentiment de la cour ou du roi, c'est ainsi que nous voyons accorder des termes pour les payer (4), qu'elles sont remises complètement ou en partie pour cause de pauvreté, etc. (5). 2° Le juge qui avait rendu un jugement déclaré mauvais en appel pouvait aussi être frappé de peines particulières. A Senlis le maire et les prévôts furent, pour ce fait, exclus pendant cinq années de toutes charges municipales (6).

(1) *Stylus Parlamenti*, XXV, §§ 1, 2, p. 69. Cf. Marnier, *Usages de Picardie*, 57.

(2) *Ordon.* 30 mars 1350, II, 395.

(3) *Ordon.* mars 1356, § 53, III, 124 ; septembre 1368, V, 140 ; août 1375, VI, 142 ; 2 octobre 1406, IX, 144.

(4) *Olim* (1308), III, 349, 95.

(5) *Olim* (1300), II, 443, 3 ; (1313), III, 851, 30 ; (1315), III, 955, 21 : « *Curia nostra propter paupertatem suam de gracia speciali eidem remisit emendam.* »

(6) *Olim* I, 587, 10.

Chapitre X. — Conclusion.

Nous avons traité de l'institution de l'appel pendant cette période de 1300 à 1450 avec d'assez nombreux détails, car nous voulions autant que possible préciser les règles de cette époque de formation et les principes dont la plupart subsistèrent jusqu'à la fin de l'ancien régime.

On a pu voir que si l'appel, son organisation et sa procédure n'étaient pas encore parfaitement réglés, ils offraient cependant tous les caractères d'une institution régulière et définitive.

Mais ce qu'il est surtout intéressant de faire ressortir, c'est que, pour cette époque comme pour les précédentes, on ne peut comprendre le rôle et l'évolution du droit d'appel qu'en rattachant son histoire à celle de l'administration proprement dite. En effet, il découle de tout ce que nous avons dit, que les tribunaux d'appel s'organisèrent à mesure que l'administration royale se compléta. Cette administration naissante était d'ailleurs peu perfectionnée, on laissait beaucoup aux circonstances, et de fréquentes exceptions aux règles les plus sages prouvaient que les principes n'étaient pas encore bien assis. Il en était de même de l'appel. Nous avons présenté jusqu'ici cette institution comme étant un des rouages ordinaires de l'organisation judiciaire, mais en fait tout le monde ne l'admettait pas et les quelques documents qui suivent montreront mieux que tout commentaire, que, si les progrès de la royauté avaient donné à l'appel un champ d'application plus vaste et plus régulier, ce ne fut pas sans contestation ni sans lutte.

Ainsi, en 1309, nous voyons un abbé faire couper la main à un homme parce qu'il avait appelé (1); en 1317, ce

(1) *Olim* III, 105, 59.

sont des bourgeois de Mantes qui sont blessés mortellement dans le même cas (1); en 1319, des agents de Charles d'Anjou frappent aussi un appelant (2), mais nulle part cette résistance à l'appel et les conséquences qui en provenaient ne ressortent mieux que dans un jugement de 1322, dont voici le texte très intéressant : « *Et dictus Johannes a dicta condempnacione statim appellasset ad senescallum... incontinenti castellanus precepit Johannem in prisione duci et cum Johannes diceret castellano quod non debebat ipsum capere, cum paratus esset cavere ydonee de dicta appellacione sua prosequenda, castellanus animo malo motus, erexit e sede sua et dictum Johannem coram ipso stantem percussit fortiter cum duobus pugnis suis, in parte illa que gallice nuncupatur la fonte, adeo quod Johannes ad terram cecidisset supinus, virtute dicti ictus, nisi gentes retro ipsum existentes retinuissent eumdem* (3)... » Voilà comment les seigneurs reconnaissaient l'appel et les droits des appelants.

Il faut avouer cependant que ces faits étaient sévèrement réprimés par le roi et les baillis. Nous savons que saint Louis ne craignit pas de blâmer son frère d'un fait semblable : « *Et quod non crederet quod enim frater ejus erat parceret sibi in aliquo contra justitiam* (4), » et qu'il l'obligea à rendre justice. Telle fut aussi la conduite de la royauté au XIVe siècle. Mais ces faits seuls montrent sans commentaire, que le droit d'appel n'était pas encore absolument reconnu au commencement du XIVe siècle. Ce fut le propre et le caractère de notre période de laisser fondé définitivement, régulièrement organisé et reconnu par

(1) Boutaric, *Actes du Parlement*, n° 5072.
(2) Boutaric, *id.*, n° 5640.
(3) Boutaric, *id.*, n° 6833.
(4) *Vie de saint Louis*, cité par Laurière, en note des *Établissements. Ordonnances*, I, 172.

tous au xve siècle le droit d'appel qu'elle avait pris au moment où il venait de se transformer.

LIVRE V

Période royale. — 1450-1550 (1).

CONSTITUTION DES PARLEMENTS PROVINCIAUX.

Chapitre Ier. — Introduction.

L'histoire des institutions judiciaires et de l'appel pendant la période précédente fut en grande partie celle du Parlement de Paris. On s'appliqua essentiellement à fixer la compétence de cette cour suprême et à dégager les règles, qui devinrent plus tard la base de toute notre organisation judiciaire. Ce fut encore une époque de formation ; il fallait établir et réglementer la nouvelle hiérarchie royale, aussi ce fut la législation des Ordonnances royales qui domina dans toute cette période. Plus tard et à l'époque où nous nous plaçons, de 1450 à 1550, il en fut autrement. L'administration royale était établie sans conteste, et les luttes, qui auraient eu pour but de la renverser, seraient restées stériles, car elle occupait une place prépondérante sur toutes les juridictions du royaume. Il ne s'agissait plus que de faciliter l'exercice de la justice et les rapports des différents tribunaux entre eux, de compléter ce qu'au xive siècle on avait commencé à construire. C'est aussi l'époque où on créa

(1) Les Sources et la Bibliographie sont les mêmes que pour la période précédenteo u la suivante, aussi nous renvoyons à ces indications.

les parlements provinciaux et où on régularisa définitivement les fonctions des baillis, des prévôts, des parlements. En même temps que la célèbre Ordonnance de 1453 édictait pour toute la France des règles de procédure à peu près uniformes, on faisait rédiger les coutumes, d'après lesquelles les Parlements devaient prononcer leurs jugements ; et, par ces réformes successives, ces améliorations sérieuses, on réalisait peu à peu cet idéal du tiers état, l'uniformité de l'organisation judiciaire.

Au point de vue de l'organisation de l'appel, on ne peut constater que des modifications de détail, si nous exceptons cette création des parlements provinciaux ; et, pour la procédure, les règles restent aussi les mêmes qu'auparavant, mais c'est le moment où, grâce aux grandes Ordonnances royales, les distinctions entre les pays de droit écrit et les pays coutumiers commencent et tendent à s'effacer.

Tels furent, en résumé, les traits principaux de notre période. Nous nous bornerons, dans les paragraphes suivants, à constater les changements que les temps et les besoins nouveaux apportèrent aux principes posés.

Chapitre II. — Qui peut appeler ?

Les règles étaient restées les mêmes qu'auparavant. Tout le monde peut appeler en principe aussi bien en matière civile que criminelle (1) : « *Si voulons que les parties qui se trouveront grevées de telles sentences de nous, ils puissent et leur soit permis d'appeler d'icelles* (2). »

(1) La Rocheflavin, *Traité sur les Parlements*, 1063 ; Cout. de Bretagne, § 9, *in Cout. général*, IV, 301.
(2) Cout. de Bueil, *in Cout. général*, II, 1235.

Il y avait bien quelques exceptions, mais elles étaient rares et sans intérêt (1).

Chapitre III. — Dans quels cas peut-on appeler?

Au xve siècle on commença seulement à distinguer les appels en matière civile et criminelle, en même temps qu'on créait des tribunaux ou des chambres spéciales pour juger chacun de ces cas. Il était permis d'appeler dans presque toutes les causes, mais il y avait cependant une tendance à restreindre cette faculté.

Il ne serait pas intéressant de rapporter en détail les cas possibles d'appel. Voici seulement quelques espèces plus particulières que nous avons rencontrées. Ainsi il y avait appel à propos de taxations d'épices (2), de taxation de dépens, ce qui autrefois n'était pas possible (3), des jugements interlocutoires (4), des récusations de juges (5), en matière d'office et de nomination aux offices (6), sur des questions d'étiquette (7), de l'exécution des sentences (8), et enfin de la décision des arbitres (9), etc.

Les cas dans lesquels on ne pouvait appeler avaient été restreints, quoique nous venions de citer plusieurs hypothèses dans lesquelles l'appel était auparavant interdit. Cependant il est incontestable qu'une tendance vers la limitation des appels se formait peu à peu. Cela résulte tout d'abord de la création des parlements provinciaux qui eu-

(1) *Ordon.* août, 1589; *Néron*, I, 158; Masuer, XXXV, 2.
(2) *Ordon.* juin 1510; *Néron*, I, 71.
(3) Masuer, XXXV, 19; *Ordon.* octobre 1535, § 27; *Néron*, I, 141.
(4) *Ordon.* octobre 1535, § 17; *Néron*, I, 141.
(5) *Ordon.* août 1539, § 2; *Néron*, I, 158.
(6) Boutaric, *Actes du Parlement*, Préface, 36.
(7) Boutaric, *loc. cit.* 11.
(8) Masuer, XXXV, 19.
(9) *Ordon.* octobre 1535, § 30; *Néron*, I, 141.

rent pour but et pour résultat de supprimer un degré d'appel, cela résulte aussi des *privilegia de non appellando*, que le roi accorda à la même époque à certains de ses grands vassaux.

En matière criminelle, la séparation dans les parlements des chambres civiles et criminelles avait entraîné une distinction analogue dans la procédure. Cependant les principes restèrent les mêmes qu'au civil, parce qu'ils provenaient d'une origine commune. Il y avait d'ailleurs au xve siècle beaucoup de confusion et d'abus : « Les ac-« cusés appelaient de tous les jugements et même de tous « les actes, de tous les incidents de la procédure. Le « cours des informations était à chaque moment sus-« pendu, l'action des justices seigneuriales était paraly-« sée, il fallait transporter les pièces et les accusés de « juridiction en juridiction, les appels dans la même af-« faire succédaient aux appels et les juges royaux favo-« risaient ces désordres pour s'emparer des causes (1). »

L'Ordonnance de 1453 (2) commença à porter remède à ces abus, puis celle de juillet 1493 (3) défendit d'appeler des ajournements personnels faits par ordre des juges royaux et celle de mars 1498 déclara que, dans tous les cas, le juge devrait poursuivre la procédure et l'instruction jusqu'au jugement définitif. Ces premiers essais de réforme furent complétés au xvie siècle par les Ordonnances d'octobre 1535, de juin 1536, de novembre 1541 et de mars 1549 (4). Les principes de l'appel en matière criminelle et de la compétence des officiers pour en connaître furent surtout posés par l'Ordonnance de juin 1536

(1) Faustin Hélie, *Histoire de la procédure criminelle*, 566.
(2) *Ordon.* 1453, §§ 13, 29, XIV, 276.
(3) *Ordon.* 1493, § 91, *Néron*, I, 43.
(4) *Vide Néron*, p. 141, 152, 272, etc.

§ 22, complétée par celle du 20 novembre 1541, dont voici le texte : « *Les appellations interjettées des juges ordinaïres de toutes sentences et jugemens de torture ou autre affection de corps, comme de mort civile ou naturelle, ou fustigation, mutilation de membres, bannissement perpétuel ou à temps, condamnation à œuvres ou services publics, amende honorable à justice, doivent immédiatement ressortir en notre cour de Parlement. Et au regard des autres appellations interlocutoires et définitives procédant des délits, matière criminelle qui ne seront de la qualité dessus dite, elles se relèveront et seront jugées et décidées par devant nos juges ordinaires ou leurs lieutenants ressortissants en nostre cour de Parlement* (1). »

Tels étaient les principes. On voit que la faculté d'appeler et les ressorts qu'on devait franchir avaient beaucoup diminué, puisque dans certaines affaires l'appel allait *omisso medio* au Parlement et c'étaient les plus importantes.

CHAPITRE IV. — Délai de l'appel.

Bouteiller, au commencement du XVe siècle, disait « *qu'il faut appeler sitôt qu'il vient à la cognoissance de celuy qui se sent grevé par ladite sentence. Et doit celles nouvelles oyes sitôt qu'il peut venir au juge et appeler* (2); » sinon il faut appeler par devant notaire et dans la huitaine. Cette opinion qui annonçait déjà quelques changements à la procédure antérieure fut celle de notre période. Les Ordonnances sont très formelles pour qu'on appelle *illico* : « *Decernons et declarons, nul ne soit receu à appeler s'il ne appelle incontinent après la sentence donnée, si-*

(1) *Ordon.* 20 mars 1541, *Néron*, I, 164.
(2) Bouteiller, I, 20, p. 91.

non que par dol, fraude ou collusion du procureur qui auroit occupé en la cause, icelui procureur n'eut appelé ou qu'il y eut grant et évidente cause de relever l'appelant de ce qu'il n'auroit appelé incontinent (1) » et les Coutumes formulent la même règle « *qui ne appelle illico il n'est recevable comme appelant* (2) ; » mais il est toujours fait réserve des cas légitimes où on n'a pu appeler. Certaines Coutumes permettaient même l'appel dans les huit jours de la sentence rendue (3).

On voit par là que les règles du droit écrit commençaient à s'introduire parce qu'elles répondaient désormais aux besoins de notre époque. Plus tard, elles furent admises d'une manière générale sur ce point, et c'est ainsi que s'opéra la fusion des deux législations romaine et coutumière.

Lorsqu'on n'avait point appelé dans les délais réglementaires, il était toujours possible d'obtenir des lettres de relief d'*illico* ou d'appel en payant un droit fiscal. Cet usage était même entré dans la pratique journalière et rendait par suite les règles précédentes un peu illusoires.

CHAPITRE V. — Compétence des tribunaux en appel.

La compétence en matière d'appel se partageait toujours entre les prévôts, baillis, parlement et les officiers des justices seigneuriales ou municipales dans les cas rares où ils en étaient chargés. Les premiers seuls constituaient la règle et formaient l'organisation commune et ordinaire de la France. C'est ce que nous voyons par

(1) *Ordon.* août 1453, § 18, XIV, 276 ; octobre 1535, *Néron*, I, 141.
(2) *Cout. de la Marche*, § 102, *in Cout. général*, IV, 1108
(3) Cout. de Valenciennes *in Cout. général*, I, 277 ; Cout. de Hainaut, *in loc. cit.*, I, 11.

un grand nombre de coutumes dont nous citons ici un seul exemple : « *Selon l'usance et commune observance au dit Mehung, monsieur le bailli et prévot dudit Mehung et leurs lieutenants sont juges ordinaires et quant aucun appelle dudit prévost l'appel s'en va directement devant monsieur le bailli ou son lieutenant général à l'assise tenue audit Mehung et les appellations interjettées dudit bailli ou son lieutenant audit Mehung s'en vont directement et sans aucun moyen en la cour au Parlement à Paris* (1). »

Nous allons rapidement passer en revue chacun de ces degrés de la hiérarchie judiciaire.

§ Ier. *Prévôts et baillis.* — La seule réforme vraiment importante, qui eut lieu à leur égard, fut l'obligation qu'on leur imposa d'avoir des lieutenants pour les remplacer. Le bailli et ses lieutenants devaient en outre être gradués en droit pour pouvoir siéger en justice. C'était là une conséquence du renouvellement des études juridiques et de la nécessité d'avoir des magistrats légistes, qui fussent capables de connaître le droit, d'apprécier la législation des coutumes et des Ordonnances royales. Ces changements, et principalement le premier, enlevèrent aux baillis une grande partie de leur pouvoir. Ils ne restèrent plus désormais que comme des vestiges d'un ordre antérieur, tandis que les fonctions judiciaires actives passaient à leurs lieutenants. Ces baillis, qui, à l'origine, cumulaient des fonctions administratives, judiciaires, financières, militaires, etc., avaient vu successivement chaque branche de leurs attributions confiées à des officiers spéciaux qui les remplis-

(1) Cout. de Mehung *in Cout. général,* III, 927, Cf. Cout. de Clermont, *ibidem,* II, 725 ; Anc. Cout. de Bourges, *idem,* III, 906 ; Cout. de Perche, *idem,* III, 633, etc., etc.

saient mieux. Il faut considérer ce mouvement comme un effet et un résultat des progrès de l'administration proprement dite, qui exigeaient une séparation dans les pouvoirs et une plus grande division du travail qu'auparavant.

Ce mouvement ne fut toutefois achevé que dans la seconde moitié du xvie siècle, car pendant le siècle précédent les baillis eurent encore une autorité et un pouvoir considérable. Ils étaient toujours juges d'appel des officiers royaux subalternes, juges d'appel des seigneurs (1), des municipalités (2), etc., et on peut voir dans une étude sur un des grands baillis de cette époque, sur Jean de Doyat (3), quel rôle ils jouèrent encore dans l'administration proprement dite et au point de vue politique. Mais la création des parlements provinciaux leur enleva tout d'abord une part sensible de leur importance en rapprochant la justice souveraine des justiciables; et au milieu du xvie siècle, l'organisation des tribunaux présidiaux vint leur porter un coup dont ils ne se relevèrent plus.

§ II. *Les Parlements.* — La modification essentielle de toute cette période fut l'institution dans les provinces de Parlements provinciaux chargés de juger souverainement les appels sur chacun de ces territoires. Cette création fut elle-même suivie d'une refonte générale des règles de procédure et de compétence dont nous avons un modèle dans l'Ordonnance de 1453.

Les causes qui firent organiser ces cours souveraines sont très diverses. Il est évident que la fin des guerres

(1) Cout. de Senlis, *in Cout. gén.*, II, 712.
(2) *Ordon.* mars 1416, XIII, 502.
(3) *Revue historique du droit français*, janvier-février 1863, Cf. *Revue des Deux-Mondes*, 15 octobre 1873, article de M. Maury.

anglaises, le calme relatif qui en fut la suite put faire souhaiter aux personnes intéressées des tribunaux plus rapprochés et plus commodes que le Parlement de Paris. De plus, la royauté réunit à cette époque un grand nombre de provinces à la couronne, et elle n'hésita point à consacrer des traditions séculaires, qui plaçaient à la tête de ces territoires une cour ducale ou seigneuriale chargée de rendre souverainement la justice. Pour ne pas froisser les populations, elle convertit simplement ces cours en des Parlements et compléta du même coup le système judiciaire, sans changer les bases de la hiérarchie adoptée. Enfin il est certain d'un autre côté que le Parlement de Paris ne pouvait à lui seul juger les appels de toute la France ; l'organisation de tribunaux provinciaux répondait donc à une nécessité et à un besoin. Chacune de ces causes eut sa part d'influence, et, s'il y en eut beaucoup d'autres, on peut croire qu'elles furent cependant les principales.

Les nouveaux Parlements furent les suivants dans l'ordre de leur création : 1° le Parlement de Toulouse, d'abord établi en 1302, puis supprimé et rétabli par des Ordonnances de 1410, 1419, 1421, 1425, 1428, 1437, 1443 et 1444 ; 2° le Parlement de Bourgogne érigé définitivement le 14 mai 1476 ; 3° le Parlement de Bretagne ; 4° le Parlement de Bordeaux créé en 1460 et confirmé en 1462 ; 5° le Parlement de Grenoble créé sous Louis XI en 1453 ; 6° le Parlement de Rouen organisé en 1499 ; 7° le Parlement d'Aix créé en 1501 ; le Parlement de Trévoux créé en 1538 ; 8° le Parlement de Rennes créé en 1553 (1).

Tous ces Parlements furent organisés sur le modèle

(1) Ce système de Parlements provinciaux fut complété, par la suite, au fur et à mesure des réunions de province.

de celui de Paris, dont nous donnons ici la compétence et la division. La compétence du Parlement de Paris, telle qu'elle fut réglée par l'Ordonnance de 1453 (1), embrassait les causes du Domaine, les affaires des pairs de France, les causes des personnes qui avaient privilège d'être jugées en Parlement, les appels de toutes les juridictions possibles.

L'organisation intérieure comprenait quatre chambres : la Grand'Chambre, les Chambres d'enquêtes, les Chambres des requêtes, la Tournelle (2). Plus tard on créa des Chambres de vacations, Chambre de l'édit après 1597, etc. ; mais nous mentionnerons plus loin ces différentes créations, qui furent d'ailleurs de peu de durée. Les fonctions de chaque chambre sont ainsi résumées dans *l'Annuaire historique* : « La Grand'Chambre connaissait des « causes qui concernaient les pairs et les droits de régale « exclusivement à tous les autres Parlements du royaume ; « des affaires qui intéressaient le roi, la Couronne, l'Uni- « versité de Paris, l'Hôpital général de la ville et autres « communautés. Elle recevait les serments des ducs et « pairs, des baillis, des sénéchaux, et de tous les juges « et magistrats du ressort ; enfin, elle prononçait sur les « appellations verbales de leurs sentences. La Tournelle « connaissait par appel en dernier ressort des jugements « au criminel qui entraînaient une peine corporelle et « infamante. La Chambre des enquêtes prononçait sur « la validité des appellations au Parlement, dans les « procès instruits par écrit, et connaissait par appel en « dernier ressort des délits entraînant une peine pécu-

(1) *Ordon.* 1453, *Néron*, I, 29.

(2) La Tournelle ou chambre criminelle fut organisée vers 1436. L'Ordonnance de 1453, § 25, la mentionne, mais on n'y jugea à mort, et, par conséquent, elle ne fut définitivement réglementée que par un édit de 1515, *Néron*, I, 86.

« niaire. La Chambre des requêtes jugeait en premier « ressort les causes personnelles possessoires et mixtes « entre les officiers commensaux de la maison du roi et « autres qui avaient droit de *committimus*, c'est-à-dire « le privilège de porter directement leurs affaires au « Parlement, sans passer par une juridiction infé- « rieure (1). »

Cette création si importante des Parlements provinciaux ne se fit pas sans opposition de celui de Paris. Ce corps prétendit même conserver la suprématie qu'il avait auparavant sur tout le royaume, mais ces prétentions furent avec raison repoussées. Dans les lettres de création des Parlements il était en effet déclaré « *qu'en ladite cour de Parlement seront cognues et décidées par arrest de toutes matières concernant le fait d'iceux pays et les habitants en iceux, tant en général qu'en particulier, sans que des arrets qui y seront rendus et prononcés l'on n'en puisse provoquer ni appeler et faire poursuivre ailleurs ne en autre cour* (2) ». On ordonna de plus au Parlement de Paris de renvoyer devant les juridictions nouvelles toutes les affaires qui les concernaient et qui se trouvaient pendantes au Parlement (3). Cette haute cour judiciaire ne conserva donc de son ancienne suprématie que le privilège de juger par préférence aux autres Parlements les causes de régale et celles des pairs de France.

Les changements que nous venons d'indiquer contribuèrent à donner en partie à l'organisation judiciaire de la France cette uniformité qui était poursuivie depuis deux siècles par les légistes et les officiers royaux. Ils ne

(1) *Annuaire historique*, cité par Warkœnig, I, 588.

(2) *Ordon.* mars 1476 pour le Parlement de Bourgogne, XVIII, 244, Cf. *Ordon.* 10 juin 1462; pour le Parlement de Bordeaux, XV, 500.

(3) *Ordon.* mai 1477, XVIII, 368.

mirent pas fin à tous les abus. Le roi continua en effet à accorder des privilèges particuliers, qui permettaient aux seigneurs ou aux villes de franchir les degrés réguliers de juridiction pour porter leur appel et leur procès directement au Parlement (1). D'un autre côté, il organisa au dessus des Parlements un grand conseil souverain pour toute la France, et devant lequel on pouvait remettre en question ce que les Parlements avaient décidé. Ces diverses créations avaient tellement multiplié les juridictions, que partout on s'élevait contre la longueur des procès, et on cherchait à imiter ceux qui obtenaient du roi d'avoir leurs causes d'appel jugées directement au Parlement.

Les Ordonnances essayèrent, il est vrai, d'apporter quelque remède. On recommanda formellement aux Parlements de ne recevoir les causes, que si elles avaient franchi tous les degrés réglementaires : « *Avons ordonné et ordonnons que si aucun sujet et justicier dudit pays ou autres appellent des juges inférieurs en délaissant le juge moyen, que celuy par devant qui il sera appellé soient les gens tenant notre cour de Parlement ou autres juges, envoient ladite cause d'appel sans délai par devant le juge qui, sans moyen, pourroit et devoit connoître de ladite cause, si sur ce requis d'aucunes parties et s'ils font le contraire, nous rappelons et mettons au néant tout ce qu'ils feront en ce cas et en seront grièvement punis* (2). »

On organisa également des commissions extraordinaires sous le nom de Grands-Jours, chargées de réprimer les abus, les excès ou les violences principalement dans les provinces où il n'y avait point de Parlement (3). Mais ce

(1) *Ordon.* 1465, XVI, 445; 1466, XVI, 490 ; 1480, XVIII, 596.
(2) *Ordon.* octobre 1535, § 4, *Néron*, I, 141.
(3) *Ordon.* juillet 1481, XVIII, 641 ; juillet 1519, § 7, *Néron*, I, 88. Il

procédé perpétuait toujours un régime d'exception. Les abus ne cessèrent ou ne devinrent moindres qu'au moment où on compléta l'organisation judiciaire et où on la rendit plus uniforme par la création des présidiaux, par la limitation de la compétence du Grand-Conseil et aussi par l'institution de ces intendants chargés d'inspecter et d'administrer les provinces.

§ III. *Le Roi et le Conseil.* — Le roi de France ne perdit jamais et ne pouvait pas aliéner le pouvoir de rendre la justice en personne. Il pouvait créer des Parlements, déclarer les arrêts souverains, néanmoins il lui était toujours possible de revoir l'affaire, de casser l'arrêt, d'évoquer la cause au conseil, s'il le jugeait à propos.

Ces principes sont attestés par l'Ordonnance de Blois de 1498 (1) et par une lettre de Charles VIII à la Chambre des comptes, touchant les audiences que les rois donnent au peuple (2).

On comprend que, malgré les désirs du jeune Charles VIII d'agir « *comme monsieur Saint-Loys procédoit* », ce n'était plus le temps où le roi pouvait trancher les procès sous le chêne de Vincennes. On avait donc organisé un conseil chargé d'examiner les affaires spécialement réservées ou adressées au roi, ce fut le Grand-Conseil. Sous Louis XI, le caractère de ce conseil avait entièrement changé. Au lieu de rester ce qu'il était auparavant une assemblée s'occupant des affaires d'État et jugeant, quand il y avait lieu, sur les propositions d'erreur, il devint une sorte de

y avait deux espèces de Grands Jours : les commissions royales émanées des Parlements dont il est question, et les Grands-Jours qui jouaient le rôle de cour souveraine. Ainsi, une Ordonnance d'avril 1469, XVII, 210, donna en apanage la Guyenne au frère de Louis XI et lui permit d'y établir des Grands-Jours. *Vide* Brives-Cazes, *Les Grands-Jours du premier duc de Guyenne,* 1469-72. Bordeaux, in-8°, 1867.

(1) *Ordon.* 1498, *Néron,* I, 56.

(2) *Ordon.* XX, 631.

cour judiciaire supérieure à tous les Parlements, qui cassait et réformait la décision de ces cours (1).

Les abus auxquels donnèrent lieu sous Louis XI les évocations au conseil et les cassations d'arrêts amenèrent les plus vives réclamations aux États de Tours (1483) qui suivirent le règne de ce prince (2). Charles VIII réorganisa donc le Grand-Conseil par l'Ordonnance du 2 août 1497, confirmée sous Louis XII par celle du 13 juillet 1498 (3). Ces Ordonnances restèrent la base de l'organisation du conseil jusqu'en 1789 (4). Le Grand-Conseil devint ainsi une cour spéciale présidée par le chancelier et compétente pour exercer les attributions judiciaires que les rois n'avaient point déléguées. L'organisation de ce Grand-Conseil fut l'origine d'une lutte passionnée entre cette cour et le Parlement, qui voulait maintenir ses droits de souveraineté (5). C'était bien à tort, car dès l'instant où le Grand-Conseil fut constitué en cour judiciaire, les rois n'y assistèrent plus et ce fut à un nouveau conseil qu'ils apportèrent le droit de juger et de trancher en dernier ressort. Ce conseil fut le Conseil d'État dont une des sections, le conseil des parties, était chargée de connaître des débats judiciaires portés devant le roi. Gaillard, dans son *Histoire du conseil du roi*, résumait ainsi la compétence du conseil des parties : il jugeait 1° les évocations du pur mouvement et autorité du roi ; 2° les évocations fondées sur parenté ou alliance ; 3° les évocations sur porte et faveurs ; 4° les évocations privilégiées ; 5° les règlements de juges ou conflits et les

(1) Pardessus. *Organ. judiciaire*, 154.
(2) Picot, *Etats généraux*, I, 426, 449.
(3) *Ordon.* XXI, 4,56.
(4) Le Grand-Conseil fut cependant supprimé en 1771, lors de la réforme Meaupou et rétabli en 1774.
(5) Meyer, *Institutions judiciaires*, III, 220.

procès pour cause de récusation ou suspension de juge; 6° les cassations d'arrêts de cour, quand ils sont contraires aux Ordonnances, à eux-mêmes ou attentatoires à la juridiction du Conseil (1).

Telle fut l'organisation judiciaire de la France pendant notre période de 1450 à 1550. Pour être complets, nous aurions dû indiquer quelle était l'organisation des tribunaux administratifs d'appel, la Cour des comptes, la Cour des aides, etc., etc.; mais nous nous reconnaissons incompétents pour embrasser un tel sujet et d'ailleurs nous avons voulu surtout traiter de l'histoire de l'appel en matière civile.

Chapitre VI. — Procédure de l'appel.

La marche de la procédure ne subit pas de profondes modifications pendant notre période. Les changements qui se produisirent furent en partie le résultat du mouvement qui tendait à assimiler le midi et le nord et à donner à toute la France la même organisation, la même procédure et le même droit. Il faut distinguer la procédure devant le juge inférieur et supérieur.

§ I. *Procédure devant le juge inférieur.* — Pour faciliter les appels, les Ordonnances prescrivirent formellement aux juges de rendre clairement les sentences et de les rédiger par écrit, ce qu'ils ne faisaient pas auparavant : « *Et pour ce que souventefois les juges tant notres qu'autres, après leurs sentences prononcées dont aucune partie appelle, après l'appellation faite corrigent leurs sentences et les mettent par écrit en autres formes qu'ils ne les ont pronon-*

(1) *Histoire du Conseil du roi,* Paris, in-4°, 1728. Sur le Grand-Conseil ou le conseil des parties, Cf. Aucoc, le *Conseil d'État,* in-8°, 1875; *Revue des Deux Mondes,* 15 oct. 1873, p. 846; Henrion de Pansey, *loc. cit.,* I, 122, etc.

cées, dont les parties sont moult vexées et travaillées, nous, voulant relever nos sujets des dépenses et charges inutiles, ordonnons que les juges, avant qu'ils prononcent leurs sentences, bailleront au greffier de leur cour en écrit le dicton de leurs jugements et qu'ils soient tenus de prononcer la sentence semblable sous peine de faux (1). » La procédure devant le juge inférieur comprenait toujours l'appel lui-même, l'acte d'appel, l'ajournement.

L'acte d'appel et l'appel proprement dit, tel qu'on le pratiquait auparavant en face du juge, tendaient à se confondre ; car l'appel désormais résultait de la présentation et du dépôt de l'acte d'appel dans le délai voulu. On pouvait toujours appeler *viva voce* ou par écrit, mais cette dernière forme était la plus usitée.

L'acte d'appel, *instrument appellatoire* (2), devait contenir certaines mentions obligatoires, nom de l'appelant, de l'appelé, du juge *a quo*, indication de la sentence attaquée, etc. A partir du XVIe siècle, on exigea que l'appel fût fait spécialement sur tel ou tel chef d'un jugement, de manière à préciser la besogne des juges d'appel (3). Enfin l'Ordonnance de 1539 abolit entièrement pour les pays de droit écrit l'usage des *apostoli*, apôtres qui consistaient à demander au juge *a quo* des lettres portant permission d'appeler et informant la juridiction supérieure de la légitimité de cet appel (4).

L'ajournement était toujours l'acte destiné à prévenir la partie adverse et le juge *a quo* de l'appel interjeté et du jour où ils auraient à comparaître pour soutenir leur

(1) *Ordon.* août 1453, § 17, *Néron*, I, 24 ; octobre 1535, t. XII, § 9, *Néron*, I, 129.
(2) Masuer, XXXV, 21.
(3) *Ordon.* juillet 1496, § 62, *Néron*, I, 43 ; octobre 1535, t. XIII, § 11 ; *Néron*, I, 141.
(4) *Ordon.* août 1539, § 117, *Néron*, I. 158.

cause ou leur jugé. Cet ajournement se faisait au lieu où la sentence avait été rendue, les formalités de l'ajournement, de l'assignation n'étaient point très précises, et nous les indiquerons dans la période suivante quand elles furent fixées. Cet ajournement devait se faire dans un délai déterminé, qui n'était autre que celui accordé pour relever son appel devant la cour ou le tribunal d'appel. Ce délai était en principe de trois mois pour relever un appel au Parlement (1), et de 40 jours pour relever un appel devant les cours non souveraines (2); mais ce temps, qui était prescrit par les Ordonnances royales, pouvait varier dans les coutumes où nous trouvons des délais de 6, 8, 30 jours (3). Si dans cet intervalle l'appel n'était pas relevé, il était désert et les juges inférieurs pouvaient mettre leur sentence à exécution sans avoir rien à craindre.

§ II. *Procédure devant le juge supérieur.* — Avant l'ouverture de la procédure d'appel proprement dite, les juges dont appel devaient se rendre au tribunal supérieur, et les parties étaient tenues de faire leurs présentations. Les pièces du procès devaient être apportées au tribunal.

L'obligation pour les juges de comparaître dans les causes d'appel dérivait, comme on l'a vu, de l'ancienne coutume qui les avait rendus responsables de leurs jugements. Les effets de cette législation s'étaient beaucoup affaiblis, et nous verrons qu'en 1789 il n'en restait que des traces absolument illusoires; mais à notre époque

(1) *Ordon.* août 1453, § 15, *Néron*, I, 25; juillet 1493, § 59, *Néron*, I, 52; Cout. de Bourbonnais, *in Cout. général*, III, 1278; Cout. de Nivernais, *loc. cit.* III, 1125.

(2) *Ordon.* octobre 1535, t. XVI, § 1, *Néron*, I, 141; Cout. Clermont, § 211, *in Cout. général*, II, 775; Cout. de Senlis, *in loc. cit.* II, 712.

(3) Cout. de Dôle, *loc. cit.* IV, 985; Cout. de Poitou, § 348, *in loc. cit.* IV, 691; Cout. de Marche, *in loc. cit.*, IV, 1108.

les officiers étaient encore obligés de venir dans les bailliages ou les parlements, soit pour soutenir leur jugement attaqué, soit pour renseigner les juges supérieurs sur les causes d'appel : « *Ordonnons, dit l'Ordonnance de* 1453, *que nos baillifs ou sénéchaux ou leurs lieutenants et nos procureurs esdits baillages et sénéchaussées comparaissent en notre dite cour de parlement*, *aux jours de leurs sénéchaussées ou baillages et y fassent apporter par leurs greffiers les procès par écrit dont il aura été appellé à notre dite cour et qu'ils soient présens à la réception d'iceux procès en icelle notre court et aussi aux plaidoiries des autres causes d'appel qui auront été fait d'iceux* (1). » Plus tard, en 1535, lorsque l'obligation de comparaître n'était plus aussi stricte pour les officiers, on les obligeait à venir « *pour apporter en notre dite cour de parlement la déclaration de toutes les appellations qui auront été faites en leurs sièges pour scavoir lesquelles sont désertes* (2) ; » mais ce n'était plus que dans un but de contrôle.

Les parties devaient comparaître dans le délai prescrit pour relever l'appel et faire leurs présentations en la cour. Elles pouvaient sans aucun doute le faire par procureur et c'était même le cas le plus général, mais il fallait pour cela payer un certain droit fiscal et que la cause fût en son entier (3). Cette présentation n'était autre chose que la comparution en justice, qui prouvait que les parties étaient toujours dans l'intention de poursuivre leur cause. C'était le moyen d'engager le procès et de lier les parties. Elle se faisait en général dans les trois jours de l'assignation ou ajournement (4).

(1) *Ordon.* août 1453, *Néron*, I, 24.
(2) *Ordon.* octobre 1535, *Néron*, I, 141 ; juin 1536, § 28, *Néron*, I, 152.
(3) Masuer, XXXV, 15 ; Cout. d'Auvergne, § 16, *in Cout. général*, IV, 1190.
(4) *Ordon.* août 1453, §§ 37-40, *Néron*, I, 24 ; octobre 1535, §§ 22-23, *Néron*, I, 122 ;

Si les parties ne comparaissent point, il faut distinguer. Est-ce l'appelant? L'appel est désert et la sentence du premier juge est exécutée quand la désertion a été prononcée par le juge supérieur. Est-ce l'appelé qui fait défaut? L'appelant « *emporte contre ledit adjourné gaing de cause et despens* » et de plus le défaillant paie une double amende au tribunal *a quo* et au tribunal d'appel (1).

Cependant, le défaillant pouvait obtenir des lettres de relief d'appel « *et se ils n'avoient appelé, relevé, exploicté, ne seront plus reçus, s'ils ne sont de ce relevez par lettres patentes, pour aucunes justes causes et audit cas tiendra ce dont aura été appelé jusqu'à ce qu'il soit connu si les causes dudit reliévement sont vrayes* (2). » Pour obtenir ces lettres, on n'avait qu'à s'adresser à la chancellerie et, moyennant le paiement d'un certain droit, on en obtenait toujours. Cet usage dégénéra même en abus. L'Ordonnance de Villers-Cotterets, en 1539, essaya d'y porter remède : « *Qu'il ne sera doresnavant baillé aucune lettres de relièvement, de désertion ne péremption d'instance, pour quelque cause et matière que ce soit, et si elles estoient baillées, défendons de n'y avoir aucun regard ains les instances dessusdites estre jugées tout ainsi que si lesdites lettres n'avoient esté obtenu ne impetré* (3). » Mais cette prescription ne fut pas observée. On devait enfin faire porter le procès en la cour et nous voyons par les Ordonnances que c'étaient les officiers royaux qui en étaient chargés, tandis que dans les coutumes ce soin regardait les parties. Il y avait à cet égard des délais fort longs, dans l'énumération desquels nous ne pouvons entrer,

(1) Cout. de Vitry, § 78, *in Cout. général*, III, 311 ; Cout. de Sole, *idem*, IV 985 ; Cout. d'Auvergne, *idem*, IV, 1190 ; Cout. de Marche, § 110, *idem*, IV, 1108 ; Cout. de Berry, § 39, *idem*, III, 939.

(2) *Ordon.* octobre 1535, § 1, *Néron*, I, 141 ; juillet 1493, *Néron*, I. 43.

(3) *Ordon.* août 1539, § 120, *Néron*, I, 229.

nous nous bornons à renvoyer aux textes principaux qui réglementent ces questions (1).

Nous nous trouvons donc devant la cour d'appel et le procès peut commencer. Le juge *a quo* est présent, les parties ont comparu, et les pièces ont été apportées.

La cour examine tout d'abord si les formalités ont été remplies. Cet examen a lieu d'après le rôle des présentations tenu par le greffier spécialement pour chaque sénéchaussée ou bailliage. Si la procédure n'est pas régulière, la cour prononce suivant les cas, elle renvoie les parties devant le juge moyen s'il a été omis (2), etc. ; dans le cas contraire le débat commence immédiatement.

Mais il fallait alors distinguer, si l'appellation était verbale ou écrite. Cette division ne se rapportait en aucune manière à la façon dont on avait interjeté son appel ; elle dépendait de la question de savoir si on appelait d'un procès qui avait eu lieu par écrit ou verbalement (3). L'appel était-il verbal, il se jugeait sur-le-champ, en la grande chambre et après plaidoirie des avocats. Était-il par écrit, il fallait suivre toutes les formalités de la procédure écrite, faire production, etc., etc., et attendre le jugement dans la chambre des enquêtes ?

Il y aurait bien des détails à ajouter si nous voulions différencier ces deux manières de soutenir son appel, mais cela n'offre pas un grand intérêt et rentre d'ailleurs dans la procédure ordinaire. La cour prononçait donc soit sur plaidoyer, soit après rapport et on recommandait aux juges de rendre l'arrêt le plus vite possible,

(1) *Ordon.* 1490, § 33, XX, 260 ; Cout. de Ponthieu, § 157, *Cout. général*, I, 100 ; Cout. de Dôle, *idem*, IV, 985 ; Cout. de Bouillon, *idem*, § 58, III, 1278 ; Cout. de Hainaut, § 63, *idem*, I, 11 ; *Ordon.* juin 1510, § 19, *Néron*, I, 77.

(2) *Ordon.* août 1453, § 9, *Néron*, I, 24.

(3) *Ordon.* juin 1510, § 23, *Néron*, I, 71 ; octobre 1535, § 1, *Néron*, I. 120.

une fois que les parties avaient conclu (1). Le jugement était rendu suivant les règles de la procédure ordinaire, on devait seulement user de certaines formules pour chaque hypothèse à laquelle l'appel pouvait donner lieu. Nous ne les mentionnerons pas ici, mais seulement dans la période suivante, époque à laquelle elles furent définitivement fixées. Telle était la procédure d'appel la plus simple. A cela pouvaient se joindre une foule d'incidents qu'il serait trop long d'énumérer : mort d'une des parties, défaut, second défaut, renonciation, acquiescement, etc., etc. Toutes ces hypothèses allongeaient considérablement le procès, mais n'en changeaient ni le caractère ni le résultat final, aussi nous n'en parlerons point.

Il nous resterait, pour être complets, à traiter de la procédure criminelle qui s'était séparée de la civile, du jour où on avait créé des tribunaux distincts, mais il faudrait entrer dans de minutieux détails aujourd'hui sans aucun intérêt. Aussi, comme cette procédure était en principe à peu près semblable à la civile, puisqu'elle avait une origine commune, nous ne nous y attacherons point et nous nous contenterons d'avoir donné une idée de cette dernière (2).

Chapitre VII. — Effets de l'appel.

Les effets de l'appel sont de deux sortes : ceux qui sont produits par l'acte même d'appel au moment où il est donné et ceux qui sont le résultat de la sentence prononcée.

§ Ier. *Effets produits au moment de la formation de*

(1) *Ordon.* août 1453, § 78, *Néron,* I, 24.
(2) *Vide Ordon.* août 1453, § 24-46 ; 1490 ; octobre 1535, *loc. et op. cit.*

l'appel. — Les premiers effets de l'appel peuvent se résumer par cette formule : l'appel est dévolutif et suspensif. Il est dévolutif, c'est-à-dire qu'il dessaisit, dès qu'il est interjeté, le tribunal qui a jugé et qu'il saisit de l'affaire la juridiction supérieure. Il est suspensif, c'est-à-dire qu'il est interdit au juge dont appel, de rien faire, de rien innover, de rien exécuter tant que la juridiction supérieure n'aura pas prononcé sur l'appel. Ces principes s'appliquaient aussi pendant notre période et des peines sévères étaient édictées contre les juges qui violaient cette suspensivité et commettaient des attentats (1).

Cependant, si la règle de la dévolution était absolue, celle de la suspensivité ne l'était point, car nous trouvons un grand nombre d'exceptions à ce principe. Ces exceptions avaient été adoptées pour empêcher certains plaideurs de prolonger volontairement les procès en appelant à tout propos afin de lasser ou épuiser leurs adversaires plus pauvres. Il en était ainsi : 1° en matière de douaire ; 2° d'aliments ; 3° de possession ; 4° de tutelle ; 5° d'inventaire ; 6° d'interdiction ; 7° de salaires ; 8° de taxe quelconque ; 9° d'ajournements personnels ; 10° et des sentences rendues par quatre conseillers qui ne dépassaient pas 40 livres de capital ou 10 livres de revenus (2).

§ II. *Effets de l'appel jugé.* — Les effets propres de l'appel sont ceux qui découlent du jugement sur appel. Mais ici encore il faut distinguer. Les parties peuvent commencer la procédure sans aller jusqu'au jugement, par exemple, elles peuvent faire défaut, acquiescer, renoncer, déserter l'appel, etc. Dans toutes ces hypothèses,

(1) Larocheflavin, *Traité des Parlements*, 1069.

(2) *Ordon.* 1535, § 15, *Néron*, I, 141 ; Cf. *Ordon.* juillet 1493 ; mai 1498 ; juin 1510 ; octobre 1535 ; août 1539.

l'appel prend fin et produit des effets différents suivant que c'est l'appelant ou l'intimé qui est en faute.

En cas de défaut, les Ordonnances avaient prescrit : « *Que si l'appelant fait défaut dument obtenu par l'appelé que l'on dit congé audit appelé, il emportera gain de cause pour ledit appelé en telle sorte que l'appelant est déchu de son appel et ne peut être relevé, sinon pour aucune juste cause et en payant et refondant les despens faits par ledit appel depuis l'appellacion. Et quant audit appelé, s'il fait deux défauts, ils emporteront gain de cause et n'en pourra estre relevé* (1) »... Le défaillant payait en outre une amende. En cas de renonciation à l'appel, le procès était terminé pap cela même. On devait seulement observer certaines formes, ainsi renoncer dans les huit jours de l'appel, faire sa déclaration au greffe, et payer un certain droit fiscal (2).

Mais nous pouvons aussi nous placer dans l'hypothèse où tout s'est passé régulièrement, et où le jugement d'appel a été prononcé sur la production des parties. Les effets sont alors fort simples. Le jugement donne à celui qu'il indique, au gagnant, le profit du procès en même temps qu'il met au néant ou approuve la première sentence. En outre, la partie qui a faussement appelé est frappée d'une amende en général de 60 livres (3). Jusqu'en 1539, cette amende n'avait point été appliquée dans les pays de droit écrit, mais l'Ordonnance de Villers-Cotterets assimila sous ce rapport toutes les différentes parties du territoire (4). Voilà pour les parties. Quant aux officiers qui avaient rendu le jugement mis

(1) *Ordon.* 1535, t. IV, § 17, *Néron*, I, 138.
(2) *Ordon.* août 1453, § 16, *Néron*, I, 24; Cout. de Senlis, § 67, *in Cout. général*, II, 712.
(3) Masuer, XXXV, § 4.
(4) *Ordon.* 1539, § 116, *Néron*, I, 158.

au néant, ils étaient eux aussi frappés d'une amende ; mais les juges royaux en étaient exempts, et dans certains cas, comme le déni de justice, les juges seigneuriaux étaient privés de toute juridiction sur leurs justiciables (1).

L'appelant était toujours exempt, *pendent eappellatione* de la juridiction du tribunal dont appel (2).

LIVRE VI

Période royale. — 1550-1789 (3).

DERNIER ÉTAT DE L'ANCIEN DROIT.

CHAPITRE Ier. — Introduction.

Les différentes créations qui avaient eu lieu dans le courant du XVe et du XVIe siècle, la refonte des lois de procédure, qui fut le résultat de la rédaction des coutumes et de l'organisation plus complète des Parlements, enlevèrent entièrement à l'institution de l'appel le caractère spécial que les circonstances politiques lui avaient donné à l'origine.

Ce fut désormais un fait acquis. L'appel comptait

(1) Cout. de Marche, § 107, *in. Cout. général,* IV, 1108; Cout de Bourbonnais, § 60, *idem*, III, 1278; Cout. de Bretagne, *idem*, IV, 301; Cout. d'Auvergne, *idem*, IV, 1190 ; Cout. de Senlis, § 61, *idem*, II, 712.

(2) *Vide* Cout. de Poitou, § 350, *Cout. général*, IV, 769.

(3) SOURCES. — Ordonnances royales, Néron, *Recueil d'édits et ordonnances*, 2 v. in-f°, Paris; Isambert, *Recueil des anciennes lois,* 30 v. in-8° ; Loisel, *Institutes* publiées par Laboulaye, 2 v. in-12, 1846; Pothier, *Traité de la procédure*, édition Buguet; Bourdot de Richebourg, *Coutumier général*, 4 v. in-f° ; Imbert, *Pratique civile*, 1609, in-4°; Jousse, *Opera; Encyclopédie méthodique*, jurisprudence, 9 v. in-4°; *Dictionnaire de Droit,* de Denizart, Favart, Merlin, etc., etc.

parmi les institutions régulières de la monarchie, et les cours, dans lesquelles on le jugeait, n'étaient plus ni contestées ni discutées. L'uniformité dans l'organisation judiciaire, ce vœu si ardent de tous les membres du Tiers-Etat, n'existait point, il est vrai, d'une manière absolue, mais on pouvait dire désormais que la France entière avait un système judiciaire de droit commun. Les cours et la hiérarchie royales avaient presque partout remplacé les anciennes juridictions des seigneurs, qui ne conservèrent qu'un rôle très restreint au point de vue de l'histoire du droit d'appel. L'unité, cependant, ne fut jamais complète, et cela tenait à ce qu'il exista en France jusqu'à la Révolution des classes d'habitants, dont les traditions, les tendances et la condition étaient distinctes.

Les Etats généraux sont pour notre période un tableau fidèle de ce qu'était la France elle-même. Dans ces grandes assemblées de la fin du XVIe siècle, nous voyons le Tiers-Etat réclamer sans cesse la suppression des justices seigneuriales et leur fusion dans les juridictions ordinaires, tandis que la noblesse portait au contraire ses efforts à entraver les réformes qui pouvaient réaliser les vœux du Tiers-Etat. Le résultat de cet antagonisme fut d'empêcher la complète unification tant désirée. Malgré les réformes, les Codes ou les Ordonnances, la Révolution seule put atteindre le but cherché, parce qu'en proclamant l'égalité de tous au point de vue du droit, elle attaqua la cause première de toutes les inégalités et les distinctions de l'ancien régime.

L'appel, disions-nous, devint une institution fixe et régulière. En effet, il fut désormais traité comme une nouvelle procédure entièrement semblable au point de vue des formalités à celle de première instance, mais dont le but seul était différent. Il est intéressant de noter que par cela même l'appel et son étude perdent de leur intérêt, parce qu'ils ne donnent plus lieu à aucune discussion, ni à aucune lutte. Le rôle de l'appel au point de vue politique, son action sur la formation des institutions judiciaires, et en particulier sur l'organisation de la hiérarchie royale étaient terminés.

Nous avons embrassé dans cette période l'histoire du droit de 1550 à 1789. On aurait pu introduire quelques subdivisions ; mais, comme au point de vue de l'organisation, il ne fut fait aucune modification importante depuis la création des présidiaux, comme, d'un autre côté, les règles de procédure furent plutôt fixées que changées, enfin pour éviter des redites, nous avons cru pouvoir présenter l'histoire du droit d'appel pendant cet intervalle comme l'organisation définitive de l'appel dans l'ancien droit.

Chapitre II. — Définition de l'appel et ses différentes variétés.

L'appel était toujours une voie de recours donnée aux parties pour faire réformer par un tribunal supérieur la sentence du premier juge.

L'ancien droit avait introduit certaines distinctions entre les appels. Tout d'abord on les divisait en *simples* ou *qualifiés*.

L'appel est *simple* quand l'appelant prétend que le juge a mal jugé, qu'il s'est trompé.

L'appel est *qualifié* quand l'appelant attaque la compétence du juge ou ses abus d'autorité.

L'appel *simple* se subdivisait lui-même 1° en *indéfini* ou *limité* suivant qu'on attaquait tout le jugement ou seulement quelques chefs ; 2° en *appel principal* ou *incident*, ce qui n'a pas besoin d'explication ; 3° en *appel verbal* ou *par écrit*, selon qu'on appellait d'un jugement rendu à l'audience ou d'un jugement rendu sur productions; 4° en *appel en adhérant*, *appel en tant que de besoin*, etc.

L'appel *qualifié* comprenait : 1° l'appel comme d'abus; 2° l'appel de déni de renvoi; 3° l'appel d'incompétence; 4° l'appel de déni de justice; 5° l'appel de récusation de juge (1).

Nous devons observer que l'appel était la seule voie de recours ordinaire ouverte contre les sentences, car on ne pouvait en soutenir la nullité comme en droit romain : « *Les sentences ne se peuvent réformer que par appel et non par nullités alléguées contre icelles* (2). »

CHAPITRE III. — Qui pouvait appeler?

Loisel, dans ses *Institutes*, énonçait la règle qu'il était permis à tout le monde d'appeler et qu'il n'y avait plus à cet égard aucune distinction à établir (3). Le droit était, en effet, fixé en ce sens et il resta tel jusqu'à la Révolution. Tout intéressé peut appeler d'un jugement, quand même il n'aurait pas été partie au procès, mais il est nécessaire que cette sentence porte préjudice, pour qu'il n'y ait point un appel sans cause.

Les tuteurs, curateurs, représentants de personnes pouvaient appeler pour leur pupille ou leur mandant, il en était de même des magistrats municipaux pour les intérêts des villes qu'ils représentaient. On reconnaissait comme plus prudent de se faire autoriser par un avis des habitants ou des parents (4).

(1) *Encyclopédie méthodique*, v° appel; Pothier, *Procédure*, § 330.
(2) Loisel, *Institutes*, § 877.
(3) Loisel, *Institutes*, § 884.
(4) Pothier, *Procédure*, § 336.

Tout appel ne valait que pour celui qui le faisait. C'est ce qu'exprimait Loisel dans une de ces règles : « *Les appellations sont personnelles* (1). » Il n'en était pas ainsi en droit romain.

Chapitre IV. — Quand pouvait-on appeler ?

On pouvait appeler de toute espèce de jugement définitif ou par défaut (2). Il y avait cependant quelques exceptions. Ainsi il résultait de l'établissement des présidiaux que certaines affaires peu importantes ne dépassaient point ce degré de juridiction. Nous devons donc compléter la règle en disant que, dans le dernier état du droit, on pouvait appeler de toutes sentences, pourvu qu'elles n'eussent pas été rendues en dernier ressort.

Chapitre V. — Du délai d'appel.

On devait, dans la procédure d'appel, observer certains délais, sans lesquels les parties auraient pu éterniser les procès. Il n'est question pour l'instant que du délai dans lequel les parties devaient interjeter leur appel : « *Par la coutume du royaume on devait appeler illico, autrement on n'était pas reçu* (3). » Telle avait été la règle jusqu'au XVIe siècle ; mais nous avons vu qu'à cette époque les principes tendaient à se modifier et à se rapprocher de la législation des pays de droit écrit. Certaines coutumes avaient toujours admis un intervalle de sept, dix jours, etc. pour former son appel (4), mais ce délai lui-même fut de

(1) Loisel, *Institutes,* § 878.
(2) Pothier, *Procédure,* § 334.
(3) Loisel, *Institutes,* § 879.
(4) Cout. de Douai, t. XVI, § 2, *Cout. général,* II, 991 ; Cout. de Lille, *idem,* II, 891.

beaucoup élargi par les Ordonnances royales. Il y eut à cet égard une confusion qui fit appliquer au délai d'appel les règles de la prescription des actions : « *Nous ne gardons telle chose en France,* dit l'annotateur d'Imbert en parlant de l'appel illico, *où l'appel dure trente ans* (1). »

Ce délai de trente ans fut communément admis. Il en résulta une très grande incertitude dans les droits des parties et des plaideurs, qui se trouvaient ainsi exposés pendant ce long intervalle à un nouveau débat et à une solution contraire. L'Ordonnance de procédure de 1667 corrigea en partie les abus en réduisant le délai à dix ans et en permettant facultativement de le réduire encore à trois ans et six mois. Il fallait, pour cela, user du procédé suivant. On faisait signifier le jugement de première instance à partie et à domicile, trois années plus tard on faisait sommer par exploit la partie condamnée d'avoir à interjeter appel dans les six mois. Si, après ce délai, il n'y avait point eu d'appel, la sentence était définitive et passée en force de chose jugée.

Mais il faut observer que le délai de trente ans était maintenu dans le cas où le jugement n'avait pas été signifié, que le délai de dix ans s'appliquait lorsque, après avoir signifié, on n'usait point du procédé indiqué ci-dessus, que même dans ce cas les délais étaient doublés pour certains privilégiés, hôpitaux, mineurs, etc. (2). L'Ordonnance de 1667 ne portait donc qu'un remède fort restreint aux inconvénients signalés.

Ces principes, avec les modifications que les coutumes pouvaient y apporter, subsistèrent jusqu'à la Révolution.

(1) Imbert, II, 1 4.
(2) *Ordon.* 1667, t. XXVII, § 12-17; Pothier, *Procédure*, § 337-339.

CHAPITRE VI. — Compétence des tribunaux en matière d'appel.

Il est difficile de donner un exposé clair et précis de l'organisation judiciaire en matière d'appel pendant le XVIIe et le XVIIIe siècle et voici pourquoi. Au lieu d'une hiérarchie unique et d'une administration uniforme, nous trouvons, à mesure que nous avançons, des tribunaux toujours plus nombreux, dont la compétence n'était pas très bien fixée, ce qui donnait lieu en pratique à cette multitude de conflits de juridictions qui furent un des plus grands abus de ces derniers siècles.

Il existait un enchevêtrement inextricable de tribunaux et de ressorts différents, souvent sans aucun lien, parce qu'en créant des cours nouvelles, on avait toujours laissé subsister les anciennes. Nous essayerons d'apporter quelque clarté dans notre exposé, en étudiant successivement chacun des tribunaux qui pouvaient être compétents en appel.

La hiérarchie judiciaire comprenait, 1° des tribunaux de première instance, qui pouvaient être tenus par des officiers royaux, municipaux ou seigneuriaux; 2° des tribunaux d'appel du premier degré qui pouvaient être royaux ou seigneuriaux; 3° des tribunaux d'appel du second degré, les Parlements; 4° enfin le Grand-Conseil et le conseil privé.

§ Ier. *Compétence des seigneurs en appel.* — La division des justices seigneuriales en basse, moyenne et haute permettait à l'appel de fonctionner et il exista jusqu'à la Révolution. Il faut dire, il est vrai, que ces juridictions avaient été rattachées autant que possible au système général des justices royales, quand on n'avait pas essayé de les supprimer (1). Les Ordonnances obligèrent les seigneurs à ne pas juger en personne, mais à faire rendre les jugements par des officiers gradués, on leur imposa en outre un procureur du fisc, qui représentait l'autorité royale (2). Ces réformes et beaucoup d'autres causes préparaient peu à peu l'assimilation de ces juridictions à l'organisation ordinaire de la justice, mais la fusion ne fut consommée que par l'Assemblée constituante.

§ II. *Baillis et sénéchaux.* — Les tribunaux de bailliage étaient restés les véritables tribunaux d'appel du premier degré, quoique la création des présidiaux vînt placer à leur côté des tribunaux d'un caractère incertain, mais qui empiétèrent considérablement sur leurs attributions.

C'étaient toujours les baillis ou leurs lieutenants, qui recevaient les appels des officiers royaux, seigneuriaux ou municipaux; mais leur compétence cessait, 1° à l'égard des pairs de France dont les causes d'appel allaient directement au Parlement de Paris; 2° dans les deux chefs de l'édit des présidiaux ; 3° en matière de renvoi, dans les appels d'exécution des prévôts, s'ils avaient été chargés d'exécuter par le Parlement, car dans ces cas l'appel allait au Parlement, etc., etc.

Ce fut pendant notre période que se désorganisa presque entièrement cette ancienne autorité du bailli. Déjà, on a vu comment les Ordonnances de la fin du xve siècle avaient profondément modifié ces tribunaux d'appel en obligeant le bailli à avoir des lieutenants. Ces charges furent peu à peu multipliées et érigées en titres d'office, on détermina aussi les conditions que les lieutenants devraient présenter. Ces modifications ne laissaient pas de place pour le bailli lui-même et en réalité, s'il

(1) *Ordon.* janvier 1629, § 123, *Néron*, I, 800.
(2) Dareste, *Hist. de l'administration*, I, 290.

continua à jouir des honneurs et des prérogatives attachées à son titre, il n'eut plus aucune action ni aucun pouvoir dans l'exercice de la justice (1).

En avril 1749, les prévôtés furent supprimées et réunies aux bailliages.

§ III. *Les Présidiaux* (2). — Les tribunaux présidiaux furent établis dans tous les bailliages et sénéchaussées par un édit de janvier 1551, confirmé en 1566 par l'Ordonnance de Moulins (3).

Ces tribunaux avaient une situation intermédiaire entre les bailliages et les parlements. On ne peut pas dire qu'ils fussent placés au-dessus des bailliages, puisque, pour le petit criminel, l'appel de leurs jugements allait au bailliage, mais plutôt à côté d'eux. Ils s'en distinguaient seulement par ce fait, qu'ils avaient des attributions exclusivement judiciaires, tandis que les baillis conservaient des fonctions très diverses.

Le présidial était compétent au civil et au criminel. Au civil, il jugeait : 1° les causes d'appel jusqu'à 250 livres de capital ou 10 livres de rente, définitivement et en dernier ressort, c'était le premier chef de l'édit ; 2° les causes jusqu'à 500 livres de capital ou 25 de revenu avec appel au Parlement, c'était le second chef de l'édit (4). Au criminel, les présidiaux partageaient leur compétence avec les prévôts des maréchaux dans les

(1) Picot, *Histoire des Etats-Généraux*, II, 144.

(2) L'idée qui fit établir les présidiaux, c'est-à-dire limiter les appels d'après le taux des affaires, n'était pas sans précédents, car dans une Ordon. du 28 décembre 1490, § 14, XX, 258, il était dit que tout procès d'un intérêt inférieur à 3 livres, ne subirait qu'un appel et d'après l'Ordon. de Moulins, 1535, § 15, *Néron*, I, 141, les sentences qui n'excédaient pas 40 livres étaient exécutoires nonobstant appel. C'étaient là des acheminements vers la réforme de 1551.

(3) *Ordon.* 1551, *Néron*, I, 317 ; 1535, § 15, *Néron*, 445.

(4) Ce taux fut élevé par des édits de 1774 et 1777 à 2,000 livres pour la compétence en dernier ressort.

affaires de brigandage, vols, etc., ce qui donna lieu à de nombreux conflits et à la théorie compliquée des cas présidiaux et des cas prévôtaux.

Ces tribunaux avaient été organisés d'abord au nombre de trente-deux, puis cent, pour dégager les Parlements encombrés et pour rendre aux justiciables les recours plus faciles.

La création des tribunaux présidiaux donna lieu dans les États généraux à des discussions fort intéressantes, où se révèle la tendance des esprits et des faits. Le Tiers-État attaqua tout d'abord ces tribunaux et on parla de les supprimer, parce qu'ils venaient jeter du trouble et du désordre au milieu de tant de juridictions déjà trop nombreuses. Mais peu après le Tiers, instruit par expérience, demanda leur maintien et fut porté à sacrifier les baillis et les bailliages que la noblesse défendait.

Dans le désir d'unifier toutes les juridictions, on avait reconnu que les présidiaux, corps exclusivement judiciaire, répondait mieux aux nécessités d'une juste démarcation dans les pouvoirs et ce fut sur ces principes que, plus tard, en 1788, lorsque la royauté fit une dernière tentative de réforme judiciaire, Loménie de Brienne essaya de réorganiser la justice en France.

§ IV. *Les Parlements.* — Les Parlements, pendant notre période, restèrent dans la même situation qu'auparavant. Leur histoire est plutôt intéressante par le rôle politique qu'ils essayèrent de jouer, que par les modifications très peu nombreuses qui purent s'introduire dans leur organisation. L'Ordonnance de 1453, complétée et confirmée par les grandes Ordonnances du XVIe siècle, resta toujours la base fondamentale de ces cours souveraines. Il faut noter cependant que le système judiciaire de la France se compléta par la création de nouveaux

Parlements, à mesure qu'on réunissait une province. C'est ainsi que furent fondés de 1550 à 1789 : le Parlement de Rennes, en 1553 ; le Parlement de Pau, en 1620 ; le Parlement de Metz, en 1633 ; le Parlement de Douai, en 1686 ; le Parlement de Besançon, en 1676 ; le Parlement de Nancy, en 1775 ; et les Conseils souverains d'Alsace, en 1657 ; de Roussillon, 1660 ; et d'Artois, en 1677.

Nous n'avons pas à indiquer quelle était l'organisation intérieure des Parlements et en particulier de celui de Paris, car, sauf quelques modifications temporaires, elle resta la même, et nous en avons donné la description. On doit seulement noter la tentative de réforme faite par le chancelier Meaupou. Meaupou fit enregistrer le 13 avril 1771, dans un lit de justice tenu à Versailles, plusieurs édits par lesquels il abolissait les Cours des aides, il supprimait dans les Parlements certains offices avec remboursement et les remplaçait par des offices gratuits et à nomination royale, enfin par un dernier édit il supprimait le grand conseil dont les membres étaient incorporés au Parlement réorganisé et créait en province des Cours suprêmes au lieu des Parlements qui y existaient. Cet essai de réforme répondait à de sérieux besoins, mais on n'y vit alors qu'une manière de favoriser encore plus l'absolutisme royal, le Parlement Meaupou fut décrié, devint impopulaire et l'ancien état de choses fut rétabli avec Louis XVI.

La compétence des Parlements ne fut point modifiée, si on excepte la disposition du premier chef de l'édit des présidiaux et les dispositions nouvelles relatives aux juges-consuls qui, en matière commerciale, pouvaient juger en dernier ressort jusqu'à concurrence de 500 livres (1). Pour bien comprendre les fonctions de ces grands corps, il convient de considérer qu'ils avaient des attributions politiques, domaniales, religieuses et judiciaires. Ces dernières étaient, il est vrai, les principales; mais comme le Parlement n'était plus le dernier degré de juridiction possible pour les parties, il ne conserva peut-être pas à cet égard l'autorité et l'importance qu'il avait eues auparavant. Ce rôle passa au Grand-Conseil et au Conseil privé des parties.

Les Parlements furent supprimés par l'Assemblée constituante.

§ V. *Le Grand-Conseil, le Conseil privé et le roi.* — L'organisation judiciaire ne comprenait pas seulement les degrés ordinaires que nous venons de décrire. On pouvait encore aller, suivant les cas, devant le Grand-Conseil, le Conseil des parties et même devant le roi.

Nous avons vu que le Grand-Conseil fut organisé en corps spécial sous Charles VIII et Louis XII et depuis lors sa compétence comme sa composition ne varièrent point, car il se constitua à côté de lui et plus près du roi un autre Conseil qui n'était qu'une des branches du Conseil d'État, le Conseil privé des parties, et qui pouvait révoquer et casser les arrêts des Parlements, comme ceux du Grand-Conseil. Il serait trop long d'énumérer ici tous les cas de compétence de ce Conseil privé et d'indiquer quelle était la procédure admise pour la réformation des jugements, nous en avons montré précédemment les règles essentielles d'après Gaillard. D'ailleurs, comme ce Con-

(1) Henri II avait déjà établi en 1549 des tribunaux spéciaux de commerce. La mesure fut généralisée par Charles IX sur le conseil de L'Hopital qui créa en 1513 le tribunal consulaire de Paris. Louis XIV créa de nombreux tribunaux de commerce et rendit en mars 1673 l'ordonnance de commerce pour fixer et réglementer le droit commercial et les juridictions chargées de l'appliquer.

seil était principalement compétent pour casser les arrêts contraires à la loi et à l'autorité royale, on peut le considérer comme un tribunal de cassation plutôt qu'un tribunal d'appel proprement dit.

Ce nouveau Conseil des parties se développa surtout à partir du ministère de Richelieu lorsque furent jetées les bases d'une administration un peu différente de la précédente et lorsque les pouvoirs des intendants, agents principaux de cette nouvelle administration, se furent généralisés dans les provinces.

Même en dehors de ces instances si nombreuses, le roi restait toujours compétent, parce que c'était en lui-même que résidait le pouvoir judiciaire. Aussi l'Ordonnance de Blois de 1579 déclarait : « *Par le désir et affection que nous avons de soulager nos sujets, et les relever d'oppressions, déclarons nostre vouloir et intention estre ès jours, où nos affaires le pourront permettre, donner audience ouverte et publique à ceux de nosdits sujets qui se voudront présenter pour nous faire leurs plaintes et doléances, afin d'y pourvoir et de leur faire administrer justice* (1). »

§ VI. *Conclusion sur l'organisation judiciaire.* — Les différents tribunaux que nous venons de passer en revue formaient l'ordre régulier de la hiérarchie judiciaire. Mais, à côté, il pouvait y avoir d'autres corps spéciaux ou des exceptions aux règles les plus utiles qui venaient dénaturer toute cette organisation.

Ainsi ces corps émanés du Parlement et qu'on nommait alors des Grands-Jours (2), constituaient une juridiction extraordinaire et temporaire pour juger en dernier ressort les affaires des bailliages, des prévôtés et de toutes autres

(1) *Ordon.* mai 1579, § 89, *Néron*, I, 508.

(2) Voyez sur les Grands-Jours : *Ordon.* mars 1529, § 205, *Néron*, I, 610 ; février 1566, § 8, *idem*, I, 445 ; janvier 1629, § 59, *idem*, I, 783.

justices. Ces Grands-Jours furent assez nombreux : on en compte neuf au XVe, seize au XVIe et six au XVIIe siècle, et ils apportèrent d'autant plus de trouble dans la hiérarchie ordinaire de la justice.

Nous ne voulons pas contester que sur le moment ces cours pouvaient rendre de grands services, et le récit des célèbres Grands-Jours de Clermont suffirait pour le prouver, mais nous pensons que la création de semblables tribunaux ne faisait que perpétuer le système des commissions spéciales et extraordinaires et retarder l'unification de la justice. Si les besoins nécessitaient des tribunaux plus nombreux, on aurait dû créer un plus grand nombre de cours souveraines ; c'est d'ailleurs à cette réforme que plus tard il fallut arriver.

A côté des Grands-Jours et dans une situation en dehors des règles, il faut placer la juridiction des intendants, anciens maîtres des requêtes au Conseil, dont les fonctions et les chevauchées étaient devenues fixes et régulières depuis Richelieu ; le Châtelet de Paris dont la compétence et l'organisation reposaient sur des règles spéciales ; enfin cette foule de juridictions à la fois administratives et judiciaires qui rendaient si compliquée l'organisation judiciaire de l'ancien régime : les Cours des comptes, les Cours des aides, les Cours des monnaies, les Greniers à sel, la Connétablie, la Table de marbre, qui étaient compétents non seulement sur les affaires qui les concernaient particulièrement, mais sur toutes les causes de leurs officiers et subalternes. On aura un tableau fidèle de toutes ces complications et de ces abus, si on joint à cela que les commissions extraordinaires d'une cause à tel ou tel tribunal n'avaient pas cessé, et que le système des évocations fonctionnait toujours (1).

(1) Picot, *Histoire des Etats-Généraux*, III, 179.

On essaya, il est vrai, de remédier aux vices d'une administration si enchevêtrée, et ce fut ici, comme toujours, le Tiers dans les Etats généraux qui ne cessa de réclamer la suppression de toutes les juridictions empreintes d'un caractère d'exception. « Les cahiers des « États d'Orléans de 1560, dit M. Picot, demandaient « que les requêtes du palais, le Châtelet, le Grand-« Conseil, la conservation des privilèges de l'Université, « les justices du Trésor, eaux et forêts, gruyers, verdiers, « maréchaussée, amirauté et généralement toutes autres « justices extraordinaires semblables, fussent supprimées « et réunies aux justices ordinaires, car elles ne faisaient « qu'entraver le cours régulier des choses (1). » On attaqua de même les évocations et les commissions extraordinaires, et on réclama l'unification complète des justices inférieures dans les bailliages (2). Enfin, aux États de 1614, on demanda qu'il n'y eût plus que deux degrés de juridiction avant d'arriver au Parlement (3). Ces vœux si sages et si légitimes ne furent pas exaucés, car la royauté ne se prêta jamais entièrement à ces plans de réorganisation auxquels le clergé et la noblesse étaient contraires et elle laissa subsister l'ancien état de choses jusqu'à la Révolution.

On a déjà vu comment échoua la réforme tentée par Maupeou. Quelques jours seulement avant l'ouverture des Etats généraux de 1789, Loménie de Brienne proposa à Louis XVI une réorganisation de la justice. En mai 1788, le roi accepta plusieurs édits par lesquels : 1° on établissait quarante-sept grands bailliages compétents en dernier ressort jusqu'à 20,000 livres et des présidiaux avec même

(1) Picot, *loc. cit.*, II, 135.
(2) Picot, *loc. cit.*, II, 140, 499 ; IV, 24.
(3) Picot, *loc. cit.*, IV, 34.

pouvoir jusqu'à 4,000 ; 2° on supprimait les tribunaux extraordinaires, eaux et forêts, bureaux de finance, etc.; 3° on organisait une Cour plénière et suprême pour toute la France (1).

Cet essai hâtif de réforme ne put être régulièrement appliqué par suite des évènements politiques qui furent la conséquence de la convocation des Etats, mais on peut se demander si la réorganisation présentée aurait pu suffire. Il est certain que la réduction à trois de tous les degrés d'appel n'était pas assez forte, les délais d'appel étaient encore trop longs, enfin une entière uniformité dans l'organisation judiciaire n'existait même point, car on avait laissé subsister les juridictions des seigneurs; cependant la tendance manifestée par ces édits était la vraie, et on peut croire que, si la royauté avait entrepris plus tôt cette réforme, avec l'appui et les conseils si éclairés du Tiers-Etat, elle aurait pu la mener à bonne fin et donner à la France une organisation judiciaire simple et uniforme.

Chapitre VII. — Procédure d'appel.

Lorsqu'on connaît son juge, on doit s'efforcer de lui faire trancher le débat et de commencer la procédure. Cette procédure se divise en deux périodes : 1° procédure devant le juge inférieur ; 2° devant le juge supérieur.

§ I. *Procédure devant le juge inférieur.*

1. *Comment se forme l'appel.* — L'appel s'interjetait par le dépôt au greffe d'un acte d'appel, c'est-à-dire par un acte de procureur à procureur. Dans quelques cas spéciaux, l'appel se faisait par une requête présentée au juge

(1) Isambert, *Recueil*, XXVIII, 534.

supérieur pour qu'il reconnût la partie comme appelante. Sur la requête, il intervenait un jugement qui recevait le suppliant comme appelant et lui permettait d'intimer (1). Nous avons déjà vu qu'au XVIe siècle Bouteiller défendait aux parties d'appeler en employant des paroles injurieuses pour les juges. La même recommandation est formulée dans un arrêt du Conseil du 24 mai 1603, d'après lequel cet appel ne pouvait même plus avoir lieu verbalement à l'audience : « *Seront lesdits avocats et procureurs respectueux en paroles, porteront honneur aux juges, garderont silence à l'audience, et ne pourront à l'instant des jugements interjeter appel à la face des juges, mais iront au greffe former ledit appel* (2). »

2. *De l'acte d'appel.* — L'acte d'appel était un écrit qu'on remettait au greffe. Il devait contenir certaines mentions : les noms de l'appelant et de l'appelé, l'indication de la sentence attaquée, etc. Quand une sentence avait plusieurs chefs, on devait déclarer de quel chef on appelait (3).

3. *Ajournement et relief d'appel.* — L'appel interjeté ne produisait aucun effet si on n'avait point rempli les conditions exigées. Ainsi pour pouvoir appeler on devait : 1° déclarer son appel dans le délai voulu ; 2° déposer une somme correspondante aux amendes qui pouvaient être la conséquence de l'appel (4) ; 3° se trouver dans les cas où l'appel était permis ; enfin relever son appel en temps voulu et ajourner.

Le délai pour relever son appel variait suivant les juri-

(1) Pothier, § 340.
(2) *Néron*, II, 561.
(3) Cout. du Hainaut, t. 54, § 8; *Cout. général*, I, 86.
(4) *Ordon.* novembre 1563, *Néron*, I, 430; Edit d'août 1669 portant que les amendes de 6 et 12 livres seront consignées avant qu'on puisse être appelant, *Néron*, II, 99; Déclaration du 24 mars 1661, *Néron*, II, 105, et arrêt du 28 août 1781, *Isambert*, XXVII, 71.

dictions. Il était de 24 jours pour les appels des justices inférieures aux bailliages; de 40 jours pour ceux des bailliages aux présidiaux, de trois mois pour ceux adressés au Parlement (1). Le relief d'appel engageait la procédure entre les parties. Il se faisait par une requête adressée aux cours souveraines ou aux autres tribunaux, dans laquelle on concluait à ce que l'appel fût relevé et les parties intimées. L'ajournement suivait la déclaration de la cour que l'appel était relevé. Cet ajournement se faisait soit par mandement direct des tribunaux inférieurs, soit en vertu d'un arrêt des cours souveraines, soit par des lettres de chancellerie qui donnaient commission à un huissier d'ajourner. Voici d'ailleurs la formule d'un ajournement par commission : « *Au premier notre huissier nous te mandons et commettons qu'à la réquisition dudit exposant, lesdits juges présidiaux, qui ont donné ladite sentence, tu ajournes en cas d'appel à certain et compétent jour à notre dite cour de parlement pour iceux soutenir et deffendre, écrire, consigner, réparer, et iceux mettre du tout au néant si métier est et le doivent estre... et intimer et faire savoir audit... qu'il soit comparant audit jour à notre dite cour de parlement s'ils pensent que bon soit et que ladite cause et matière d'appel leur touche ou appartienne en aucune manière* (2) ».

A la suite de l'arrêt de la cour ou de l'ordonnance des tribunaux non souverains, on chargeait un huissier d'ajourner avec les formalités voulues. L'huissier devait

(1) Il y avait une certaine hésitation sur ces délais. Les Coutumes variaient beaucoup parce que les unes avaient adopté les délais des Ordonnances : Cambrai, *Cout. gén.*, I, 201; d'autres avaient conservé de 6, 7, 8 ou 10 jours: Poitou, § 411, *Cout. gén.* IV, 814.;

(2) Boucheul, *Biblioth. de droit français*, 1671, v° *Appel*, cité par Brewer, I, 95.

signifier l'exploit à la partie intimée avec deux témoins qui signaient l'original et l'exploit, mais on n'intimait plus les juges comme auparavant (1). Si l'huissier ne rencontrait personne, les Ordonnances avaient prévu ce qu'il avait à faire (2). Quant à l'acte d'ajournement c'était une sorte de reproduction de l'acte d'appel, il devait contenir les noms et prénoms des parties, l'indication de la sentence attaquée, les conclusions et sommairement les moyens de la demande (3).

Telle était la procédure régulière, mais on pouvait ne pas relever son appel, ou laisser passer les délais permis ; on était alors déclaré défaillant et déchu de son appel et ce défaut pouvait donner lieu à une procédure compliquée que nous examinerons avec les effets de l'appel. Si tout s'était passé régulièrement, les parties devaient se présenter devant le tribunal d'appel dans un délai variable (4).

§ II. *Procédure devant le tribunal supérieur.* — Le tribunal supérieur, supposons que ce fût un Parlement, était prévenu du procès d'appel par les lettres de relief qu'on lui demandait. Il examinait, d'après la teneur même de ces lettres, qui devaient contenir la valeur de la chose contentieuse, si l'affaire était de sa compétence ou s'il devait la renvoyer devant les tribunaux présidiaux. Dans le second cas, il renvoyait le procès ; dans le premier, il conservait l'affaire, et déclarait la cause relevée. Les greffiers des appeaux, établis auprès des Parlements, depuis 1551, faisaient verser la consignation des amendes en cas d'appel (5). L'ajournement avait

(1) Pothier, *Procédure*, §§ 352-353.
(2) *Ordon.* 1667, t. II, Des ajournements; Isambert, *Recueil*, XVIII, 103.
(3) *Ordon.* 1667, II, § 11, *loc. cit.*
(4) *Ordon.* 1667, t. III et XI, *loc. cit.*
(5) *Ordon.* mai 1551, § 41, *Néron*, I, 320.

lieu, on envoyait les pièces, les parties comparaissaient et le procès d'appel commençait (1).

Il faut remarquer que la procédure, telle que nous venons de la décrire, n'était point tout à fait la même que dans les périodes précédentes. En effet, auparavant l'ordre régulier des actes en appel était le suivant : 1° ajournement ; 2° présentation ; 3° relevé de l'appel. A notre époque, ils s'effectuaient dans un autre ordre : 1° relevé ; 2° ajournement ; 3° présentation.

La présentation fut même supprimée par l'Ordonnance de 1667 (2), car elle était entièrement inutile. Cette modification dans l'ordre des actes et du procès tenait à la marche générale que l'appel avait suivi. Lorsque les ajournements regardaient uniquement les parties intéressées, on comprend que cette formalité fût la première, qu'une présentation fût nécessaire pour lier les parties en cause, et que le relèvement de l'appel eût lieu immédiatement après la présentation ; mais, du jour où les règlements administratifs firent de l'ajournement un acte placé sous le contrôle de la justice et qui ne pouvait être fait qu'avec l'autorisation du magistrat ou du roi, il était inutile de maintenir une présentation qui, en fait, avait eu lieu au moment où on demandait le relief. En outre, la demande du relief d'appel devait naturellement précéder l'ajournement.

Les parties étant ajournées comparaissaient. La procédure était distincte suivant qu'il s'agissait d'une appellation verbale, ou d'une appellation écrite. Dans le premier cas, tout se passait à l'audience. Après les constitutions de procureur et sans signification de grief, on don-

(1) Les juges inférieurs n'étaient pas tenus de se présenter comme auparavant.
(2) *Ordon.* 1667, t. IV, § 2, *loc. cit.*

nait avenir et la cause se plaidait. Dans le second, on suivait les formalités de la procédure par écrit. Nous ne voulons pas d'ailleurs nous étendre ici sur aucun détail car toutes ces règles ont été exposées aussi clairement que possible par Pothier, et nous ne pouvons qu'y renvoyer (1).

Les moyens dont on pouvait user en appel n'étaient point réglés d'une façon précise ; on reconnaissait, en général, qu'il était permis de se servir des motifs invoqués en première instance et d'en introduire de nouveaux en appel, mais on devait alors se servir d'une procédure particulière dans le détail de laquelle nous ne voulons pas entrer (2).

Enfin le jugement était prononcé après plaidoyer ou après rapport. On appliquait ici les règles ordinaires de la formation des jugements en première instance, sauf que les juges ne devaient juger que *an bene vel male.* La rédaction seule des arrêts variait, car, sous l'influence des Parlements, il s'était introduit plusieurs formules spéciales pour les jugements en matière d'appel. Voici, par exemple, un arrêt sur rapport, du 21 mai 1608 : « *Ouyes les parties en leurs causes d'appel, le procès par écrit conclu et reçu pour juger entre les parties, si bien ou mal avoit été appelé, joint les griefs hors le procès, prétendu moyen de nullité et productions nouvelles que ledit appellant pouvoit bailler, auxquels griefs et prétentions, moyens de nullité, ledit intimé pouvoit répondre, et contre ladite prétention nouvelle, bailler contredits aux dépens dudit appel. Icelui procès vu, griefs et respons à iceux, requête.... le tout diligemment examiné. La cour par son arrêt a mis et met l'appel au néant sans amende et de plus de la cause d'appel a ordonné et ordonne que la*

(1) Pothier, *Procédure*, §§ 357-372.
(2) Warkœnig, *op. cit.*, III, 651 ; Cout. du Hainaut, t. 54, §§ 17, 53, *Cout. général*, I, 86.

sentence de laquelle a été appelé sortira son plein et entier effet et la taxe desdits dépens adjugez par divers, notre cour réservée (1). »

Les expressions mettre au néant, *in irritum deducere*, furent exclusivement réservées aux cours souveraines. Quand la cour maintenait le premier jugement comme ci-dessus, elle mettait l'appellation au néant; quand elle cassait la première sentence, elle mettait encore au néant l'appel et le jugement dont appel. Si elle réformait seulement une partie du jugement, elle déclarait : « *La cour met l'appellation et dont est appel en ce que au néant, l'émendant, la sentence au résidu sortissant effet.* »

Dans les cours non souveraines, on usait des anciennes formules : « *Bien jugé et sans grief appelé* », ou *mal jugé et à bon droit appelé.* »

Chapitre VIII. — Délai de péremption d'appel.

Cette procédure d'appel une fois commencée ne pouvait durer indéfiniment. Quelques coutumes avaient fixé à un an le délai de péremption (2), mais l'Ordonnance de Roussillon, confirmée par celle de 1629, adoptèrent le terme de trois ans qui devint général (3). Cette péremption n'avait pas lieu de plein droit. L'intimé devait la demander par une requête suivie d'un avenir ou d'un appointement. Si l'appelant ne fournissait pas ses défenses dans les délais voulus, la cour, par arrêt, déclarait l'appel péri et ordonnait l'exécution de la sentence dont appel (4).

(1) *Néron, Recueil*, II, 534.
(2) Fors de Béarn, § 7, *Cout. général*, **IV**, 1084.
(3) *Ordon.* janvier 1629, § 91, *Néron*, I, 800.
(4) Pothier, *Procédure*, § 372; *Encyclopédie méthodique*, v° *Appel*, 380.

CHAPITRE IX. — Effets de l'appel.

Les effets et résultats de l'appel varient suivant l'époque à laquelle on se place au moment où l'appel est formé, au moment où il est jugé.

§ I. *Effets de l'appel interjeté.* — « *Toutes appella-* « *tions ont effet suspensif et dévolutif sinon que par l'Or-* « *donnance les jugements soient exécutoires nonobstant* « *oppositions ou appellations quelconques* (1). » Telle était la règle formulée par Loisel, et ce sont les mêmes principes que nous trouvons ensuite dans Pothier (2). L'effet dévolutif était absolu, c'est-à-dire que, dans tous les cas, la déclaration d'appel entraînait dévolution de compétence du juge *a quo* au juge supérieur, au contraire dans des hypothèses nombreuses les jugements étaient déclarés exécutoires par provision. On peut voir l'énumération de ces cas dans Pothier ou dans un règlement pour la procédure de 1658 et dans l'Ordonnance de 1667.

§ II. *Effets de l'appel jugé.*—L'appel pouvait recevoir une solution sans être jugé. Ainsi on pouvait renoncer à l'appel ou acquiescer (3), on pouvait faire défaut ou ne pas relever son appel, et alors intervenait une déclaration du juge que l'appel était désert ou une procédure d'anticipation par laquelle l'intimé poursuivait le jugement de la cause contre l'appelant (4). Mais si nous supposons

(1) Loisel, *Institutes*, § 885.

(2) Pothier, *Procédure*, §§ 342-345; Règlement pour la procédure du 29 janvier 1658, *Néron*, II, 750; Voir aussi un arrêt du parlement de Paris, du 7 décembre 1689, *Néron*, I, 819; *Ordon.* 1667, t. 17, § 14, etc.

(3) Loisel, *Institutes*, § 883; Cout. du Hainaut, t. 54, § 20, *Cout. général*, I, 86.

(4) Pothier, *Procédure*, § 355.

que tout s'était régulièrement passé, les résultats de l'appel étaient d'adjuger à la partie gagnante le profit de la cause, tandis que le perdant payait les frais du procès et une amende de fol appel.

Cette amende était appliquée communément aux pays de droit écrit comme à ceux de coutume depuis 1539, et il était expressément défendu aux juges de la modérer (1).

Le juge d'appel faisait exécuter la sentence qu'il avait prononcée.

LIVRE VII

Période de la révolution ou Epoque intermédiaire.

L'histoire du droit d'appel à partir de la Révolution française ne nous présente plus le même intérêt qu'auparavant, et nous ne ferons désormais qu'en résumer les principes essentiels.

En effet, la royauté était parvenue, en 1789, à une centralisation administrative très avancée, de telle sorte que les degrés de la hiérarchie judiciaire étaient régulièrement fixés, et quant aux règles de procédure elles restèrent presque identiquement les mêmes, après comme avant la Révolution. La période intermédiaire est surtout intéressante à connaître à cause des projets qui furent émis, des essais qui furent tentés, et des idées qui furent échangées dans les discussions auxquelles l'organisation

(1) Loisel, *Institutes*, § 860; *Ordon.* mars 1551, § 38, *Néron*, I, 30; janvier 1563, § 23, *loc. cit.*, I, 424, Cf. Brewer, *loc. cit.*, I, 96; Warkœnig, *loc. cit.*, III, 652.

judiciaire donna lieu. Nous ne parlerons que de l'appel au civil.

L'Assemblée constituante supprima tout d'abord l'hérédité et la vénalité des offices de judicature par le décret du 4 août 1789, et en mars 1790 elle mit à l'étude plusieurs questions fort délicates relatives à une réorganisation de la justice.

On admit dans plusieurs décrets que l'appel serait reconnu par les lois nonvelles, et la grande loi des 16-24 août 1790 sur l'organisation judiciaire vint réglementer ce que l'Assemblée avait d'abord reconnu comme nécessaire. Plusieurs projets avaient été proposés. Le premier, préparé et soutenu par Bergasse, consistait à créer des cours supérieures composées d'un assez grand nombre de juges, et réunissant dans leur ressort trois ou quatre départements, il fut rejeté à cause de la crainte qu'inspirait la formation de grands corps judiciaires, par lesquels on ne voulait point laisser se reconstituer une autorité semblable à celle des Parlements. Le second plan, imaginé par Thouret, créait dans chaque département un tribunal supérieur aux tribunaux de districts, composé à l'ordinaire de trois juges, et pour les grandes Assises de six juges. On décidait dans ces grandes Assises des appels les plus importants. Ce projet ne fut pas rejeté, par suite des difficultés d'application qu'on y trouvait, et on s'arrêta au troisième projet qui est celui de la loi de 1790.

Le système judiciaire de cette loi comprenait des arbitres, dont on voulait généraliser les décisions, des juges de paix et des juges ordinaires. Il était permis d'appeler de chacun de ces juges, mais avec quelques distinctions. Ainsi, l'appel n'était permis à l'égard des décisions des arbitres que si les parties avaient formellement réservé cette voie de recours (T. I, art. 4). A l'égard des juges de paix, on pouvait appeler de leurs sentences, pourvu que l'objet du litige fût supérieur à 50 livres, l'appel se portait au tribunal du district. C'était donc un appel véritable, adressé à une juridiction supérieure, tandis qu'en matière ordinaire, pour les procès jugés par les tribunaux de district, l'appel se portait à un tribunal du même degré, à un autre tribunal de district. « *Les juges de district seront juges d'appel les uns à l'égard des autres selon les rapports qui vont être déterminés*, V, 1.

Les parties pouvaient choisir pour y porter leur appel le tribunal de district qui leur convenait et, si elles ne s'entendaient pas, la loi suppléait à leur volonté en déclarant que le tribunal d'appel serait un des sept tribunaux de district les plus voisins. Le directoire ou administration de chaque district dressait une liste des tribunaux compétents ; elle était approuvée par l'assemblée et affichée dans l'auditoire de chaque tribunal. Chacune des parties avait le droit de faire un certain nombre de récusations, mais de telle façon qu'il restait toujours un tribunal compétent.

Les délais d'appel étaient fixés par la loi, V, art. 14, « *Nul appel d'un jugement contradictoire ne pourra être signifié, ni avant le délai de huitaine, à dater du jour du jugement, ni après l'expiration de trois mois à dater du jour de la signification du jugement faite à personne ou domicile.* »

La loi de 1790 contenait aussi quelques règles de procédure sur la manière de rédiger les jugements, etc., mais elle n'édictait en réalité rien de particulier, de telle sorte que les anciens usages se perpétuèrent.

Au-dessus de tous ces tribunaux on créa un tribunal de cassation unique pour toute la France auquel étaient portés les recours de tous les jugements rendus en dernier ressort. (Loi du 27 novembre 1791.)

Nous ne voulons pas entrer dans l'énumération de toutes les lois fort nombreuses qui vinrent modifier ou compléter l'organisation judiciaire de la Constituante, car les principes restèrent les mêmes et c'est ce que nous cherchions à savoir.

Cette organisation se maintint jusqu'à la Constitution de 1793. Dès que la Convention fut réunie, on chercha à éloigner le plus possible des tribunaux les hommes de loi parmi lesquels le législateur de 1790 avait voulu qu'on choisît les juges. Une loi du 22 septembre 1792 déclara que les juges pourraient être pris parmi tous les citoyens et cela ne doit point étonner. Dans une constitution et sous un régime qui posaient en principe que tout pouvoir réside dans le peuple, il était naturel que chaque citoyen fût capable d'exercer toutes les fonctions et parmi elles, celles de juge. La Constitution du 24 juin 1793 ne parlait pas de l'appel et elle le supprimait en fait, art. 87, 94 ; mais on sait que cette Constitution ne fut jamais appliquée.

La Constitution de fructidor an III reprit le travail de réorganisation un instant arrêté par les passions de la Convention. Le pouvoir judiciaire fut confié à des juges de paix, à des tribunaux de département, et à un tribunal de cassation. Les juges de paix avaient une double compétence : pour certaines affaires ils jugeaient sans appel, et pour d'autres à charge d'appel au tribunal du département (art. 213). Pour les tribunaux de département, ils avaient également une double compétence : ils jugeaient certaines affaires en dernier ressort et d'autres à charge d'appel. Dans ce cas, l'appel était porté au tribunal d'un des départements voisins sous certaines conditions réglées par une loi du 17 frimaire an V. C'était au fond le même système qu'avait employé la Constituante pour les tribunaux de district.

L'organisation actuelle des cours et des tribunaux de première instance commença à se former à partir de la Constitution de l'an VIII. « *En matière civile il y a des tribunaux de première instance et des tribunaux d'appel, la loi détermine l'organisation des uns et des autres, leur compétence et leur ressort* (art. 61). » La loi du 27 ventôse an VIII sur l'organisation des tribunaux rétablit sous le nom de tribunaux d'arrondissement les anciens tribunaux de district créés par la loi d'août 1790, et elle institua vingt-neuf tribunaux d'appel.

Ces tribunaux d'appel prirent le nom de cours d'appel après le senatus-consulte du 28 floréal an XII, et celui de cours impériales depuis la loi d'avril 1810. Depuis, les noms ont varié suivant les Constitutions, ce sont aujourd'hui des Cours d'appel.

Telles furent les institutions de la période intermédiaire en matière d'appel. On a critiqué ces réformes en disant que des tribunaux, réciproquement juges d'appel les uns à l'égard des autres, seraient naturellement portés à des sentiments de jalousie ou de rancune, ce qui nuirait à la bonne administration de la justice. Cette critique, qui est à peu près la seule qu'on adresse aux réformes tentées par la Constituante, ne nous semble pas très justifiée. En effet, qu'au moment même où cette réforme fut opérée, lorsque les passions politiques et sociales étaient si fortement excitées, on ait pu constater parmi les juges et les tribunaux le désir de rendre la pareille à un tribunal qui aurait cassé un jugement, cela est possible ; mais c'est une question de savoir, et on ne peut la résoudre, si, dans un temps plus calme, avec des magistrats plus éclairés, cette organisation critiquée n'aurait pas rendu plus de services que la hiérarchie compliquée de l'ancien régime.

Nous ne pouvons encore nous prononcer sur ces essais de réforme, nous montrerons seulement dans nos conclusions qu'ils étaient conformes à la tendance historique de l'institution de l'appel et qu'ils organisaient en fait un système judiciaire plus simple que celui que nous possédons.

TROISIÈME PARTIE

DROIT MODERNE

De l'appel en matière civile et dans le droit français actuel.

L'histoire de l'organisation judiciaire de la France en matière d'appel n'a pas varié depuis les dernières lois que nous avons mentionnées, aussi dans les pages qui vont suivre nous traiterons seulement de la procédure d'appel et des effets de l'appel en matière civile dans la législation en vigueur (1).

CHAPITRE Ier. — Qui peut appeler?

En principe l'appel doit être fait par les parties en cause qui y ont un intérêt et auxquelles le premier jugement porte préjudice. Il n'y a d'ailleurs pas de distinction à faire entre ceux qui sont parties principales et ceux qui sont intervenues incidemment au procès, le droit d'appel appartient à tous. Mais on ne serait pas admis à interjeter appel : 1° s'il n'y existait point de préjudice, car, dans ce cas, l'appel serait non recevable faute de cause ; 2° si on

(1) Cet exposé ne contiendra que le résumé des principes les plus certains, nous n'entrerons pas, en effet, dans les nombreuses discussions auxquelles la matière pourrait prêter car ce serait allonger démesurément ce travail qui est surtout une étude historique.

avait renoncé à l'emploi de cette voie de recours ; 3° si on n'était point capable.

A l'égard des incapables tels que les mineurs, femmes mariées, absents, interdits, l'appel qu'ils auraient interjeté, sans l'assistance des personnes que la loi leur donne pour les assister ou les protéger, serait entièrement nul ; mais cette nullité ne pourrait leur être opposée par leurs adversaires au procès, si, au jour du jugement, ils n'avaient pas fait les diligences nécessaires pour que les incapables soient représentés.

La loi permet aux parties de former leur appel par des représentants, quoique ces derniers n'aient pas assisté au premier procès. Ces représentants sont de deux sortes : légaux ou choisis par les parties.

Les représentants légaux peuvent toujours appeler dans l'intérêt de la personne qu'ils représentent. Ainsi un tuteur, un mari, un envoyé en possession provisoire pourraient appeler dans tous les cas et nous pensons aussi qu'un subrogé-tuteur serait à cet égard capable d'interjeter appel dans toutes causes pour protéger les intérêts du mineur (Pro. 444 ; C. civ. 420).

Quant aux représentants conventionnels, aux mandataires, il a toujours été admis dans notre ancien droit qu'on pourrait appeler par leur intermédiaire et la règle a été maintenue dans notre droit moderne. Mais ces représentants devront avoir soin de former l'appel non pas en leur propre nom et pour eux-mêmes, mais au nom de leur mandant. Sans cela, l'appel serait nul comme contraire au principe qu'en France nul ne plaide par procureur et comme fait par une personne qui n'y avait aucun intérêt. Le mandat à cette fin doit être spécialement donné et il ne suffirait pas d'un mandat général qui laisse toujours un certain vague sur la capacité du mandataire.

Les représentants ne sont pas les seules personnes étrangères au procès qui puissent former un appel. Il faut aussi compter parmi les personnes capables à cet égard les ayants--cause; ainsi les héritiers, les successeurs à titre universel ou particulier, les cessionnaires, etc., pourraient interjeter appel contre un jugement qui porterait atteinte à leurs droits ou à ceux de leur auteur, et il n'est pas douteux que des créanciers pourraient, en vertu de l'art. 1166 du Code civil, appeler d'une sentence contre leur débiteur.

Chapitre II. — Quand et dans quels cas peut-on appeler?

En principe on peut appeler de tout jugement et dans toutes causes, car l'appel est une voie de recours aussi utile pour les affaires d'une minime importance que pour celles qui roulent sur des sommes considérables.

La loi n'a cependant pas admis complètemeut les conséquences du principe posé et, après avoir proclamé l'utilité et la nécessité de l'appel, elle a imposé certaines conditions pour qu'un jugement soit susceptible d'appel. Elle a donc restreint la faculté d'appeler. Nous examinerons successivement ces différentes conditions.

1. On exige tout d'abord certaines conditions générales qui s'appliquent à toutes les affaires. Ainsi pour pouvoir appeler, il faut qu'il y ait réellement un jugement rendu. On tranchait par cette prescription un usage de l'ancien droit qui permettait d'appeler d'actes du procès qui n'avaient point le caractère d'un jugement. Il faut que l'affaire soit susceptible de deux degrés de juridiction. Cela demande quelques explications.

Les lois ont admis comme règle certaine que toute affaire pourrait franchir deux degrés de juridiction; mais cette règle n'est pas absolue, car, si nous négligeons les cas spéciaux qui ne nous concernent point, nous trouvons dans l'art. Ier de la loi du 11 avril 1838 une exception générale portée au principe.

« *Les tribunaux civils de première instance connaîtront en dernier ressort des actions personnelles et mobilières jusqu'à la valeur de* 1,500 *francs de principal et des actions immobilières, jusqu'à* 60 *livres de revenu déterminé soit en rente soit par prix de bail. Ces actions seront instruites et jugées comme matières sommaires.* »

Les uns ont critiqué cette décision et on a voulu y voir une contradiction par rapport au principe des deux degrés de juridiction. D'autres ont répondu que la législation avait voulu empêcher que l'objet en litige ne fût consommé par les frais importants qu'entraînerait une instruction prolongée plus longtemps. Au fond cette raison n'est pas sans réplique, et il n'est pas certain que le législateur l'ait prise en considération. Quoi qu'il en soit, telle est la règle et il n'y a pas à la discuter.

Il faut ici faire observer que la valeur de 1,500 francs sera fixée ou par des mercuriales, ou par estimation d'experts, ou par commun accord des parties; quant aux 60 francs de revenu, la loi déclare spécialement que cette valeur devra être appréciée d'après le taux de la rente ou le prix du bail.

A quel moment doit-on se placer pour connaître la valeur de l'objet en litige et pour savoir si la cause est ou non susceptible d'appel? Cette question a été discutée, mais on reconnaît aujourd'hui qu'il faut se guider d'après le dernier état de la demande et non d'après les conclusions de l'exploit d'ajournement. Il est de même entendu que dans les 1,500 francs on ne doit comprendre ni les frais du procès, ni les fruits ou intérêts échus postérieurement à la demande et c'est ce que l'article précité à prévu quand il dit 1,500 francs de *principal.*

Il peut arriver que la demande originaire soit suivie d'une demande en compensation ou reconventionnelle. Il faut alors distinguer si le chiffre de cette nouvelle demande est ou non inférieur à celui de 1,500 francs. Dans le premier cas, non seulement la demande reconventionnelle est sujette à l'appel, mais elle entraîne le droit d'appeler pour la demande principale quand même cette dernière serait inférieure au taux fixé. C'est ce que décide l'article 2 de la loi du 11 avril 1838. Dans le deuxième cas, chaque demande est considérée isolément et jugée en dernier ressort par le tribunal de première instance.

D'après ce que nous venons de dire, on voit que l'appel n'est pas permis à l'égard des jugements rendus en dernier ressort. On peut dès lors se demander quelle serait la conséquence pour un jugement d'avoir été qualifié en dernier ressort lorsqu'en droit il ne devait pas l'être. L'article 453 règle cette hypothèse et il décide, que si les juges ont qualifié en dernier ressort une sentence qui ne devait pas l'être, cette sentence sera néanmoins susceptible d'appel. Que, si les juges n'ont pas qualifié en dernier ressort des sentences sur lesquelles ils ont dû statuer de la sorte, les appels de ces jugements ne seraient pas recevables. Quels sont donc les effets de la qualification en dernier ressort et quelle est son utilité? Cela servira tout d'abord à guider les parties, car dans la plupart des cas, la mention sera juste, et si elle ne l'était point, elle aurait encore cet effet de permettre l'exécution provisoire du jugement jusqu'à ce qu'on ait obtenu des défenses spéciales de la Cour saisie de l'appel (art. 457, § 2). Et réciproquement, si le jugement a été qualifié à tort en premier ressort, l'appel qu'on en fera sera suspensif jusqu'à ce qu'on ait modifié cette qualification vicieuse (art. 457, § 3). L'article 453 a donc consacré la règle que la recevabilité de l'appel dépend de la nature du jugement et non de la qualification que le juge a pu lui donner.

Telles sont les règles générales de notre matière. Il nous reste à examiner si on peut appeler de toute espèce de jugement, qui n'a pas été rendu en dernier ressort. A cet égard il faut distinguer entre les jugements par défaut, les jugements préparatoires, interlocutoires et provisoires.

Dans notre ancienne jurisprudence on ne permettait point l'appel des jugements par défaut. L'Ordonnance de procédure de 1667 modifia, il est vrai, les règles antérieures; mais, les nouveaux principes qu'elle édicta n'ayant pas été partout adoptés et mis en pratique, nous ne nous y arrêterons pas. Le Code de procédure a formellement reconnu la possibilité d'appeler des jugements par défaut, et il a condamné l'ancien adage, *contumax non appellat*, art. 455 : « *Les appels des jugements susceptibles d'opposition ne seront point recevables pendant la durée du délai pour l'opposition.* » L'appel est donc possible, mais seulement après les délais de l'opposition.

Le délai d'appel ne commence lui-même à courir qu'à partir de ce moment, mais il est fait une exception par l'article 645 C. com., d'après lequel les délais d'appel commencent à courir du jour même où le jugement a été rendu.

Les questions qui se rattachent aux jugements préparatoires et interlocutoires sont assez délicates. Nous n'entrerons pas dans toutes les discussions auxquelles cette matière pourrait prêter, car nous avons dit que dans cet aperçu sur l'appel en droit français nous voulions seulement constater les lignes générales et les règles les plus certaines.

La distinction entre ces trois sortes de jugements est surtout intéressante à propos de l'appel.

Qu'entend-on tout d'abord par un jugement préparatoire, interlocutoire ? Un jugement préparatoire est un jugement d'avant faire droit qui tend à mettre la cause en état de recevoir une décision définitive qu'il ne préjuge pas. Un jugement interlocutoire est un jugement d'avant faire droit qui fait préjuger la décision définitive. Au point de vue de l'appel, on peut toujours appeler des *jugements provisoires* pourvu que la valeur du litige soit inférieure à 1,500 fr., car ces décisions sont indépendantes ; on peut aussi appeler des jugements préparatoires, mais seulement après les jugements définitifs et conjointement avec ces derniers. Enfin on peut aussi appeler des jugements interlocutoires ; mais alors il est permis de former son appel même avant le jugement définitif. On voit par ce que nous venons de dire très brièvement que l'intérêt de la distinction entre ces jugements n'est pas dans la question de savoir si on peut appeler de l'un ou de l'autre, car ils sont tous susceptibles d'appel ; mais dans celle de connaître quand l'appel pourra être interjeté, quand le délai commencera à courir. Il nous resterait, pour être complet, à rechercher quel est le caractère exact de ces jugements interlocutoires et à apprécier les différentes opinions qui ont été émises sur la question. L'ancienne maxime, l'interlocutoire ne lie pas le juge, est-elle encore admissible, et quel est le sens de cet adage ? Mais de grands développements seraient peut-être superflus dans ce résumé, et nous préférons nous prononcer pour l'opinion qui tend à reconnaître à l'interlocutoire la force de lier le juge. Quant à la maxime, elle pouvait trouver son application dans l'ancien droit alors que le sens du mot n'était pas fixé, mais elle n'en saurait trouver dans le droit actuel.

Chapitre III. — Du délai d'appel.

On a vu que, dans l'ancien droit, la législation avait fréquemment varié pour la fixation de ces délais. Les divers systèmes adoptés soit par l'Ordonnance de 1667, soit par les lois de la période intermédiaire firent naître un certain nombre de questions transitoires assez délicates à résoudre mais dans le détail desquels nous n'entrerons point.

Pour connaître les délais de l'appel, il faut distinguer deux cas : 1° à partir de quel moment peut-on appeler ? 2° jusqu'à quand est-il permis d'appeler? Enfin, sous ce dernier paragraphe, nous aurons à rechercher ce qui a trait au délai ordinaire, c'est-à-dire au cas le plus fréquent et ce qui concerne les prorogations ou suspensions de délai.

§ I. *A partir de quel moment peut-on appeler ?* — La loi défend de former son appel avant que huit jours se soient écoulés depuis le prononcé du jugement, art. 449. Dans le cas où le jugement est exécutoire par provision, on peut en interjeter appel immédiatement. Cette règle s'explique aisément. On n'a pas voulu obliger les parties à faire leur appel immédiatement, comme jadis, afin de leur laisser le temps de raisonner leur acte et de prendre une décision réfléchie ; mais si le jugement est exécutoire par provision, tout est changé, et il importe au contraire d'appeler le plus tôt possible, afin de rendre l'adversaire plus circonspect et d'arriver rapidement à une réformation du jugement qui entraînera l'annulation des actes d'exécution qui auront été faits.

On a vu précédemment que, pour les jugements préparatoires, l'appel ne peut en être formé qu'après le jugement définitif, et que pour les jugements par défaut l'appel n'est possible que du moment où l'opposition n'est plus recevable.

Mais qu'arriverait-il si on avait appelé dans les huit jours pendant lesquels l'appel est interdit? La loi du 16 août 1790 décidait que cet appel était nul et ne pourrait être renouvelé. La loi du 21 frimaire an VI a modifié cette rigueur, et le Code de procédure déclare que l'appel interjeté pendant la huitaine est nul, mais celui qui le fait n'est pas déchu de son droit, il peut réitérer son appel, s'il se trouve encore daus les délais voulus.

Cette règle a pour conséquence immédiate que l'exécution des jugements non exécutoires par provision devra être suspendue pendant huit jours et c'est ce qu'exprime l'art. 450.

§ II. *Pendant combien de temps peut-on appeler ?* — Le délai ordinaire d'appel est aujourd'hui de deux mois, à partir de la signification du jugement. Ce terme a été fixé par une loi du 3 mai 1862, modifiant sous ce rapport l'art. 443 du Code de procédure qui avait fixé le délai à trois mois. Ce délai n'a été prévu que pour le cas où on a signifié le premier jugement. Que si cette signification n'avait pas eu lieu, les auteurs admettent que l'appel serait recevable pendant trente ans.

Nous nous plaçons, dans les quelques lignes qui vont suivre, dans l'hypothèse régulière où le jugement a été signifié. Il importe alors de savoir de quel jugement on appelle, car le point de départ du délai sera différent suivant les cas. Le Code distingue à cet égard l'appel d'un jugement contradictoire, d'un jugement par défaut et l'appel incident.

S'agit-il d'un jugement contradictoire ? art. 443 : « *Le délai courra du jour de la signification à personne ou à domicile.* » La loi ne s'attache donc pas à la signification à l'avoué et on a même jugé que cette formalité n'était pas nécessaire. Mais ces règles qui sont certaines ne sont cependant pas sans exception. C'est ainsi que dans le Code de procédure nous trouvons des délais de 15, 10 et 5 jours pour interjeter appel ; c'est ainsi que, dans certains cas, le délai d'appel commence à courir du jour où le jugement a été prononcé sans qu'il soit besoin d'aucune signification à personne ou à l'avoué (art. 991, C. procéd.)

S'agit-il d'un jugement par défaut ? Le délai d'appel commence à courir « *du jour où l'opposition n'est plus recevable* » (art. 443. P.). Cet article 443, qui permet au défaillant d'appeler, abroge un adage fort connu de l'ancien droit, *contumax non appellat.* Le Code n'a point voulu suivre à cet égard les principes de l'ancien droit et il a considéré que, l'opposition étant une voie plus simple d'attaquer les jugements, il fallait tout d'abord prescrire au défaillant de s'opposer aux jugements, rendus contre lui, sans qu'il perdît toutefois la faculté d'appeler. Cette règle qui permet d'appeler des jugements par défaut en entraîne une seconde qui en est le corrollaire ; c'est qu'on ne pourra commencer à appeler des jugements par défaut que du jour où l'opposition ne sera plus recevable, et c'est ce qu'exprime l'art. 443 précité.

S'agit-il d'un appel incident ? « *L'intimé pourra interjeter appel en tout état de cause, quand même il aurait signifié le jugement sans protestation* » (art. 443). Tout d'abord qu'est-ce qu'un appel incident ? L'appel incident est celui qui est interjeté le second par la partie déjà intimée sur un premier appel. Notre article apporte donc en cette matière une exception au principe posé primitivement par l'art. 443, puisque, quand même le délai de deux mois serait écoulé, on pourra toujours former un appel incident si l'autre partie a appelé. Cette exception, qui semble à première vue si arbitraire, se justifie cependant si on réfléchit qu'une des parties pourrait former son appel le dernier jour des deux mois réglementaires ; ce qui aurait pour conséquence, puisque le délai de deux mois est écoulé, de priver l'autre partie du droit de former un appel incident qu'elle n'aurait même pas eu le temps matériel d'interjeter.

Tels sont les délais. Si on ne les observe pas, l'art. 444 déclare que cela emportera déchéance.

Nous connaissons désormais les principes en matière de délai, il nous reste à rechercher quelles sont les exceptions ou les cas particuliers.

Tout d'abord les délais peuvent être allongés. On se rappelle que l'Ordonnance de procédure de 1667 avait admis une prolongation de délai en faveur de certains établissements et communautés ; mais cette faveur a été abrogée par l'art. 444 qui déclare que les délais ordinaires courront contre toutes personnes, sauf celles qu'il indique, et ils n'y sont pas compris. Les personnes privilégiées sous ce rapport sont : 1° les mineurs non émancipés, à l'égard desquels le délai d'appel ne court que du jour où le jugement aura été signifié tant au tuteur qu'au subrogé-tuteur, encore que ce dernier n'ait pas été en cause ; 2° ceux qui demeurent hors de France, on leur donne alors pour former leur appel les délais réglés pour les ajournements par l'article 73, P. c. ; 3° « *ceux qui sont absents du territoire européen de la République ou du territoire de l'Algérie, pour cause de service public, auront pour interjeter appel, outre le délai de deux mois depuis la signification du jugement, le délai de huit mois. Il en sera de même en faveur des gens de mer absents pour cause de navigation* » (art. 446).

Les délais peuvent être suspendus. C'est ce qui a lieu dans les cas prévus par l'article 447. Lorsqu'une personne condamnée meurt pendant le courant du délai donné pour interjeter appel, les délais sont suspendus « *et ils ne reprendront leur cours qu'après la signification du jugement, faite au domicile du défunt avec les formalités prescrites par l'article* 61 *et à compter de l'expiration des délais pour faire inventaire et délibérer, si le jugement a été signifié avant que ces délais fussent expirés* » (art. 447).

L'article 448 prévoit un autre cas tout spécial de prorogation du délai d'appel. Il faut supposer que le premier jugement a été rendu sur pièce fausse ou que la partie a été condamnée faute d'avoir représenté une pièce décisive retenue par son adversaire. Dans ce cas, « *les délais d'appel ne courront que du jour où le faux aura été reconnu ou juridiquement constaté, ou que la pièce aura été recouvrée, pourvu que, dans ce dernier cas, il y ait preuve par écrit du jour où la pièce a été recouvrée et non autrement* », article 448.

Chapitre IV. — Forme de l'appel.

Il est inutile de reparler ici des formes de l'ancien droit que nous avons minutieusement décrites. Nous savons que, si, à l'origine, l'appel put être mis en mouvement par une interpellation de vive voix, on arriva promptement à exiger un écrit comme cela était pratiqué dans les pays de droit écrit. Notre Code de procédure a adopté les mêmes principes, et il faut aujourd'hui que l'appel soit interjeté par un acte spécial. C'est ainsi qu'on a décidé qu'un appel ne serait pas valable, s'il était fait dans une déclaration non suivie d'un acte d'appel et qu'on peut trouver nombre d'autres applications de cette règle (Dalloz, Appel, p. 643 et suiv.). Cet acte d'appel doit être un exploit d'huissier, ou du moins, cela résulte de l'article 456 : « *L'acte d'appel contiendra assignation dans les délais de la loi et sera signifié à personne ou à domicile à peine de nullité.* »

On doit donc se conformer dans l'acte d'appel à toutes les prescriptions indiquées par l'article 61 pour les ajournements. Ainsi, l'acte devra contenir : la date des jour, mois et an, afin qu'on puisse contrôler si les délais ont été observés ; les noms, professions et domicile de l'appelant ; la constitution d'avoué ; les noms, demeure et immatricule de l'huissier, les noms et demeure de l'intimé, l'indication de la personne à laquelle l'exploit est laissé, l'indication de la décision attaquée, l'indication du tribunal qui doit connaître de l'appel, l'assignation et l'indication du délai pour comparaître, etc., etc. Mais il ne serait pas utile d'indiquer les moyens de la demande, car l'appel n'étant pas une procédure absolument nouvelle dans une affaire, on suppose que les parties connaissent déjà les motifs et moyens qu'elles peuvent réciproquement invoquer.

Une fois fait, l'acte d'appel doit être signifié en observant les règles ordinaires en matière d'exploits d'ajournement fixées dans l'article 68. Cette signification devra être faite à personne ou à domicile à peine de nullité, comme le prescrit l'article 756 de notre titre.

Chapitre V. — De la procédure d'appel.

Dans les autres parties de ce travail, avant de traiter de la procédure d'appel, nous avions recherché quelles étaient les bases de la compétence en matière d'appel. Nous en avons déjà dit quelques mots à propos de la question de savoir quand un jugement est ou non susceptible d'appel et nous n'y reviendrons pas, parce que l'exposé de ces règles ne présente aucune difficulté, j'entends quant à la question de savoir quel sera le tribunal compétent.

La procédure d'appel commence par l'acte d'appel dont nous avons résumé la teneur. Puis viennent les écritures comme dans la procédure ordinaire, mais il faut remarquer qu'ici elles sont facultatives. C'est l'appelant qui commence en signifiant ses griefs contre le jugement, l'intimé répond ensuite dans les huit jours s'il le veut (art. 462), car il a le droit de ne pas répondre, et ce défaut n'entraîne pas gain de cause pour l'appelant qui doit toujours justifier ses prétentions.

Cette procédure, qui est fort courte, peut cependant être encore simplifiée comme nous l'indique l'article 463 : « *Les appels des jugements rendus en matière sommaire seront portés à l'audience sur simple acte et sans autre procédure. Il en sera de même de l'appel des autres jugements lorsque l'intimé n'aura pas comparu.* » Il n'est pas besoin d'ajouter que les jugements rendus par les tribunaux de commerce seront toujours jugés comme matières sommaires (art. 468, C. com.).

En principe, on ne peut former en appel de nouvelles demandes (art. 464). Cela ne fait aucun doute si les parties ne sont pas d'accord, mais on peut se demander s'il serait permis de le faire dans le cas où les parties se seraient entendues. Cette question est discutée, mais il nous semble que cette prétention ne devrait jamais être reçue, car ce serait un moyen d'éluder la règle des deux degrés de juridiction. La loi a apporté quelques exceptions au principe posé en déclarant que, même sans le consentement des parties, on pourrait formuler une nouvelle demande en appel : 1° en invoquant une compensation ; 2° si la demande nouvelle est une défense directe à la prétention de l'adversaire ; 3° pour réclamer des loyers, fermages, arrérages échus depuis le premier jugement ; 4° enfin, pour demander des dommages-intérêts, afin de réparer le préjudice souffert depuis la première sentence.

Nous sommes ainsi parvenus, après avoir parlé des conclusions des parties, à un moment du procès où les procédures préparatoires sont terminées et où l'affaire peut être jugée par les tribunaux d'appel. Comment la Cour examinera-t-elle l'affaire qui lui est soumise ? Telle est la question que nous devons nous poser. Le Code de procédure, dans l'article 461, a mis fin à une distinction souvent gênante que l'ancien droit avait établie entre les appellations verbales et par écrit. En effet, l'article 461 permet aux juges d'appel de faire ce qu'ils veulent relativement à la question de savoir comment l'appel sera jugé. Ils n'ont pas besoin de se guider sur ce qui a été fait par les premiers juges. L'affaire leur paraît-elle simple, ils la jugent à l'audience ; au contraire, la cause qui a paru très claire aux premiers juges leur semble-t-elle compliquée et délicate, ils pourront ordonner l'instruction par écrit. C'est ce qu'exprime l'article 461 : « Tout appel même de jugement rendu sur instruction par écrit sera porté à l'audience, sauf à la Cour à ordonner l'instruction par écrit, s'il y a lieu. »

On arrive ainsi au jugement. Si la Cour croit que le tribunal a bien jugé, elle confirme la sentence ; si elle pense qu'il a mal jugé, elle met au néant le premier jugement. Pour rendre un jugement en appel, il faut sept conseillers et quatre voix contre trois. S'il se forme deux opinions ayant une majorité relative, les juges inférieurs en nombre devront choisir entre les deux opinions prépondérantes. S'il n'y a pas de majorité relative, le partage, quand il a lieu, se termine comme devant le tribunal d'arrondissement, on appelle un ou plusieurs juges en nombre impair (art. 468). « En cas de partage dans une Cour d'appel, on appellera, pour le vider, un au moins ou plusieurs des juges qui n'auront pas connu de l'affaire, et toujours en nombre impair, en suivant l'ordre du tableau : l'affaire sera de nouveau plaidée ou de nouveau rapportée, s'il s'agit d'une instruction par écrit. Dans les cas où tous les juges auraient connu de l'affaire, il sera appelé pour le jugement trois anciens jurisconsultes. » Les articles 467 et 468 ne font ici que reproduire pour l'appel les décisions déjà données pour les jugements de première instance par les articles 117 et 118. Cependant, il faut observer qu'en appel il n'est pas nécessaire d'aller une deuxième fois aux voix avant de déclarer le partage, ainsi que le prescrit l'article 117.

Chapitre VI. — De la péremption d'appel.

Nous avons suivi jusqu'au jugement et d'une manière un peu rapide cette procédure d'appel, sans nous demander si les parties pouvaient attendre impunément aussi longtemps qu'elles le voudraient pour faire trancher leur appel.

Le Code a prévu ce cas et il a déclaré qu'au bout de

trois ans toute procédure discontinuée serait anéantie et considérée comme éteinte. Les règles posées dans les articles 393 et suivants s'appliquent certainement à la péremption en cas d'appel. Il faut seulement noter que l'article 469 ne serait qu'une banale répétition des principes déjà émis si on le prenait à la lettre. Ce texte ne signifie pas seulement que l'appelant sera non recevable à renouveler son appel quand le jugement aura été signifié, mais qu'il sera non recevable quand même le jugement n'aurait pas été signifié. L'article 469, en effet, ne distingue pas, il déclare d'une manière absolue que la péremption donne au jugement force de chose jugée.

Chapitre VII. — Effets de l'appel.

L'appel peut produire plusieurs catégories d'effets. Les uns résultent de la formation même de l'appel, les autres sont les conséquences naturelles du jugement qui est prononcé sur l'appel, Nous passerons en revue ces deux classes d'effets.

§ I. *Effets de l'appel au moment où il est interjeté.* — On résume assez généralement les effets produits par l'appel au moment où il est interjeté par cette formule : l'appel est dévolutif et suspensif.

L'appel est dévolutif; cela veut dire qu'il remet en question devant le juge supérieur toutes les questions qui ont été débattues devant le tribunal de première instance et qui ont été tranchées une première fois. Il est suspensif, cela signifie qu'il arrête et empêche l'exécution de la première sentence.

Dans l'ancien droit nous avons vu qu'il n'y avait aucune exception au principe de la dévolution dès qu'il fut établi, mais il n'en était pas de même pour la suspensivité. Notre droit moderne a suivi encore ici, comme sur tant d'autres points, les enseignements de l'ancienne législation, et nous y voyons que le principe de la dévolution ne souffre aucun doute, tandis que le Code de procédure apporte quelques exceptions à la règle de la suspensivité.

Etudions donc ce dernier effet de plus près. Le fondement de la suspensivité est fort simple. Dès l'instant que l'appel remet en question tout ce qui a été jugé, il est tout naturel de décider qu'on ne pourra exécuter le premier jugement, car plus tard les décisions du tribunal de première instance pourront être rapportées par le jugement d'appel. La portée de la règle est également facile à préciser, et nous ne pouvons mieux la résumer qu'en disant : que tous actes d'exécution faits par l'intimé après l'appel interjeté seront radicalement nuls.

Il y a cependant, avons-nous dit, des exceptions au principe. En effet, l'article 457, après avoir formulé la règle, continue ainsi : « L'appel des jugements définitifs ou interlocutoires sera suspensif si le jugement ne prononce pas l'exécution provisoire, dans les cas où elle est autorisée. » Ces cas, auxquels il est fait allusion par l'article 457 sont énumérés par l'article 135, qui fait même une distinction que nous ne trouvons pas rappelée dans le premier de ces articles. Il faudra distinguer les cas où le juge est forcé de prononcer l'exécution provisoire et les cas où il peut le faire.

En dehors des cas prévus par l'article 135, la loi, dans l'article 457 *in fine* prévoit deux hypothèses dans lesquelles l'exécution provisoire aura lieu malgré l'appel. Nous voulons parler des cas : 1° où le tribunal a statué en premier ressort lorsqu'il devait le faire en dernier ressort. Dans ce cas, l'appel sera bien suspensif, mais l'intimé pourra demander l'exécution provisoire et la faire ordonner sur un simple acte avant que la Cour ait statué sur le fond de la cause, c'est-à-dire sur la question de savoir si l'appel est ou non recevable. 2° Il faut pour le second cas supposer l'hypothèse inverse, c'est-à-dire : les juges ont qualifié en dernier ressort un jugement qu'ils n'avaient le droit de rendre qu'en premier ressort. Alors l'exécution provisoire sera ordonnée par le tribunal, mais l'article 459 ajoute que l'appelant pourra obtenir des défenses à l'audience sur assignation à bref délai.

§ II. *Effets de l'appel après le jugement.* — L'appel, quand la procédure est engagée, ne se termine pas nécessairement par un jugement. C'est ainsi que les parties peuvent renoncer à l'appel, peuvent transiger, etc. ; dans un autre ordre d'idées, les juges, après un examen préalable, peuvent déclarer l'appel non recevable, ou l'appel nul, parce que les formalités ou conditions n'ont pas été remplies, etc, etc.

Pour la renonciation il s'est élevé quelques difficultés. On n'a jamais contesté le droit de renoncer une fois le premier jugement rendu. Mais peut-on renoncer avant ce jugement au droit d'interjeter appel ? La question a été discutée, mais nous pensons qu'en tenant compte des articles 7 et 1010 interprétés sagement, on doit conclure que l'appel n'est pas d'ordre public et qu'on peut y renoncer d'autant plus que c'était le droit de la période intermédiaire (L. 25 août 1790, IV, 6), et que rien dans le Code ne fait supposer que ces principes aient été changés. Mais si on se place en dehors de ces hypothèses exceptionnelles, la conclusion la plus naturelle de toute procédure d'appel est de finir par une sentence dont nous allons examiner les effets.

Les Cours d'appel doivent prononcer si l'appel a été

fait justement ou à tort, si le premier jugement a été bien ou mal rendu. Il faut donc distinguer deux cas possibles : 1° Le jugement de première instance a été confirmé. Alors l'appelant perd son appel qui est mis au néant d'après des formules qui se sont conservées, il paie les frais du procès et une amende, enfin l'exécution de la première sentence est laissée aux soins du tribunal dont appel. 2° Le jugement a été infirmé. Dans ce cas, la Cour annulle la première sentence et la remplace par une décision nouvelle et souveraine. Les frais restent à la charge du perdant. Ce deuxième arrêt peut donner lieu à des difficultés d'exécution; aussi la loi n'a pas voulu confier l'examen et la décision de ces questions au tribunal dont appel, qui pourrait avoir une certaine animosité contre la Cour ; elle décide dans l'article 471 que « si le jugement est infirmé, l'exécution entre les mêmes parties appartiendra à la Cour d'appel qui aura prononcé ou à un autre tribunal qu'elle aura indiqué par le même arrêt ».

Nous avons raisonné jusqu'ici sur les cas ordinaires et les plus fréquents, mais il peut arriver, quand on appelle d'un interlocutoire, que la Cour d'appel retienne la cause et statùe sur l'interlocutoire et sur le fonds du procès. C'est ce qu'on nomme une évocation. Pour qu'elle puisse avoir lieu, il faut que les conditions exigées par la loi soient remplies, c'est-à-dire : 1° que l'affaire soit en état ; 3° que le premier jugement soit infirmé ; 3° que la Cour statue sur le tout par un seul et même jugement (article 473).

Tels sont les effets de l'appel. Nous n'avons plus à parler que de l'amende de fol appel. On a déjà vu d'une manière suffisante que la partie qui succombait en appel dans l'ancien droit devait payer des amendes assez élevées, et que même les juges étaient tenus à cet égard comme les parties lorsqu'ils avaient mal jugé. Notre législation a ici encore suivi la tradition de l'ancien droit lorsque les mêmes motifs n'existaient plus, et, dans l'article 471, le Code a déclaré que « l'appelant qui succombera sera condamné à une amende de cinq francs s'il s'agit d'un jugement de juge de paix, et de dix francs sur l'appel d'un jugement de première instance et de commerce. »

On admet en général que pour être frappé de cette amende, l'appelant doit succomber entièrement dans son appel. Ainsi il ne serait point tenu de payer l'amende, s'il avait appelé sur plusieurs chefs et qu'il eût emporté gain de cause sur quelques-uns seulement.

Cette matière de l'amende de fol appel nous offre encore le moyen de constater combien notre législation a puisé dans l'ancien droit. Nous avons cité pour la période de 1550 à 1789 plusieurs édits ou ordonnances qui prescrivaient, à peine de nullité, de l'appel que les amendes auxquelles cette procédure pouvait donner lieu fussent consignées avant tout procès. La même règle a subsisté dans notre droit, et cela résulte de l'article 90 du tarif et de deux arrêtés du 27 nivôse an X et du 10 floréal an XI. Une seule différence est à noter, c'est que le défaut de consignation n'entraîne plus nullité de l'appel. On a édicté comme sanction une peine de 500 francs d'amende, réduite depuis à 50 francs, contre le greffier de la Cour qui aurait délivré l'expédition d'un arrêt d'appel sans avoir exigé auparavant la consignation de l'amende.

QUATRIÈME PARTIE

LÉGISLATION

CONCLUSION

De la réforme de l'appel.

Ce n'est point sans une certaine hésitation, que nous nous sommes décidés à terminer ce travail sur l'histoire du droit d'appel par un aperçu sur les réformes qu'il serait peut-être opportun d'apporter dans l'organisation de cette voie de recours. Ces questions de législation sont en effet fort délicates à traiter, soit parce qu'elles sont à l'ordre du jour de nos Assemblées législatives et qu'il peut paraître téméraire ou prématuré d'émettre son avis au milieu de tant d'opinions si autorisées, soit parce qu'elles exigent pour être bien appréciées non seulement de connaître l'histoire de l'institution, mais aussi de tenir compte des besoins actuels et de la situation sociale et économique. Néanmoins, et justement parce que l'étude suffisamment approfondie de l'histoire du droit d'appel nous a permis d'envisager la question sous un jour assez neuf, que nous n'avons pas vu développé dans d'autres ouvrages (1), nous nous sommes résolus à présenter les observations qui suivent.

S'il fallait croire la plupart des jurisconsultes (2) et des écrivains, l'appel serait une institution nécessaire dans tout pays civilisé. « Considérer une Cour d'appel comme simplement utile, disait Bentham, ce n'est point s'en faire une assez haute idée, elle est d'une nécessité absolue. La publicité est une sauvegarde puissante, la responsabilité est un frein salutaire ; mais ces deux garanties ne suffisent point sans l'appel qui en est le complément indispensable (3). » Cette opinion formule donc par principe *a priori* la nécessité de l'appel et ne s'occupe point de rechercher quelles sont les lois de ces appels, si cette institution est un organisme qui se développe dans tel ou tel sens d'après les conditions différentes de chaque époque. « Non, comme le dit Locré, je n'ai point à examiner si l'usage de l'appel des jugements doit en France son origine à l'intention de diminuer l'autorité des seigneurs pour augmenter la puissance royale, il suffit que, malgré l'utilité d'abréger les procès, il n'y ait aucun doute sur l'utilité plus grande encore de conserver, au moins dans les affaires d'une certaine importance, un recours pour la partie qui peut avoir été injustement condamnée (4). »

(1) M. Bérenger, dans un mémoire présenté à l'Académie des sciences morales et politiques en 1837, a indiqué certaines idées très originales et desquelles nous nous rapprochons, mais comme ce mémoire n'a pas été publié, nous n'avons pu nous en servir, ni connaître la véritable doctrine de M. Bérenger en matière d'appel.

(2) L'accord n'est cependant pas unanime. On verra plus loin un texte remarquable d'Ulpien, et de nos jours, Odilon Barrot, M. Bonnier (*Eléments de procédure*, 412) et d'autres ont mis en doute l'utilité de l'appel.

(3) Bentham, *De l'organisation judiciaire*, trad. Dumont, p. 199.

(4) Locré, *Travaux préparat.*, XXII, 108-144 ; C. Carré, *Lois de l'organ. judic.*, I, 325 : « Il serait plus curieux qu'utile de rechercher l'origine des appels. »

Telle est donc la base fondamentale des défenseurs de l'appel; ils considèrent comme hors de doute et incontestable la nécessité et l'utilité de l'appel, mais ne s'appuient en aucune façon sur des raisons tirées de l'histoire du développement de ce droit. On a compris, il est vrai, qu'une semblable argumentation *a priori* ne suffisait pas ; et comme, à notre avis du moins, on n'indiquait point le véritable motif, la cause certaine de l'existence des appels, on a cherché à appuyer cette opinion sur d'autres raisons et considérations d'un grand poids, que nous allons présenter avant de les discuter.

1. Dans la discussion à l'Assemblée constituante, le 2 mai 1790, sur le maintien de l'appel dans nos lois, Pison du Galand fit valoir que cette institution existe chez tous les peuples, et cette considération, reprise depuis, a été résumée par M. Glasson. « L'universalité de l'appel est déjà sa justification : les institutions que l'on rencontre presque partout doivent présenter de sérieux avantages (1). »

2. Barnave, dans la même discussion, représenta que les premiers juges, s'ils étaient souverains, seraient trop rapprochés des justiciables et pourraient avoir des haines ou des préférences, qui troubleraient l'exercice d'une bonne justice. Ces raisons ont été reprises et précisées dernièrement par M. Garsonnet (2).

3. On fit aussi valoir à l'Assemblée constituante que le juge de première instance mettrait plus de soin à rendre son jugement, s'il savait qu'il pourrait être cassé (3).

(1) *Moniteur*, t. II, séance du 2 mai 1790; Glasson, *Eléments de droit français*, 1875, II, 288.
(2) Garsonnet, *Cours de procédure*, 1881 ; *Organ. jud.*, 71, 136.
(3) Carré, *loc. cit.*, I, 327, 328.

4. On dit que l'homme est naturellement sujet à l'erreur et que l'appel permettra de la corriger (1).

5. Bentham déclarait que l'appel était nécessaire, « car sans cela on tremblerait devant les tribunaux de première instance. »

6. On soutient aussi, quoique difficilement, qu'il importe au principe de la stabilité de la chose jugée que le jugement s'approche le plus près possible de la vérité. Or, comme les Cours d'appels offrent plus de garanties de savoir et d'expérience que les tribunaux de première instance, il est utile et sage que les causes ne soient considérées comme définitivement jugées qu'après l'appel (2). « Nier les probabilités d'une meilleure sentence, écrit M. Picot, c'est récuser le travail de l'esprit s'exerçant contradictoirement, c'est mettre en doute l'efficacité du droit, qui ne livre, comme toutes les sciences, son secret qu'à l'effort; nier la supériorité d'un second jugement serait méconnaître la valeur de la réflexion en un sujet grave... Ainsi les juges seraient de même ordre qu'un nouvel examen aurait en lui-même plus de chances de vérité. Or, il n'est pas possible de se refuser à voir qu'une Cour d'appel présente plus de garanties de savoir qu'un tribunal d'arrondissement... (3). »

7. Enfin, le même auteur écrivait tout dernièrement sur la réforme judiciaire et sur l'appel : « Tout d'abord il est un fait grave : les plaideurs tiennent au droit d'appel. Ils ont de par la loi la possibilité d'y renoncer. Les praticiens peuvent dire si jamais ils usent de cette faculté. Tout au contraire, il arrive souvent qu'en exagérant à

(4) Locré, XXII, 145, discours du tribun Albisson; Lenormant, *Voies de recours*, 5; Garsonnet, *loc. cit.*

(1) Lenormant, *loc. cit.*, 7.

(2) Picot, *la Réforme judiciaire*, 1881, p. 239.

dessein leur demande, ils se réservent les moyens d'appeler. Cette remarque a une importance considérable, car il faudrait des raisons majeures pour supprimer un droit précieux aux yeux des justiciables (1). » L'opinion de M. Picot sur l'appel peut se résumer en quelques mots : Ce que nous avons est bon, notre organisation judiciaire a fait ses preuves depuis quatre-vingts ans, il faut la conserver telle quelle, « il peut y avoir plus d'un détail à remanier, plus d'une retouche à faire, mais le dessin général est bon ». Ces raisons sont en général fort sérieuses, mais nous pensons qu'on peut dire que ce ne sont pas des raisons fondamentales, car elles ne reposent aucune sur des principes incontestables ou sur des faits qui ne peuvent être différemment interprétés.

Nous répondrons tout d'abord aux arguments présentés et nous exposerons ensuite notre doctrine.

1. La raison présentée par Pison du Galland peut paraître concluante; mais nous avons pu juger dans le cours de ce travail qu'elle n'était pas fondée, car dans les trois législations que nous avons étudiées, nous avons constaté certaines époques où l'appel ne fonctionnait point. C'est qu'en effet, il ne faut point oublier que les institutions se modifient suivant les besoins et les époques et qu'il ne serait pas juste de demander à un siècle les mêmes lois et le même droit qu'à un autre. Ainsi donc la raison présentée par Pison du Galland serait incontestable et trancherait le débat, si on admettait : 1° que les institutions d'un peuple sont en principe applicables à un autre ; 2° que les institutions d'une même nation demeurent toujours fixes et invariables. Mais on reculera certainement devant ces prémisses et on admettra au con-

(1) Picot, *loc. cit.*, 237.

traire que, pour connaître les institutions qui conviennent à un peuple, il faut se préoccuper surtout des précédents antérieurs de cette nation, comparés avec son état présent, afin de connaître les besoins nouveaux. Dès lors il est facile de voir que la raison de l'universalité, même si en réalité l'appel existait et avait existé chez tous les peuples, ne pourrait plus être mise en avant ; car telle institution, qui convient à un peuple arrivé à un certain degré de développement, ne pourrait convenir à un autre qui n'aura pas atteint ou aura dépassé ce degré.

2° Les considérations présentées par Barnave et résumées récemment par M. Garsonnet sont certainement fort justes, mais non décisives. On pose en principe que les juges, trop rapprochés des justiciables, se laisseront entraîner par des motifs de haine ou de préférence. Mais qui ne voit que l'opinion contraire peut aisément se soutenir et qu'il est difficile de faire reposer une théorie aussi importante que l'appel sur cette supposition que les magistrats rendront mal la justice. D'ailleurs, le même reproche pourrait se faire aux institutions actuelles relativement aux tribunaux de première instance et aux cours d'appel pour les villes dans lesquelles elles siègent, et nous pensons pouvoir soutenir que, si, à la place du nombre considérable de juges de première instance, on nommait les magistrats plus expérimentés et plus choisis qui composent nos Cours d'appel, on aurait tout lieu d'attendre une plus grande impartialité dans la justice. C'est ce qui résulte du moins de ce fait constaté et reconnu par tous que plus le nombre des magistrats est restreint, mieux on peut les choisir et plus on a le droit de compter sur de bons jugements.

3° La troisième raison que nous avons donnée en faveur de l'appel peut être comprise dans la précédente, car il est évident que les magistrats n'agissent point dans leurs décisions par peur de voir leurs sentences cassées, mais d'après ce que leur dicte leur raison. Or, si on admet par hypothèse que la justice de première instance supprimée serait rendue par les juges qui, aujourd'hui, composent nos Cours d'appel, on aurait le droit d'attendre des jugements de première instance la même autorité et la même science qui caractérise nos arrêts de Cour d'appel. D'ailleurs, n'est-ce point une raison douteuse que celle qui fait agir le juge par crainte de voir modifier son avis, et cela ne suffit-il pas pour faire prendre en défiance un système qui confie le jugement des causes de première instance à de semblables magistrats.

4° On insiste beaucoup sur cette considération que l'homme est sujet à erreur et que l'appel permettra de corriger les vices des décisions de première instance. Mais ce fait réel, sagement interprété, n'est même pas en faveur des partisans de l'appel, et il y a longtemps qu'Ulpien y répondait profondément en ces termes : « *Appellandi usus quam sit frequens, quamque necessarius nemo est qui nesciat, quippe cum iniquitatem judicantium recorrigat, licet nonnumquam bene latas sententias in pejus reformet neque enim utique melius pronuntiat qui novissime sententiam laturus est* » (D. XLIX, t. I, l. 1).

Théoriquement, rien en effet ne garantit que la sentence d'appel sera meilleure et en pratique les statistiques nous prouveront bientôt que, dans le plus grand nombre des cas, la sentence de première instance est bonne, même rendue par des juges auxquels on ne reconnaît ni les lumières ni l'expérience de ceux d'appel. Que serait-ce donc si les juges d'appel tranchaient les débats en première instance ?

D'ailleurs, pour être logique, il faudrait pousser le

système jusqu'au bout et admettre que, plus les instances sont nombreuses, plus les chances de vérité sont grandes, et c'est ce qu'ont fait plusieurs jurisconsultes. Mais on se met alors en contradiction avec la tendance moderne qui cherche à limiter le nombre des appels, et on est obligé de chercher l'idéal d'une bonne justice dans un système compliqué d'instances dont nous avons fait l'expérience au XVe et au XVIe siècle et dont nous avons vu tous les inconvénients et tous les abus, sans pouvoir constater que les jugements fussent meilleurs.

Il peut paraître hardi de soutenir que cette raison, qui a semblé fondamentale, est en réalité fort critiquable, ainsi que nous venons de le montrer, et d'admettre que l'importance qu'on a donnée à ce motif tient à ce qu'on ne s'est peut-être pas bien rendu compte du rôle de l'appel et de la cause première qui avait fait créer des instances successives. Nous insisterons bientôt sur ce point capital de notre opinion.

5. Bentham se prononçait en faveur du maintien des appels, parce que sans cela on tremblerait devant les tribunaux de première instance. Cet argument est facilement réfutable. Car, d'un côté, dans notre législation actuelle, il y a nombre de cas où ces tribunaux jugent souverainement sans inspirer aucune terreur, bien plus, on cherche même à augmenter les cas où ils pourraient juger sans appel ; d'un autre côté, il y a eu des législations dans lesquelles les appels ne fonctionnaient point, où tout était décidé en première instance, et nous ne savons pas que le juge ait inspiré pour cela aucune crainte. Au contraire, c'est plutôt dans un système d'instances compliquées et indéfinies, que le justiciable a lieu de redouter d'être amené peu à peu devant des juges qu'il ne connaît point et dont la supériorité relative, résultant du fait même de

la hiérarchie, est certainement faite pour lui inspirer tout d'abord le respect et bientôt la crainte de cette autorité.

6. On s'appuie fortement sur ce motif que la chose jugée aura d'autant plus de valeur qu'elle approchera plus près de la vérité : or, les Cours d'appel offrent plus de garanties, donc l'appel est nécessaire et favorable pour l'autorité de la chose jugée. Ce raisonnement peut paraître concluant ou non, suivant le point de vue auquel on se place. Nous croyons pouvoir soutenir qu'il n'est pas décisif. En effet, quel serait l'idéal d'une bonne organisation judiciaire ? Ce serait certainement celle dans laquelle les tribunaux donneraient toujours en première instance, et le plus rapidement possible, une solution équitable. Si tel est l'idéal et le but vers lequel on doit tendre, il est incontestable que, plus on multipliera les instances, plus on retardera le jugement, etc., et plus on s'écartera des règles de la véritable justice, plus on affaiblira l'autorité de la chose jugée.

L'autorité d'un jugement ne consiste pas, en effet, dans le fait d'une confirmation de ce jugement par un autre tribunal, mais réside uniquement dans le bien jugé et la conformité avec le droit en vigueur.

Dès lors, de deux choses l'une : ou bien le jugement du tribunal de première instance est confirmé, et la confirmation n'ajoute rien au jugement primitif, l'appel a été inutile et la seconde instance n'a servi qu'à allonger les procédures, faire dépenser des frais aux parties et développer l'esprit de chicane ; ou bien le jugement est infirmé et la sentence d'appel est plus juste, mais alors qui ne voit l'intérêt capital qu'il y aurait à faire rendre la sentence immédiatement en première instance par les juges les plus éclairés, afin d'éviter les instances et les frais, et afin d'empêcher toute fausse interprétation du droit.

7. Enfin on fait valoir que le plaideur tient à l'appel et qu'il faut lui laisser ce droit. Cette raison est sérieuse, car il est certain qu'on doit donner aux justiciables toutes les garanties qu'ils jugent nécessaires à la bonne solution de leur cause. Nous avons cependant plusieurs observations à présenter.

Ainsi M. Picot demande qu'on consulte les praticiens pour savoir si, oui ou non, les plaideurs renoncent à l'appel, et il ne laisse aucun doute sur la réponse négative. Cependant, nous nous sommes adressés à une source plus autorisée que les praticiens, qui sont intéressés à ce débat et à la longueur des procès, et nous avons trouvé dans les statistiques judiciaires, qu'en 1854, sur 7,436 appels, 1,469 s'étaient terminés par des renonciations ou transactions, c'est-à-dire un cinquième; en 1874, sur 6,940 appels, il y a eu 1445 renonciations ou transactions, ce qui donne une proportion plus forte, et en 1876, sur 10,058 appels, 1,922 se sont terminés par des renonciations ou transactions. Devant ces chiffres qui accusent qu'un cinquième des appels se termine par des renonciations, et que cette proportion tend à augmenter, les considérations présentées tombent; et il se dégage un fait assez important à noter, c'est que le plaideur tend à éviter l'appel, puisque le nombre des transactions après le jugement de première instance augmente.

M. Picot reconnaît lui-même ce que nous avançons, lorsqu'il écrit plus loin « que nous n'avons pas à nous plaindre en notre temps du développement de l'esprit de chicane, car la décroissance continue des procès civils nous montre les plaideurs beaucoup moins soucieux qu'autrefois de contestations, page 277. » Si cela est vrai, comment admettre que les plaideurs tiennent tant à l'appel et surtout comment songer à favoriser un système d'instance qui éternise les contestations. D'ailleurs, nous nous sommes demandé s'il ne rentrait pas dans le rôle du législateur de diminuer autant que possible cet esprit de chicane et cela sans consulter le justiciable. En effet, la personne qui a un procès et qui le perd cherche dans un appel la réparation du tort qui lui est fait; remarquons que le plaideur ne fait alors attention qu'à ses intérêts personnels. Mais n'est-il pas dans le rôle de l'état de rechercher si les avantages que peut présenter cet appel pour une seule personne ne sont pas en rapport avec les inconvénients qui résultent d'un système d'appel pour tous les autres citoyens. Nous ne saurions trop faire ressortir que tel est au fond le seul moyen de bien poser la question, et, quant au droit de l'état, il est absolument incontestable. Nous allons revenir bientôt sur la question ainsi posée. Quant à l'opinion émise que notre cadre d'organisation judiciaire est bon, parce qu'il a fait ses preuves depuis près d'un siècle, nous ne pouvons encore ici suivre cet avis et nous ne pensons pas qu'on admette jusqu'au bout les conséquences de cette opinion. En effet, s'il est vrai que le temps et la durée sont une preuve de l'excellence des institutions, nous ne voyons pas pourquoi on n'aurait point conservé les institutions de l'ancien régime avec toute l'organisation judiciaire compliquée dont nous avons donné quelques aperçus. Ce qui est plus grave, c'est que cette opinion tend naturellement à considérer les institutions comme fixes et à plier les générations postérieures à un cadre adopté antérieurement qui n'est point fait pour elles et qu'on considère néanmoins comme d'autant meilleur qu'il sera plus immuable.

Ce système, auquel se rattachent toutes les opinions des défenseurs de l'appel, se résume en définitive par ces mots : gardons ce que nous avons, conservons ce qui existe, ne changeons rien du cadre essentiel mais ne touchons qu'au détail. Cette opinion a d'ailleurs ceci de fort remarquable, c'est qu'on y retrouve une application très accentuée de cet attachement pour la forme et les formes juridiques qui caractérise en général les idées comme les doctrines des jurisconsultes. Nous ne pouvons adopter entièrement ces idées et voici pourquoi. Partis de l'hypothèse, vérifiée par les faits, que les institutions se développent et se modifient suivant les besoins perpétuellement variables d'une société, nous serions en contradiction avec nous-mêmes, si nous admettions qu'il faut s'attacher à un cadre d'organisation par cela seul qu'il a duré un certain nombre d'années. Au contraire, sans penser d'ailleurs à des changements profonds qui sont toujours fâcheux, nous poserons en principe que plus une institution restera fixe, plus elle durera sans se modifier, moins elle sera en rapport avec les époques postérieures, moins elle répondra aux besoins de temps pour lesquels elle n'a pas été faite et auxquels on ne l'a point appropriée (1).

Ainsi donc et pour nous résumer, nous ne pouvons pas admettre les motifs et les raisons qu'on a présentés en faveur du maintien de l'organisation des appels. Nous

(1) Cette observation est fort importante, et nous ne pouvons donner de meilleur exemple pour la vérifier que ce qui est arrivé justement pour nos institutions au XVIIIe siècle. Elles étaient restées immuables et fixes depuis un siècle, par suite, elles étaient de moins en moins en rapport avec les conditions nouvelles de la société française à la fin du XVIIIe siècle et c'est ce qui a nécessité une révolution aussi violente. Cette considération qui donne, à notre avis, une des causes fondamentales de la Révolution française, nous permet aussi de compléter les déductions théoriques données au texte par cette conséquence pratique : c'est que plus une institution restera fixe et sans subir aucun changement, plus il sera nécessaire que le rétablissement de l'équilibre soit brusque et violent, et, par suite, plus il froissera d'intérêts et jettera de trouble momentané dans la marche d'une société.

allons essayer de montrer pourquoi ils ont été créés, quand et en quel sens ils ont été utiles; mais nous ne nous prononçons pas, car des deux points de vue sous lesquels nous allons montrer qu'on peut présenter la question découleront des conclusions opposées; dans un sens, une raison que nous pensons difficilement réfutable pour le maintien des appels et qui, jusqu'ici, n'a point été présentée; dans un autre, un motif incontestable pour leur suppression.

Avant d'exposer notre opinion et pour terminer cette partie toute de discussion, nous voulons faire ressortir deux conséquences qui nous ont toujours paru singulières dans le système des défenseurs de l'appel. 1° On dit tout d'abord que notre organisation judiciaire est bonne et qu'il faut la conserver, et on affirme en même temps que, parmi nos tribunaux, les uns sont composés de juges relativement faibles, sans expérience et offrant peu de garanties, les autres de magistrats plus éclairés. Mais, si les premiers juges sont inférieurs aux autres, pourquoi les conserver et maintenir une instance dont on reconnaît implicitement l'inutilité? 2° On cherche à établir que les appels sont nécessaires, que cette institution est de la plus grande utilité pour réformer les erreurs, et, au lieu d'en proposer l'extension, on demande au contraire que les cas d'appel soient restreints, que le taux du dernier ressort soit élevé. Nous n'osons appeler cela une contradiction, mais nous constatons que même nos contradicteurs reconnaissent implicitement la tendance de restriction des appels puisqu'ils en demandent eux-mêmes la limitation. Qu'on ne réponde point à notre observation que l'appel n'est pas d'une efficacité réelle dans des litiges de peu de valeur, parce que les frais deviennent trop considérables, car nous répondrons alors qu'il serait logique de demander la réforme de nos tarifs de procédure et l'amoindrissement des frais judiciaires, afin que l'appel pût s'appliquer au plus grand nombre de cas possible. Mais on est contraint de suivre et d'accepter cette tendance de restriction des appels, parce que les mouvements des institutions s'imposent. Et, de même qu'en matière criminelle nous avons vu l'appel successivement se restreindre et être remplacé par le jury, de même qu'en matière civile nous avons vu les instances d'appel se réduire de cinq ou six à deux, de même on peut considérer que cette tendance ira plus loin, et que l'assimilation avec notre organisation criminelle s'effectuera, puisque les jurisconsultes les plus attachés aux formes juridiques sont d'accord avec nous en demandant la limitation des appels et, par suite, reconnaissent ce que nous voulions prouver, que l'appel n'est point, comme on le pensait autrefois (1) et comme le disait encore Bentham, une institution d'absolue nécessité.

La question de la légitimité et de l'utilité de l'appel se pose donc ici ; mais il faut remarquer que nous ne cherchons pas à savoir si tel ou tel système est le meilleur à un point de vue tout théorique, nous recherchons si le maintien de l'appel n'entraîne pas plus d'inconvénients que sa suppression, et c'est seulement après avoir examiné les résultats historiques et la situation actuelle des appels d'après nos statistiques que nous formerons notre jugement.

(1) Au XIIIe et au XIVe siècle, nous avons vu qu'on pouvait appeler de tout jugement quelle qu'en fût la valeur, et cela était fort logique, car alors l'appel jouait son véritable rôle administratif et il le jouait aussi bien pour les litiges de peu ou de grande valeur. Aussi, lorsqu'il s'éleva une discussion en droit coutumier et canonique sur le point de savoir si on devait supprimer l'appel dans les petites affaires, nous pensons que ce fut avec raison qu'on décida que l'appel serait reçu dans toutes les causes.

Dans l'introduction générale de notre étude sur les appels dans les trois législations romaine, franque et française, nous avons essayé de montrer que l'appel suivit une marche à peu près analogue, ce qui permettait de dégager les causes qui les firent se développer et les besoins auxquels ils répondirent, et nous avons vu qu'ils ne fonctionnaient point dans les sociétés peu avancées parce qu'elles n'ont besoin que d'un organisme peu perfectionné pour les faire marcher. Nous avons constaté que cette institution se montrait dans l'histoire d'un peuple au moment où, par suite de l'extension des territoires, la création d'une administration devenait nécessaire. L'appel a, en effet, un rôle propre, rôle essentiel, rôle qu'on n'a point fait assez ressortir, c'est de relier entre eux les différents membres d'une hiérarchie, aussi doit-on le considérer comme une institution administrative, mais non comme une instititution judiciaire originaire. Nous avons suffisamment insisté sur ces points pour ne pas avoir à y revenir, et d'ailleurs ce n'est point ce moment qui nous intéresse le plus dans l'histoire des appels.

Plus tard, les appels se développèrent à mesure que la hiérarchie se compléta, et ils servirent à centraliser dans les mains d'un pouvoir unique toute l'administration et la justice; c'est ainsi qu'on a pu dire que les appels furent imaginés par les rois de France pour renverser la puissance des seigneurs, mais ce n'était là qu'une conséquence de l'état social dans lequel la France se trouvait alors.

Enfin, soit dans l'empire romain, soit en France, il est arrivé un instant où ce développement s'est arrêté, où les différents degrés de la hiérarchie administrative et judiciaire se sont fixés et où une tendance opposée a commencé à se produire. C'est le moment où, à Rome, certains tribunaux prononcent sans appel et où on finit par édicter cette règle qu'il n'y aurait pas plus de deux degrés d'appel. En France, c'est l'époque où nous pouvons voir les nombreuses instances du xive et du xve siècle successivement restreintes par l'organisation des parlements provinciaux, par la création des présidiaux et enfin par les réformes réalisées par les lois de la Révolution et de l'Empire ; de telle sorte que les nombreux degrés de juridiction furent réduits à deux et que l'appel fut même supprimé, dans certains cas, lorsque la valeur du litige ne dépassait pas 1,500 francs.

Ceux qui ne voudraient point reconnaître cette tendance dans le droit romain et le droit français refuseraient ainsi d'admettre non pas une théorie *à priori*, mais des faits qui parlent d'eux-mêmes et qui montrent que, depuis le xive siècle, le nombre des degrés de juridiction n'a fait que diminuer.

Comment peut-on donc expliquer cette tendance et quelles sont les conséquences qui en résultent, c'est ce qu'il nous reste à démontrer.

Lorsqu'un architecte veut construire une maison, il commence par rassembler des ouvriers et des matériaux et il dresse successivement des échafaudages en proportion avec les dimensions de la maison. Il y a des poutres maîtresses qui en supportent de moins fortes, lesquelles servent aussi à en porter d'autres, etc. Ces échafaudages forment ainsi une sorte de hiérarchie systématique qui sert à élever la construction. Il arrive un instant où les échafaudages sont inutiles ; alors on n'en dresse plus, mais on les laisse subsister quelque temps pour mettre la dernière main au travail ; enfin ces échafaudages eux-mêmes disparaissent et on enlève successivement les moins importants jusqu'à ce qu'on retire les poutres maîtresses et qu'on laisse subsister l'édifice.

Cet exemple peut servir de terme de comparaison pour notre raisonnement sur les appels. Nous avons vu les appels se former et se multiplier et les instances se créer en aussi grand nombre qu'il a été nécessaire pour embrasser tout le territoire de la France et le faire participer à l'œuvre de centralisation et d'unification entreprise ; mais du jour où ce travail a commencé à produire ses effets, les instances et les appels ont peu à peu diminué, de même que les échafaudages, parce qu'ils ne répondaient plus à aucun besoin. De sorte que les appels doivent être considérés comme des institutions utiles et nécessaires dans tout pays qui se centralise; mais, au contraire, ils deviennent des obstacles dans ceux qui suivent un mouvement contraire ou chez lesquels la centralisation est une œuvre déjà accomplie.

Pour conclure, la tendance de limitation des appels est incontestable. Elle est prouvée par les faits de notre histoire judiciaire qui montrent qu'elle ne date pas de notre siècle, mais que ce mouvement existe depuis le xve siècle ; enfin, elle est reconnue même par les défenseurs de l'appel qui demandent l'élévation du taux du dernier ressort.

Cette tendance de limitation constatée, la question de réforme se pose logiquement. Mais qu'on le remarque, comme nous n'avons plus que deux degrés de juridictions, il ne s'agit plus de supprimer une instance, mais de supprimer l'appel lui-même et d'attribuer aux jugements de première instance une autorité souveraine. Notre situation n'est pas la même qu'au moment de la rédaction de nos codes. Nos législateurs furent alors d'accord avec la tendance et les besoins en restreignant à deux les nombreuses instances de l'ancien régime, mais les besoins actuels n'étant plus les mêmes que ceux qui existaient en 1800, la question se pose donc encore de savoir s'il faut ou non supprimer les appels.

On a proposé, il est vrai, d'élever le taux du dernier ressort et par cela même de restreindre l'appel. Ce projet serait certainement logique, présenté par ceux qui, guidés par la tendance constatée du droit d'appel depuis plusieurs siècles, demandent qu'on marche toujours vers une limitation plus grande des appels. Mais nous avons déjà montré que ces propositions sont faites par les défenseurs de l'appel, qui posent en principe d'un côté l'absolue nécessité de l'appel et de l'autre demandent leur limitation.

Arrivés à ce point de la discussion, nous pouvons dire qu'il ne reste plus que deux solutions à adopter : 1° ou bien, on reconnaîtra en effet la tendance constatée par toute l'histoire du droit d'appel, mais on dira que nous ne sommes pas encore arrivés à un état de développement suffisant pour pouvoir nous passer de ce lien et de ce rouage entre les tribunaux ; 2° ou bien, on dira au contraire que le moment est propice, que l'instant est favorable et que cette simplification, conforme avec la tendance historique du droit d'appel, est réclamée par les besoins de la situation présente.

Les arguments qu'on peut tirer de ces deux points de vue sont décisifs dans un sens ou dans l'autre, parce que ce sont des arguments fondamentaux. On peut avoir des préférences pour l'une ou l'autre opinion, mais on ne peut encore sagement se prononcer dans un sens quelconque avant d'avoir examiné la situation actuelle, telle que les statistiques nous la font connaître et avant d'avoir recherché si la somme des avantages résultant pour certains plaideurs de l'organisation d'instances d'appel est ou n'est pas en rapport avec la somme des inconvénients découlant pour la masse des citoyens du maintien de ces appels.

Les statistiques et les chiffres que nous allons présenter sont tirés des statistiques officielles publiées par le ministère de la justice et de l'Annuaire d'économie politique. Ils se rapportent à l'année 1876 qui est encore assez rapprochée de nous pour que les raisonnements que nous en déduirons puissent s'appliquer au temps présent. Voici la statistique des jugements en 1876. En matière civile, et sans parler des préliminaires de conciliation qui s'élèvent à un chiffre considérable, il y a eu 330,514 décisions rendues par des juges de paix, dont 67,567 étaient susceptibles d'appel. Le nombre des appels a été de 5,500. Les tribunaux de première instance ont prononcé 196,134 jugements. En matière commerciale, nous trouvons 205,704 jugements. Ces chiffres donnent un total de 732,352 jugements de première instance.

Sur ce nombre assez élevé de jugements, nous avons déjà mentionné 5,500 appels des décisions des juges de paix, auxquels il faut joindre 6,700 en matière civile et 3,300 en matière commerciale, soit un total de 15,500 appels. Mais, sur ce nombre, 5,500 ont été jugés par les tribunaux de première instance et 10,000 seulement par nos Cours d'appel. De sorte que, sur 732,352 jugements rendus en première instance, on n'a jugé comparativement la même année que 15,500 appels, dont 10,000 seulement ont été décidés par les Cours d'appel.

Il faut encore présenter quelques chiffres sur les appels eux-mêmes. Nous constaterons tout d'abord que le nombre des appels tend à diminuer, car, en matière civile, il y en a eu : 10,678 en 1873, 10,555 en 1874,

10,169 en 1875 et 9,868 en 1876. Mais prenons le nombre des appels jugés en 1876 et cherchons à nous rendre compte des résultats donnés par ces jugements. Il résulte des statistiques qu'en matière civile la proportion des confirmations sur appel varie entre 69 et 70 p. 100, tandis qu'en matière commerciale, elle est de 70 et 71 p. 100. De sorte que, sur les 15,500 appels mentionnés, nous arrivons à ces résultats : 1° tout d'abord, il y a eu 11,500 appels jugés contradictoirement, 900 jugés par défaut, 3,100 renonciations ou transactions sur appel, donc en réalité il ne reste que 12,400 appels jugés ; 2° sur ces 12,400 appels, 8,680 ont donné des confirmations, soit 70 p. 100 et 3,720 des infirmations, soit 30 p. 100.

Ces chiffres ne sont pas encore absolument définitifs, car nous avons vu que sur le nombre total des 15,500 appels il y en avait 5,500, soit un tiers, qui provenaient des justices de paix et étaient jugés par les tribunaux de première instance, donc en définitive les Cours d'appel ont eu à trancher sur 10,000 appels qui se divisent en 2,000 transactions ou renonciations sur appels, 6,000 confirmations et 2,000 infirmations.

Ces chiffres sont très significatifs et nous font connaître l'état de la pratique actuelle des appels et les résultats que donne cette institution. Nous reprenons donc ici notre discussion un instant abandonnée par l'exposé de ces statistiques.

Ainsi donc, sur un ensemble de 700,000 décisions judiciaires, on peut dire, sans calculer avec une grande précision, qu'il y en a peut-être 500,000 non susceptibles d'appels de par la loi et 200,000 dans le cas contraire. Qu'on ne dise plus désormais que la nécessité de l'appel est absolue et que cela a été reconnu par nos lois, puisque, les chiffres en mains, nous prouvons que, sur

700,000 jugements, la loi ferme elle-même la porte de l'appel à près de 500,000. Qu'on ne dise plus également que le plaideur tient à l'appel, que l'appel est une garantie très efficace pour les parties, puisque sur un nombre de décisions judiciaires susceptibles d'appel évaluées à 200,000, il n'y a que 15,500 appels interjetés, dont il faut déduire 3,100 transactions survenues avant le jugement d'appel : soit, 12,400 appels.

Nous croyons avoir ainsi montré qu'en pratique et en présence des chiffres, les raisons tirées de la nécessité de l'appel et de l'importance que cette institution avait aux yeux des plaideurs ne se justifiaient point. On pourrait dire cependant que 12,400 appels constituent un chiffre suffisant pour légitimer l'organisation d'une voie de recours, tel que l'appel et le maintien de nos Cours d'appel ; d'autant plus qu'il est probable que ces affaires seront justement celles dans lesquelles les plus gros intérêts seront en jeu.

Écartons tout d'abord cette dernière considération en disant qu'il n'est pas possible de justifier la théorie de l'appel en s'appuyant sur ce que l'appel est interjeté pour des affaires d'une valeur plus considérable. Il est certain, en effet, que la valeur est ici une chose fort relative, et qu'un litige de peu de valeur peut avoir pour une personne une importance beaucoup plus considérable qu'un litige d'une plus grande valeur pour une autre. Les parties et les citoyens doivent donc avoir les mêmes moyens d'action et de protection ; et, cependant, la loi ne les leur reconnaît pas, ce qui certainement n'est point équitable.

C'est ici le point capital de notre raisonnement. Ainsi, nos Cours d'appel ont confirmé 6,000 fois le premier jugement et ont donné un avis contraire dans 2,000 cas. On peut donc dire que dans 6,000 cas la procédure d'appel a été absolument inutile ; elle n'a fait que retarder la solution sans la changer. Il est vrai que dans 2,000 cas il y a eu infirmation du premier jugement ; mais alors, sans nous arrêter à l'objection formulée par Ulpien, ce qui serait revenir à un point déjà étudié, nous répondrons à ceux qui trouvent ce chiffre très important qu'il est difficile de nier que, si les juges qui composent nos Cours d'appel jugeaient les débats en première instance, ils apporteraient les mêmes lumières qu'ils mettent aujourd'hui dans leurs arrêts d'appel. On aurait donc les mêmes garanties qu'on a aujourd'hui, on en aurait même de plus fortes, car c'est un fait constaté que moins les magistrats sont nombreux, mieux on peut les choisir et plus ils apportent dans leur fonction d'indépendance et d'impartialité, et on ne serait pas obligé de recommencer les procédures pour arriver à un résultat inutile dans 70 cas sur 100.

Finalement, les statistiques prouvent que sur un ensemble de 700,000 jugements, il y a en moyenne 15,500 appels, dont 10,000 sont jugés par les Cours d'appel et dont 2,000 seulement donnent une solution différente de celle de première instance. Voilà donc les avantages présentés par l'organisation actuelle des appels : dans 2,000 cas, les Cours ont corrigé les décisions des tribunaux.

Examinons maintenant les inconvénients.

Nous ne voulons pas nous arrêter sur l'incertitude qui peut encore exister relativement à ces 2,000 infirmations et sur la nécessité qu'il y aurait à constituer des instances très nombreuses pour donner plus de garanties, ce sont là des points déjà vus. De même, nous passerons rapidement sur les raisons d'économie qu'il y aurait pour l'État à supprimer notre organisation de l'appel, car les Cours ne coûtent annuellement que 6,500,000 francs, d'après le budget de 1880. Mais peut-être pourrait-on insister sur les frais judiciaires, frais d'avocats, d'avoués, etc., payés par les parties, qui se montent à une somme beaucoup plus considérable et qui constituent une dépense inutile dans 70 cas sur 100, et au point de vue économique une consommation de capital entièrement improductive.

Nous ferons remarquer, en y insistant, combien est contestable l'utilité d'une seconde instance à laquelle on n'a recours que 15,500 fois sur 700,000 jugements, et qui, pour les Cours d'appel au moins, ne donne un avis contraire à celui des premiers juges que dans 2,000 cas.

Enfin, nous terminerons en notant que les appels ne jouent plus le rôle pour lequel ils avaient été organisés, ce qui constitue la meilleure raison à donner de leur inutilité et doit faire tendre à les supprimer.

Telles étaient les quelques observations que nous voulions présenter. On a vu que la tendance constatée du droit d'appel indiquait une marche lente mais certaine vers une limitation toujours plus grande des appels, à mesure que la centralisation devenait un fait plus accompli. En outre, on vient de voir que la pratique actuelle ne justifiait pas entièrement l'utilité du maintien d'une semblable institution. Pour nous, après avoir pris connaissance de ces deux éléments essentiels de la discussion, nous n'hésitons pas à penser : QUE LA SOMME DES AVANTAGES FOURNIS PAR LES APPELS N'EST PAS EN RAPPORT AVEC LA SOMME DES INCONVÉNIENTS QU'ILS PRÉSENTENT, ET C'EST POUR CELA QUE NOUS NOUS PRONONÇONS POUR LA LIMITATION TOUJOURS PLUS GRANDE DES INSTANCES D'APPEL ET MÊME POUR LA SUPPRESSION D'UNE INSTITUTION QUI N'A PLUS A JOUER LE RÔLE POUR LEQUEL ELLE A ÉTÉ INSTITUÉE.

Ces conclusions peuvent paraître hardies, et nous ne les aurions pas ainsi formulées, si nous n'avions fait tous nos efforts pour arriver toujours jusqu'aux conséquences finales d'une idée émise. En effet, nous n'ignorons pas qu'il peut être imprudent de porter trop vite la main sur des institutions auxquelles on est accoutumé et de procéder par des réformes trop absolues. Lorsqu'un forgeron aperçoit une bosse sur une plaque de tôle, sa première idée est de frapper sur la bosselure un violent coup de marteau, mais le résultat inattendu est de faire développer aux extrémités de la plaque une multitude de bosses qui ont rendu la plaque moins maniable qu'auparavant. En matière de réforme, on doit se garer d'agir comme le forgeron imprévoyant. Aussi, tout en maintenant nos conclusions théoriques, nous nous sommes demandés si, en pratique, on ne pourrait point essayer d'abord dans le ressort d'une seule Cour d'appel une réforme qui modifierait et simplifierait beaucoup nos institutions judiciaires, pour l'appliquer ensuite aux autres, si les effets et les résultats étaient bons. Avant la Révolution, on procéda de même par quelques essais dans deux ou trois provinces pour introduire des institutions nouvelles et les résultats furent excellents. Nous ne voyons pas quels inconvénients il y aurait en matière d'institution judiciaire à procéder de même et à tenter un essai semblable, car les avantages pourraient être grands et les inconvénients, s'ils se révélaient, seraient facilement réformables par le retour au système antérieur.

Il aurait fallu, pour compléter cet exposé, montrer comment nous étions obligés dans notre opinion de donner à la Cour de cassation une compétence plus étendue et plus large, mais cela nous entraînerait trop loin. D'ailleurs, nous n'avons présenté ces aperçus sur la réforme de l'appel que parce qu'ils nous semblaient découler des conclusions historiques de ce travail, mais, en réalité, ce ne sont que des matériaux que nous avons voulu apporter dans la mesure de nos forces pour ceux qui voudront bien les utiliser, car notre but sera atteint si les constatations historiques et les considérations présentées peuvent servir à dégager la question de l'appel de toute fausse interprétation historique et à préparer les éléments et les facteurs nécessaires à connaître pour que cette institution reçoive une organisation plus perfectionnée et tout à fait en rapport avec nos mœurs et nos besoins.

POSITIONS

DROIT ROMAIN

I. La *provocatio* à l'époque royale n'était pas un privilège réservé aux seuls patriciens.

II. La *provocatio* était une institution d'ordre politique.

III. Sous la République, la *provocatio* n'était permise qu'aux *cives* sans distinction de classe.

IV. Les décisions du dictateur étaient improvocables, elles ne le furent plus à partir de la loi Duilia et le redevinrent ensuite.

V. A l'origine, la sentence des *quæstores* n'était pas improvocable.

VI. La violation du droit de *veto* était punie plus sévèrement que celle de l'*intercessio*.

VII. Il suffisait de l'*intercessio* d'un seul tribun pour paralyser l'opinion des autres.

VIII. L'*intercessio* fut l'origine principale de l'*appellatio* impériale.

IX. Dans la procédure d'appel, l'intimé n'était pas tenu de comparaître, il n'y avait pas de défaut contre lui et néanmoins le juge devait tenir compte de ses intérêts et de ses droits.

X. L'appel dans le droit romain s'est développé parallèlement à la formation de la hiérarchie administrative.

HISTOIRE DU DROIT FRANÇAIS

I. L'appel pour mal jugé existait sous les Mérovingiens, mais il ne pouvait être adressé qu'au roi.

II. Les Capitulaires comparés aux *leges* représentent la législation nouvelle qui a organisé peu à peu l'institution de l'appel.

III. Dans la loi salique, telle que nous la possédons d'après le mss. 4404 publié par Pardessus, l'appel pour mal jugé fonctionnait.

IV. Les *missi dominici* ne constituaient pas seulement un tribunal égal à celui des comtes, ils formaient aussi à leur égard un tribunal d'appel.

V. Dans les textes carlovingiens qui se rapportent à l'appel d'une manière générale, il faut distinguer le déni de justice, la *reclamatio ad regis definitivam sententiam* et l'appel pour mal jugé.

VI. L'appel n'a pas continué à se développer sous les Carlovingiens, parce que l'administration centrale s'est dissoute.

VII. Le mot *apel* dans le droit féodal ne désignait pas un recours à un juge supérieur, mais l'emploi de la procédure par le combat.

VIII. Le déni de justice ou défaute de droit n'était pas une forme de l'appel au XIIIe siècle.

IX. La procédure du faussement de jugement était réellement un appel. S'il ne pouvait en produire tous les effets, cela tenait au mode de preuve usité.

X. La procédure du faussement ne fut point toujours la même, on peut distinguer trois cas de faussement qui correspondent à trois époques différentes.

XI. La distinction du faussement du juge et du faussement de la Cour existait dans le droit de Jérusalem, mais elle ne fut organisée d'une manière vraiment efficace qu'en France.

XII. L'appel n'a pas été, comme on l'a dit, créé par la royauté au XIIIe siècle, il existait auparavant et le développement de la royauté et de l'administration royale n'a fait que faciliter son extension.

XIII. La Cour du roi en matière d'appel n'eut pas à l'origine une compétence différente des Cours des grands feudataires.

XIV. C'est sous saint Louis que la Cour du roi et le

Parlement sont devenus sédentaires à Paris et qu'ils commençèrent à se diviser en sections distinctes.

XV. La réforme du faussement en amendement de jugement eut lieu en fait dès la fin du XIIe siècle, elle ne fut consacrée en droit qu'à la fin du XIIIe siècle.

XVI. Dans le Nord, les baillis jugeaient en personne les causes d'appel; dans le Midi, ils devaient confier le jugement de ces causes à des officiers spéciaux, les *judices appellationum*.

XVII. A la fin du XIIIe et au XIVe siècle, on devait mettre dans l'acte d'appel ou prononcer de vive voix certaines formules consacrées et à peine de nullité.

XVIII. Pour pouvoir ajourner au XIVe siècle on devait, dans le Midi, demander des *apôtres*, dans le Nord des lettres de chancellerie.

XIX. L'appel au XIVe siècle exemptait de la juridiction du seigneur. Mais cette conséquence de l'appel produisit, suivant les époques, des effets plus ou moins étendus.

XX. L'usage de déléguer les causes d'appel à des commissaires spéciaux existait au XIVe siècle et entraînait de grands abus.

XXI. Les arrêts du Parlement, quoique déclarés définitifs par les Ordonnances, pouvaient cependant être cassés par le roi.

XXII. L'appel volage fut en usage du XIIIe au XVIe siècle.

XXIII. A la fin du xive siècle, la règle qui prescrivait d'appeler *illico* commença à fléchir dans les pays du Nord.

XXIV. L'organisation du Grand-Conseil en corps spécial eut pour conséquence de faire organiser un autre Conseil plus rapproché du roi et de créer ainsi un degré de plus de juridiction.

XXV. La création des Parlements provinciaux fut une mesure des plus importantes, car elle contribuait à donner à la France une organisation judiciaire uniforme. On ne peut en dire autant des Grands-Jours.

XXVI. C'est au xvie siècle et par les grandes Ordonnances de ce siècle que s'est opérée la fusion des règles de procédure d'appel entre le Midi et le Nord.

XXVII. Depuis la création des présidiaux, on doit dire que l'appel était permis de toute sentence, pourvu qu'elle n'ait pas été rendue en dernier ressort.

XXVIII. L'appel dans l'ancien droit était toujours dévolutif, mais pas toujours suspensif.

XXIX. L'Ordonnance de procédure de 1667 n'apporta pas dans la matière de l'appel les réformes qui étaient nécessaires.

XXX. Les modifications essentielles qui furent faites dans l'organisation et la procédure d'appel par l'Assemblée constituante auraient pu être entreprises par la royauté, si elle avait écouté les conseils du Tiers-État et les vœux qu'il formait à cet égard, depuis longtemps, dans les cahiers des Etats généraux.

DROIT CIVIL

I. La jurisprudence considère la dot mobilière de la femme comme inaliénable, mais en droit cette doctrine ne peut reposer sur les principes du Code civil.

II. La constitution de dot est un acte à titre onéreux.

III. Le mari n'a pas le droit d'intenter seul l'action en partage d'un bien dotal.

IV. La femme dotale ne peut faire une institution contractuelle sur ses biens dotaux.

V. La dotalité constitue pour la femme une véritable incapacité.

VI. Le tiers acquéreur d'un bien dotal doit s'assurer qu'il y a eu emploi.

PROCÉDURE CIVILE

I. Le subrogé-tuteur peut, dans tous les cas, appeler pour les intérêts du mineur.

II. La règle que l'interlocutoire ne lie pas le juge n'est plus applicable en droit français.

III. C'est d'après le dernier état de la demande qu'on doit estimer si une cause est ou non susceptible d'appel.

IV. Les parties peuvent, en appel, proposer les moyens nouveaux qu'elles veulent, mais non former un nouvelle demande.

DROIT PÉNAL

I. Dans tous les cas où un appel a été interjeté contre un jugement correctionnel, l'appel a un effet dévolutif absolu, par quelque personne qu'il ait été formé.

II. La sentence qui condamne correctionnellement un accusé ne doit pas être exécutée avant l'expiration de tous les délais accordés au ministère public pour appeler, quand même le condamné aurait laissé passer les dix jours que la loi lui donne pour appeler.

DROIT PUBLIC

I. L'Assemblée nationale peut réviser la Constitution sur des points qui n'ont pas été visés par les délibérations des deux Chambres.

II. Le Président de la République peut, avec l'accord du Sénat, dissoudre la Chambre des députés, alors même que le Congrès est réuni ; ce qui entraîne la dissolution de cette dernière Assemblée.

LÉGISLATION

I. Il résulte de l'histoire du droit d'appel et de la tendance constatée de ce droit comparée avec les besoins et la situation actuels d'après les statistiques judiciaires, que l'appel n'est pas une institution judiciaire nécessaire et que les efforts du législateur doivent tendre peu à peu à en restreindre l'application et même à le supprimer.

Vu par le Président de la thèse,
GLASSON.

Vu par le Doyen de la Faculté,
BEUDANT.

Vu et permis d'imprimer :
Le Vice-Recteur de l'Académie de Paris,
GRÉARD.

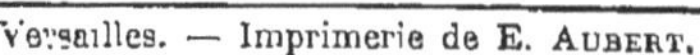

Versailles. — Imprimerie de E. Aubert.

www.ingramcontent.com/pod-product-compliance
Ingram Content Group UK Ltd.
Pitfield, Milton Keynes, MK11 3LW, UK
UKHW020301230726
13925UKWH00001B/162

9 782019 258221